초국가적 이주

TRANSNATIONAL
MIGRATION

초국가적
이주

토마스 파이스트·마깃 파우저·에벨린 라이즈나워 지음 ㅣ 이윤경 옮김

한울
아카데미

Transnational Migration

by Thomas Faist, Margit Fauser and Eveline Reisenauer

차 례

초국가적 이주는 연계입니다

초국가주의라는 이름으로 새롭게 등장한 초국가적 이주 연구의 지향성은 무엇보다 연계에 주목하는 열린 가능성에 있습니다. 토마스 파이스트는 프리드리히 니체Friedrich Nietzsche의 관점주의perspectivism의 영향을 받아 초국가적 연구를 이주를 바라보는 하나의 시야, 관점 그리고 접근으로 소개합니다. 관점주의를 통해 단단하게 굳어버린 전통적 가치들에 저항한 니체처럼, 토마스 파이스트는 하나의 현상에 대한 많은 눈을 통해 현상을 이해하는 지평선을 넓히는 관점주의를 이주 연구에 초대합니다.

초국가적 이주transnational migration는 기존 연구들에서 이민immigration으로 불리던 현상에 새로운 관점을 추가하면서 연구 영역을 확장합니다. 새로운 관점은 새로운 현상의 등장에 기반하는 것이 아니라 새로운 관찰에 기반합니다. 새로운 관찰이란 특정 현상들이 이전에도 계속해서 존재해 왔지만, 관찰되지 못해 시야에서 가려져 있던 것들을 발굴하고 발견하는 것입니다. 20세기를 지배했던 이민 연구는 이민자들이 출신 국가를 떠나 새로운 국가에 정착하여 정착국 사회에 적응하는 과정에만 초점을 맞춰 관찰했고, 그 이면에 놓인 이민자의 모국과의 연계에는 시선을 돌리지 못했습니다. 21세기 전환기에 등장한 초국가적 관점은 다양한 학문 분야의 학자들이 앞다투어 개념을 정의하면서 이론화에 참여했던, 바로 그 이면에 놓인 모국과의 연계가 존재한다는 사실에 시선을 돌린 새로운 관찰에 기반합니다.

새로운 관찰은 열린 가능성을 제공한다는 점에서 중요하며 이주자의 모국과의 연계에 대한 새로운 관찰은 연계를 통한 다양하고 가능한 연결 방식을 생성하고 결합하여 이주자에게는 행위성을 선사하고, 연구자에게는 해방적인 지적 담론의 통로를 열어줍니다. 실천적인 측면에서 이주자 스스로가 초국가적 연계에 대해 의식함으로써 초국가적 사회 공간에서 대안적 선택과 가능성의 장을 열어놓을 수 있습니다. 토마스 파이스트를 비롯해 이주자의 모국 사회와의 다중 연계에 주목하고 이들의 행위성으로부터 출발한 학자들은 '아래로부터의 초국가주의transnationalism from below'나, 이주자의 '풀뿌리grassroots 활동'과 같은 표현들을 사용하며, 초국가적 관점을 미시 수준의 이주자로부터 정의하고 기존에 존재했던 거시적 관점들과 구분 짓습니다.

'연계'는 21세기를 특징짓는 핵심적이며 혁신적인 사고입니다. 일찍이 철학의 영역에서 존 로크John Locke는 『인간지성론Essay concerning human understanding』을 저술하며 여러 아이디어들을 연관시키는 인간의 지적인 능력에 주목했고, 21세기에 들어서면서 혁신을 주도하는 사상들은 여러 가지를 연결시키는 인간의 지적 능력에 바탕을 두고 있습니다. 초국가적 이주는 여러 국가들을 연결 짓는 이주자의 능력을 새롭게 관찰하며 이들이 맺는 다중의 연계에 주목하여 이주 연구의 혁신적인 지식들을 생산합니다.

이 책은 독자 여러분들을 기존 이주 연구에서 산출된 지식들에 대한 비판적 통찰로 이끌어주는 동시에 국제 이주에 관한 최신의 아이디어들의 세계인 초국가적 이주로 초대합니다. 풍부한 사례를 바탕으로 초국가적 이주를 이해하는 데 필수적인 주제들을 선별하여 여덟 개의 장으로 구성된 이 책은 간결하면서도 포괄적으로 최신 이주 연구의 지형을 탐험합니다.

2017년 2월 역자가 독일에서 현지 연구를 할 때 빌레펠트 대학교에서 토마스 파이스트 교수를 만나 번역서를 상의한 지 4년 만에 번역서가 출간되었습니다. 다소 지연되기는 했지만, 초국가적 이주와 관련된 저서 중에서 가장 콤팩트하면서도 깊이 있는 핵심 내용을 추상적인 수준에 머물지 않고, 이해하기 쉽게 담은 『초국가적 이주』를 한국 독자들에게 소개할 수 있어서 기쁩니다. 한국어판으로 번역이 되지는 않았지만 토마스 파이스트의 다른 저서, *Beyond the Border*와 *Diaspora and Transnationalism: Concepts, Theories and Methods* 도 함께 읽는다면 초국가적 이주에 관한 폭넓은 이해에 도움이 될 것입니다. 『초국가적 이주』는 학자로서의 토마스 파이스트의 성실함과 연구자로서의 자기 성찰이 잘 묻어난 책입니다.

가독성을 위해 원서의 긴 문단들을 작은 단락들로 구분할 수 있도록 흔쾌히 수락해주고, 한국어판 출간을 기다려주고 적극적으로 지원해 준 토마스 파이스트 교수에게 사랑과 감사의 마음을 전합니다. 그리고 초국가적 이주 연구에 막연하게 학문적 뜻을 품었던 학생 시절의 역자에게 세계의 여러 지역을 데리고 다니면서 아낌없는 지원과 가르침을 주신 고려대학교 사회학과 윤인진 교수님께 누구보다 감사합니다. 한국어판 출간을 기꺼이 맡아준 한울엠플러스(주)의 윤순현 차장님과 좋은 한국어 표현들을 제안해 주며 편집을 담당해 준 조인순 팀장님께 감사드립니다.

2021년 2월
이윤경

한국어판 서문

현재 전 세계적으로 유행하는 코로나바이러스 감염증COVID-19과 기후 변화와 맞물려 함께 진행되는 환경 파괴를 둘러싼 사건들은 국가 경계를 가로지르는 유대와 흐름이 우리의 생애 기회에 어떻게 관련되는지를 알려주는 가장 최근의 예입니다. 질병과 오염 물질의 국경을 가로지르는 확산은 부정적인 의미를 내포하기도 하지만, 동시에 사람들의 권리를 보호하기 위한 "금본위제"로서 인권의 확산과 같은 긍정적인 의미를 나타내는, 서로 연결되어 있는 세계에 대한 신호들입니다. 이러한 배경에서 초국가적 이주는 이주와 그 결과로 상호 의존성이 가시화되는 유일한 문제일 뿐만 아니라 중요한 측면입니다. 지난 수십 년 동안 해외 이주, 경유 이주, 이민, 그리고 귀환 이주, 순환 이주와 같은 현상은 인종, 종교, 성별 그리고 그 외 개인이나 집단 간 차이에 따른 사회의 다양성을 증가시키는 데 기여했습니다. 또한 이주의 결과물을 몇 가지 나열하면, 이주는 노동관계와 송금을 둘러싼 경제적 문제, 환영과 인정의 문화적 문제, 그리고 멤버십에 대한 정치적 문제를 제기합니다. 상반되는 관점들이, 너무나 자주, 초국가적 이주에 대한 공적 토론을 지배합니다. 그러나 그러한 발전들이 사회를 더욱 분열시키는 결과를 초래하는지, 아니면 반대로 인간 상호작용의 성공적 다원화를 가져오는지는 우리 손에 달려 있습니다.

지난 수십 년 동안 한국은 이민을 규제하고 뉴커머newcomer와 자국민 간의 사회통합의 문제를 해결하기 위해 많은 새로운 도구를 개발한 국가 중 하나였습니다. 이 시점에서 이주와 그 결과물에 대한 다양한 관점을 소개하는 것은 유익합니다. 철학자 프리드리히 니체Friedrich Nietzsche는 대략 150년 전에 복수적 관점의 이점을 다음과 같이 말했습니다. "더 많은 시각들, 다른 시각들, 같은 것이라도 우리가 사용하는 방법을 많이 알고 있을수록 그것에 관한 우리의 '개념', 우리의 '객관성objectivity'은 더 완벽해질 것이다"[Nietzsche, *Genealogy of Morals*(1877)]. 이러한 정신과 마찬가지로 이주에 대한 초국가적 관점은 이주의 역학과 효과에 대한 보다 완전한 이해에 기여하는 것을 목표로 합니다.

이 책의 한국어판을 준비해 주신 이윤경 교수님께 특별히 감사드립니다. 그녀는 한국 독자들을 위해 원서 텍스트를 조정하는 데 각별한 배려를 해주었습니다. 또한 번역본을 출간해 준 한울엠플러스(주)에도 감사드립니다.

2021년 1월
독일 빌레펠트
토마스 파이스트Thomas Faist

서문

국경을 가로지르는 국민국가들 사이의 상호 연결이 증가함에 따라 초국가적 관점은 우리가 사는 세계를 이해하기 위한 핵심 도구가 되었습니다. 특히 초국가적 관점은 이민 연구에 많은 기여를 했으며 국제 이민에 대한 통찰력을 심화시킬 수 있는 큰 가능성을 가지고 있습니다. 가족과 친족 집단, 기업가 네트워크, 디아스포라diaspora와 이민자 협회에 의해 경험되고 국가에 의해 규제되는 것과 같이 이 책은 초국가적 관점으로 접근 가능하면서도 철저하게 국경을 가로지르는 이주에 관한 개관을 제공합니다. 세 가지 핵심 개념인 초국가화, 초국가적 사회 공간, 초국가성을 정의할 뿐만 아니라 일상적으로 접하는 초국가적 생활을 설명하고 이민자 통합이 시사하는 의미를 탐구하며 구성원권과 시민권의 문제를 새롭게 살펴봅니다. 초국가적 이주의 정치적·경제적·사회적·문화적 차원을 조사함으로써 미국과 서유럽을 포함한 이주수용국의 종족·문화적 혼합을 재편성한 새로운 이민자 공동체의 독특한 특징을 포착하고자 합니다. 중요한 것은 우리는 또한 이주자를 정치적·경제적 개발의 행위자로 보고 이주자의 출신국 지역에 대한 초국가적 영향을 조사합니다. 사회학, 정치학 및 세계화 교과과정에서 이민과 초국가적 관계를 연구하는 학생들에게 이상적인 책으로 만들기 위해 이론적 논의와 함께 관련된 사례와 예시 간의 균형을 맞추는 것을 목표로 했습니다.

다양한 사람이 이 프로젝트의 성공적인 완성에 기여했습니다. 특히 도움이 되는 의견을 주신 익명의 검토자들에게도 감사드립니다. 우리는 또한 책을 완성하는 데 도움을 주었으나, 그 노력들이 가시적이지 않았던 많은 사람들에게도 감사의 말씀을 전합니다. 빌레펠트 대학교Bielefeld University 사회학과에서 초안을 읽고 비판적으로 토론해 준 대학원 학생들에게 감사합니다. 그들의 제안과 질문은 가독성을 크게 향상시켰습니다. 이디스 클라인Edith Klein과 캐럴라인 리치먼드Caroline Richmond는 출판을 위해 원고를 신중하게 편집했습니다. 에바 드레벤스테트Eva Drebenstedt는 원고를 준비하는 데 도움을 주었습니다. 폴리티Polity 출판사의 조너선 스케럿Jonathan Skerrett, 인디아 다즐리India Darsley, 사라 돕슨Sarah Dobson 팀은 지원을 아끼지 않았습니다. 우리는 이들 모두에게 감사합니다.

이 책의 준비를 지원해 주신 빌레펠트 대학교의 '이질성에서 사회적 불평등에 이르기까지From Heterogeneity to Social Inequality'의 협력연구센터 882에 특히 감사드립니다.

토마스 파이스트Thomas Faist

마깃 파우저Margit Fauser

에벨린 라이즈나워Eveline Reisenauer

| Chapter 01 |

세 가지 초국가적

초국가화, 초국가적 사회 공간, 초국가성

'국제 이주international migration'는 이주송출국과 이주수용국을 연결하는 이주자
와 비이주자 간의 '국경을 가로지르는 연계cross-border connections'나 유대, 그리
고 활동에 관한 이야기이다. 모국을 떠나는 사람과 모국에 남아 있는 사람들
간의 연계는 이주 경험의 핵심적인 부분이다. 모국의 장소와 정착국의 장소를
연결하고 모국을 떠나는 인구 이동과 모국으로 돌아오는 인구 이동을 연결하
는 것은 국제 이주의 통합적인 구성 요소이다.

초국가적 관점은 국제 이주가 불변하는 과정이 아니며, 무엇보다도 반복적
인 인구 이동을 포함한 국경을 가로지르는 이주자와 비이주자 간에 수반되는
지속적인 거래와 소통을 의미한다. 국경을 가로지르는 이주는 내재적으로 국
경을 가로지르는 유대와 활동을 만들어낸다. 모국 사회로의 편지, 전화, 방문,
송금, 투자는 연쇄 이주를 유발하는 피드백을 제공하고 이주자와 비이주자가
거주하는 지역들 모두에서 다양한 변화를 야기한다.

이 책은 국제 이주에 대해 국경을 가로지르는 관점cross-border perspective을 취
한다. 초국가적 관점은 이주자가 정착한 이주수용국에 주된 초점을 맞추면서

통상적으로 국가와 사회가 수렴한다고 가정하는 이민 연구자들이 일반적으로 갖는 선입견을 초월한다. 그렇다고 단순히 이주자가 떠나온 모국 사회의 경험을 추가하거나 이주자와 모국을 연결하는 것만으로 충분하다고 보는 것도 아니다. 그 대신에 초국가적 관점은 이주자의 다중적 연결을 진지하게 고려하는 제3의 길을 채택할 것을 제안한다.

초국가적 관점은 개인, 사회집단, 네트워크, 공동체나 단체의 작동 방식이 국민국가의 명목적인 국가 경계를 빈번하게 넘는다는 것을 보여준다. 국제 이주에 관한 초국가적 관점은 이주자와 비이주자, 개인, 집단이나 단체의 국경을 가로지르는 활동이 어떻게 국민국가들을 가로지르며 사회적 공간들을 연결하는지, 경제적·정치적·문화적 조건들을 주조하는지, 그리고 국경을 가로지르는 활동이 어떻게 현재의 구조에 의해 형성되는지에 초점을 둔다. '초국가적 transnational'에는 이를 구성하는 세 가지 요소가 있다.

첫째는 초국가화transnationalization이다. 이주자가 맺는 유대는 초국가화라는 폭넓은 과정 속에 배태되어 있다. 이 과정은 다양한 장에서 초국가적 연결과 활동에 관련되는 상품, 서비스, 자본이나 아이디어의 국경을 가로지르는 거래를 포함한다.

둘째는 초국가적 사회 공간transnational social space이다. 이주자와 다른 행위자 간의 국경을 가로지르는 거래는 초국가적 사회 공간이라고 부르는 사회적 형성을 초래한다. 초국가적 사회 공간은 친족 집단, 순환, 공동체와 같이 다양한 형태를 취한다.

셋째는 초국가성transnationality이다. 개인과 사회집단은 여행, 상품, 서비스의 교환, 송금을 보내고 받는 활동에서부터 아이디어를 주고받는 소통까지 국경을 초월하는 거래의 연속성 속에 참여한다. 초국가성은 이주자와 비이주자 간의 연결의 정도를 지칭하며, 점차 중요해지고 있다. 국민국가는 국경을 가로지르는 사람들의 이동과 이들의 초국가성에 모두 영향을 미치지만 그렇다고 국민국가가 이주자의 일상 세계에서 일어나는 모든 움직임과 형식을 결정하지는 않는다.

'터키계 독일 감독인 파티 아킨Fatih Akin의 영화 〈천국의 가장자리Edge of Heaven〉(독일어 원제: Aur der anderen Seite)는 우리를 초국가적인 일상의 세계로 초대한다. 이 영화는 독일과 터키 사이의 국경을 가로지르는 사람들에 관한 이야기뿐만 아니라 자신이나 타인에 의해 종족적으로 정의되는 주류 집단과 소수 집단 사람들, 그리고 세대와 가족 사이의 경계를 넘는 사람들에 대한 이야기를 들려준다. 이 이야기는 단순히 한 국가에서 다른 국가로의 단일한 방향의 이동에 관한 것이 아니라 양방향에서 국경을 교차하는 다양한 이동을 다룬다. 터키에 거주하는 아이틴Aytin은 독일 브레멘시에 거주하는 그녀의 어머니인 예테Yeter와 쿠르드Kurd 민족주의에 참여하는 일로 마찰이 잦았다. 그녀는 어머니를 찾아 독일로 여행을 하는 중에 독일의 항구도시인 함부르크에서 대학생인 로테Lotte를 만나 친구가 되었다. 아이틴은 독일 정부에 망명 신청을 하지만 받아들여지지 않았고 다시 터키로 돌아가야 했고, 이에 로테는 친구 아이틴을 지원하기 위해 이스탄불로 떠난다.

다른 등장인물인 네자Nejat는 브레멘시의 초청 노동자인 알리 악수Ali Aksu의 아들로, 독일문학을 연구하는 대학교수로 성장한 성공한 이주 2세대이다. 그러나 그는 함부르크의 대학교수직을 그만두고 이스탄불의 서점을 인수했다. 이 서점은 흥미롭게도 터키어 책이 아닌 독일어 책을 판매하는 서점이다. 독일에서 터키로 지리적 장소를 이동했지만, 네자의 경우는 이주 2세대의 모국 귀환 이주라는 용어가 지칭하는 것처럼 단순히 모국으로의 귀환은 아니다. 영화 속의 다른 주인공들과 마찬가지로 그의 귀환 이주도 전통적 의미의 모국 귀환에 관한 이야기가 아니다. 관조차도 양방향에서 국경을 가로지른다. 브레멘시에서 사망한 예테는 터키 항공을 타고 이스탄불로 돌아오고, 길에서 총을 맞은 로테는 루프트한자 항공을 타고 이스탄불에서 함부르크로 돌아온다. 주인공들은 초국가적 사회 공간에 거주한다. 이들은 초국가적으로 살고 초국가적으로 죽는다.

이 영화는 국경을 가로지르는 유대뿐 아니라 세대 간 이동성도 그려낸다. 독일에서 거주하는 터키계 이주 2세대를 대표하는 네자의 사례는 대학교수로 성공했지만, 사회통합 이론에 의해 예측되는 표준적인 사회통합의 경로를 따르지 않았다. 사회통합 이론의 일반적인 예측은 이주 2세대 자녀의 학력과 성공이 높아지면 부모의 출신국에 대한 지향성이 감소한다는 것이다. 이스탄불로 귀환한 네자의 이야기는 사회통합 이론이 예측하는 방향과 상반된다. 또한 수잔Susanne의 딸인 로테는 정치적 난민인 친구 아이틴을 돕기 위해 68세대인 자기 어머니와의 관계와 기대를 뒤로 하고 이스탄불로 모험을 떠난다. 로테의 정치적 참여는 자기 어머니의 정치적 경로를 이어가는 것이지만, 이주 1세대와 2세대를 이어주거나 출신국과 정착국 사이를 연결하는 어떠한 선형적인 논리도 존재하지 않는다.

국경과 경계의 교차가 문화 간 소통이나 대화, 또는 문화다양성을 풍요롭게하는 것과 반드시 일치하는 것은 아니다. 수잔이 딸을 찾는 동안 그녀는 이스탄불의 아파트에서 네자를 만난다. 두 사람은 창밖을 내다보면서 이슬람교 희생의 축제Kurban Bayrami를 기념하기 위해 모스크로 가는 사람들의 모습을 구경했다. 수잔이 네자에게 이 축제를 기념하는 이유를 질문했다. 네자는 코란에 나오는 아브라함Abraham의 희생에 관한 이야기를 그녀에게 들려주었다. 이에 수잔은 성경에서도 같은 이야기를 찾을 수 있다고 대답했다. 이제 이슬람과 기독교 전통에서 이 에피소드를 둘러싼 다른 해석에 대해 문화 간의 대화가 필요하다고 기대할 수도 있다. 그러나 이 이야기는 그런 사례가 아니다. 두 사람은 서로 다른 문화를 대표하는 인물이 아니라 비슷한 삶의 이야기를 갖는 사람들이며, 고정되지 않은, 하이픈으로 연결된 정체성이 우선한다는 것을 보여준다. 오히려 정체성은 사람, 세대, 가족, 종교 그리고 국가 간의 연계와 유대에 달려있다.

이 영화는 이주자의 삶에 영향을 미치는 국민국가의 중요성에 대한 시선을 잃지 않으면서도 국경과 세대의 경계를 가로지르는 등장인물이 맺는 사회적 유대의 궤적을 추적한다. 영화의 접근 방식은 이주 경험을 뿌리 뽑힌uprooted 것으로 묘사하거나 새로운 환경에 이식되는 것으로 묘사하는 잘 알려진 은유에 부합하지 않는다. 가족의 상실, 소외, 이국성, 뿌리 없음, 주변화에 관한 전통적인 이야기도 아니며 이주자가 모국으로 가져온 문화를 축하하는 영화도 아니다. 이와 달리 이민의 맥락으로만 축소될 수 없는 초국가적 세계의 지속적인 탈지역화와 재지역화를 다루는 영화다. 〈천국의 가장자리〉는 여러 세대에 걸친 가족의 전기와 구성원 간의 유대, 국경을 가로지르는 연계를 그려낸다. 영화 주인공의 생활 세계는 독일도 아니고 터키도 아니며 두 국가 사이를 단순히 중첩하는 세계도 아닌 제3의 사회적 세계이다. 이것이 이 책이 취하는 관점이다.

　우리는 국경 간 이동과 이동의 결과를 초국가적 관점에서 이해하기 위한 포괄적인 분석틀을 제공한다. 이것은 이주에 초점을 둔 일관적인 초국가화 이론을 향한 토대이다. 제1장에서는 다음과 같은 세 가지 부분을 포함해 소개한다. 첫째, 이 책 전반에 걸쳐 논의되는 초국가적 유대와 구조가 연결되는 현상인 국경을 가로지르는 이주의 개요를 그려내며 초국가적 관점이 지금까지 잘 이해되지 못한 과정을 설명하는 데 도움이 되는 이유를 설명한다. 둘째, 주요 용어를 정의하면서 광범위하고 포괄적인 '초국가적'이라는 용어를 분석적으로 유용한 세 가지 개념 – 초국가화, 초국가적 사회 공간, 초국가성 – 으로 분해한다. 셋째, 이 책의 목적과 논리를 논의하고 개별 장에서 논의되는 질문들을 소개한다.

국경을 가로지르는 이주와 초국가적 관점의 필요성

국제 이주, 좀 더 정확하게는 국경을 가로지르는 이주는 유의미한 기간에 걸쳐 한 국가에서 다른 국가로 거주지를 변경하는 것을 의미한다. 여기에 덧붙여 초국가적 관점으로 볼 때 거주지 변경조차도 단순히 단일 방향적인 것은 아니다. 양방향으로 왔다 갔다 하는 이동을 포함할 수도 있고, 정착이 반드시 출신국과의 관계를 끊는 것을 의미하지도 않는다. 국내 이주가 숫자상 훨씬 많지만 이 책은 국내 이주자보다 국제 이주자에 관심을 둔다. 또한 남south-남south 이주가 훨씬 많은 사람을 포함하지만 남-남 이주보다는 남south-북north 이주에 초점을 둔다. 그러므로 이 책은 이주 경험의 특정한 부분을 다룬다. 대다수의 사람들은 자신이 사는 국가의 국경 안에서 이주한다(UNDP, 2009: 21). 국제이주기구International Organization for Migration에 따르면, 21세기에 접어들면서 약 2억 1600만 명의 국제 이주자가 발생했고, 이는 지난 수십 년 동안 급속한 증가를 기록한 수치이다(IOM, 2009: 1). 2001년 인도의 인구센서스 자료에 따르면, 인도는 3억 9200만 명의 국내 이주자가 발생했고(Bhagat, 2009: 4), 2000년 중국 인구센서스 자료에 의하면 중국은 1억 4400만 명의 국내 이주자가 발생했다(Ha et al., 2009: 7). 가장 가난한 인구의 이주는 주로 개발도상국 내부와 개발도상국 사이에서 이루어진다. 동남아시아의 많은 국가는 이웃 국가의 저렴한 이주 노동에 크게 의존한다. 예를 들어, 말레이시아에는 많은 수의 인도네시아 노동자가 있다. 난민의 경우, 전체 난민의 5분의 4가 개발도상국에, 3분의 1 이상이 최빈국에 거주하고 있다.[1] 그럼에도 지난 수십 년간 국내 이주자와 비교할 때 국제 이주자의 비율이 증가했다.

전체 국제 이주자의 절반인 약 7700만 명이 소위 개발도상국가들 사이를 이동하고 있다. 공식 자료는 불법 이주자를 과소 집계하는 경향이 있기 때문에 이 추정치는 매우 낮은 수치일 것이다. 불법 이주는 남반구에서 북반구로 이동하는 것보다 남반구에 있는 국가들 사이에서 더욱 흔하다(World Bank, 2008: 3; Bakewell, 2009: 17).[2] 이 수치를 전 세계 지역별로 구분하여 연대기적 관점에서 보면, 국경을 가로지르는 이주가 전 세계적으로 불균등하게 퍼져 있다는 것을 알 수 있다. 또한 전 세계 인구 중 이주자 비율은 1960년의 2%에서 2010년의 3~4%로 느리지만 꾸준히 증가하고 있다.

초국가적 접근은 지금까지 분석의 중심에 있지 않았던 국제 이주의 경향을 이해하기 위해 필요하다. 이주자들이 새로운 국가에 정착할 때 모국이나 출신 지역과 접촉을 끊지 않는다는 관찰을 초국가적 접근은 진지하게 받아들인다. 오히려 이주자들은 자신에게 의미 있는 사람들과 유대 관계를 유지하고 새로운 유대 관계를 형성하기도 한다. 예를 들어, 1990년대 미국의 도시 세 곳에서 라틴아메리카 출신의 이민자를 대상으로 실시한 설문 조사에 따르면 소수 종족은 정치적·문화적, 그리고 경제적 영역에서 강한 초국가적 관계를 유지하는 것으로 나타났다(Portes, 2003). 이들은 모국의 정치적 사건에 관여하고 정기적으로 모국으로 송금을 보내는 등의 국경을 가로지르는 활동에 참여한다. 이와 유사한 결론이 독일 사회경제패널German Socio-Economic Panel 자료를 통해서도 독일에 거주하는 이민자의 국경 간 금융거래에서 도출된다. 이 결론은 국경 간 거래의 강도와 규칙성의 기준에 따라 전체 이주자의 10분의 1에서 3분의 1에 해당하는 이주자가 초국가적으로 정의될 수 있다는 것을 시사한다(Holst et al., 2012). 이주자가 맺는 연계는 모국으로 확장되며 또한 자신에게 의미 있는 사람이 정착한 다른 국가로도 확장된다. 이에 관한 좋은 사례로 터키 출신의 이주자를 들 수 있는데 이들은 독일, 프랑스, 네덜란드 등지의 유럽 국가에 상당한 규모로 정착하여 이민 지역들을 가로지르는 유의미한 유대를 맺고 있다(Abadan-Unat, 2011).

초국가적 관점은 계절노동자나 계약 노동자처럼 이주자가 공간적으로는 이동이 자유롭지만 자신이 일하는 국가에는 정착할 수 없다는 사실에도 주의를 기울인다(Faist, 1997). 간단히 말해, 초국가적 접근은 개인, 사회집단, 단체가 맺는 국경을 가로지르는 다중의 연계와 국민국가의 경계를 가로지르는 동시적인 연계를 인식한다. 이러한 연계는 한편으로는 가족 내부의 재정 지원을 일컫는 것일 수도 있고, 스펙트럼의 다른 한편에서는 디아스포라diaspora의 민족주의 활동을 지칭하는 것일 수도 있다. 국경을 가로지르는 이주가 초국가적 과정을 탐험하는 데 적합한 이유는 일상 세계뿐만 아니라 교육, 노동시장, 그리고 정치적 장에서 개인, 집단이나 단체가 어떻게 국경 간 거래에 실질적으로 참여하는지 관찰할 수 있다는 사실에 있다.

초국가적 개념 풀기

초국가적 접근은 이주자가 단순히 다른 국가에 살기 위해 국경을 가로지르는 것이 아니라, 생존과 개선의 전략으로 진정으로 자신의 생활 방식에 대한 전략으로 전환하기 위해 국경을 가로지른다는 관찰로부터 태어났다. 비록 이것이 전적으로 새로운 현상은 아니지만 오늘날 이러한 현상을 좀 더 집중적으로 관찰할 수 있다. 시공간의 압축으로 특징지어지는 현시대에 이주가 발생한다는 것을 고려한다면 그리 놀라운 일은 아니다. 항공 여행이 어느 때보다 저렴해지고, 인터넷과 같은 기술적 발달로 인해 연락을 지속하는 일이 지금처럼 쉬웠던 적이 없다. 국경 가로지르기를 희망하는 사람들에게 국민국가가 부과하는 모든 법과 규정, 그리고 국경의 존재에도 불구하고 초국가적 관계는 강화되어 왔다.

'초국가적transnational'이라는 용어는 두 가지로 사용되는데 두 가지 사용 방식은 구별할 필요가 있다. 첫 번째는 매우 느슨하게 사용되는 방식이다. 모든 종류의 국경 간 거래를 의미하고 짧은 기간 지속되는 해외여행에서도 사용된다. 두 번째 방식은 좀 더 좁고 훨씬 구체적인 의미로 사용된다. 이것은 이 책에서 사용하는 방식으로, 우리는 '초국가적'이라는 용어를 이주자가 정착국과 함께 모국을 연결하는 다중의 사회적 관계를 형성하고 유지하는 과정으로 지칭한다. 오늘날 많은 수의 이주자들은 정치적·지리적, 그리고 문화적 경계에 걸쳐 있는 사회적 공간을 구축한다(Basch et al., 1994).

국경을 가로지르는 이주가 지속적인 초국가적 유대가 발생할 수 있는 유일한 맥락은 아니라는 점에 주목하자. 이와 같은 유대는 소수 종족과 이들의 출신 친족 국가 사이에서도 발견될 수 있다. 예를 들어 대규모의 헝가리 종족의 경우 이들은 헝가리 밖에서 오늘날 슬로바키아와 루마니아라고 불리는 곳에서 수 세기 동안 살아왔다. 모국과 맺는 관계는 이주에서와 같이 국경을 가로지르는 사람들의 이동으로 인한 것인지, 아니면 헝가리 종족의 경우처럼 전쟁으로 인한 국경선 변화에 의한 것인가에 따라 차이가 만들어진다. 정착국과 맺는 관계도 이주자가 최근에 정착국에 도착하여 종족이 영토적으로 분산이 된 상황인지, 아니면 소수 종족이 수 세대에 걸쳐 특정 영토 안에서 소수 종족의 문화적 권리를 누리는 상황인지에 따라서도 차이가 있다. 추가적인 연구 영역으로는 국경 간 사회운동(della Porta and Tarrow, 2005), 인권과 환경 분야의 옹호 네트워크(Keck and Sikkink, 1998), 범죄조직 네트워크(Shelley, 1995), 시민사회 단체(Faist, 2009), 종교 공동체(Levitt, 2007)가 있다. 이러한 모든 경우에서 초국가적 유대와 활동을 조직하고 누리는 사람은 일차적으로 이주자가 아니며, 국경을 가로지르는 아이디어나 상품을 소통하고 교환하는 상대적으로 이동성이 없는 사람이나 단체이다.

언급되어야 할 또 다른 부분은 용어의 적절성이다. '초국가적'이라는 용어가 처음으로 이주 연구에서 사용된 1990년대 초반에 '초국가주의transnationalism'라는 용어가 매우 유명해졌다. 후자의 용어에는 '국가state'와 '국민nation'의 아이디어가 혼재되어 있다. '국가'는 영토적 단위를 지칭하고, 후자는 집합체collectives를 지칭한다. 정의에 따르면, 국경을 가로지르는 이주는 전 지구적으로 영토적 단위들을 연결시킨다. 그러나 '국가'와 '국민'이 반드시 일치하는 것은 아니다. 전 세계적으로 국가 없는 국민도 상당수 존재한다. 따라서 토마스 파이스트 Thomas Faist는 선행 연구에서 '트랜스 스테이트trans-state'라는 용어를 사용하여 국경을 가로지르는 이주의 영토적 사실을 지칭하고, '트랜스 내셔널trans-national'이라는 용어로 집합체를 지칭했다(Faist, 2000b). 소수의 학자들만이 이 문제에 주의를 기울여왔다(Fox 2005). 이 책에서는 두 용어를 의미적으로 구별하지 않고, 다른 모든 저자와 마찬가지로 국경을 가로지르는 '트랜스-스테이트'에 대해 '초국가적'이라는 용어를 계속해서 사용할 것이다.

그러나 우리는 유대나 활동이 어떠한 집합적 수준에서 통칭되는지를 가족이나 가구, 네트워크, 단체, 지역 공동체(트랜스-로컬)와 같은 집합체인지, 아니면 국가인지 표시할 것이다. 따라서 '초국가적'은 포괄적인 용어로서 다양한 방식으로 유용하게 사용되기 위해 분해되어야 한다. 이어지는 분석은 이들 용어를 지칭하는 것이지, '초국가주의'를 지칭하는 것이 아니다. 초국가주의는 하나의 이념을 제시한다. 도대체 누구의 이념을 담아내야 하는지 분명하지 않다. 연구자, 이주자, 다른 관찰자, 또는 이들 모두의 이념일까?

초국가적 접근들은 (아직은) 확실히 일관된 이론이나 일련의 이론을 구성하지 않는다. 이 접근들은 관점으로서 국경을 가로지르는 다양한 현상에 대한 연구로 진입하는 데 발견되는 관점으로서 좀 더 적절하게 기술될 수 있다. 우리는 이주 연구에 적절한 초국가적 연구의 세 가지 주요 개념을 ― ① 초국가화, ② 초국가적 사회 공간, ③ 초국가성으로 ― 상세하게 설명할 수 있다. 흥미롭게도 세 가지 개념은 세 가지 연구 분야와 상응한다. 초국가화는 1960년대와 1970년대 정치학의 국제관계 분야에서 '초국가적 관계' 이론과 상응하고, 초국가적 사회 공간은 1990년대 이후 등장한 사회학과 인류학 연구와 상응한다. 마지막으로 초국가성은 우리가 진전시키고자 하는 새로운 개념이다. 그럼에도, 이러한 개념들은 서로가 서로를 대체하지는 않는다. 세 가지 개념은 모두 초국가적 연구 프로그램을 위해 필수적이다.

초국가화: 국경을 가로지르는 과정

초국가적 접근은 일관된 이론이 아니라 하나의 렌즈이다. 국경 간 거래를 하나의 과정으로서 바라본다. 이 과정은 여러 국민국가의 국경을 가로질러 발생하는 지속된 유대, 사건, 활동을 지칭하며 초국가화transnationalization라고 일컫는다. 이 과정은 무엇보다도 비정부 행위자에 초점을 둔다. 물론 국가도 국경이나 개인이 거주하는 장소, 경제활동, 권리 접근을 규제하는 데 참여한다. 『옥스퍼드 영어사전』에 의하면 '초국가적'이라는 용어의 출현 시기는 1920년경으로 거슬러 올라간다. 이 시기에 1차 세계대전 후 유럽을 '국제적, 좀 더 정확하게는, 초국가적 경제'로 특징짓는 경제 문서에서 '초국가적'이라는 용어가 등장했다. 이 용어는 1960년대 후반에 국제관계 분야에서 초국가적 관계라는 용어로 다시 등장하여 선진국 간의 경제적·정치적 상호 의존도가 증가하고 다국적기업과 같은 강력한 비정부 행위자와, 정도는 덜 하지만 사회주의 인터내셔널 Socialist International과 같은 정치적 정당과 관련된 과정을 지칭했다.

정치학에서 초국가적 관계는 국가중심주의와 국제관계의 당구공 모델billiard-ball model을 초월하여 대규모의 국경을 가로지르는 비정부 단체의 출현, 역할, 그리고 국가와 국제기구에 대한 영향력을 질문하는 데 사용되었다(Keohane and Nye, 1977). 흥미롭게도 이에 대한 관심은 1970년대 후반부터 지구화 논쟁이 시작되면서 사라졌다. 아마도 관심이 사라진 이유에는 지구화 연구가 하향식 관점을 취하면서 어떻게 국민국가의 정치경제가 국경을 가로지르는 자본의 흐름에 의해 재편성되는지로 관심이 쏠렸던 사실과 관련이 있을 것이다. 그럼에도 자본가들의 네트워크와 같은 초국가적 활동들이 어떻게 세계를 형성하는지에 대해서는 지속적인 관심이 있어왔다(Sklair, 2001).

분명히 초국가화는 국제화internationalization와는 다르다. 후자는 독점적으로 국가와 행위자와 관련된 유대, 사건, 그리고 과정을 다룬다. 국제화의 예에는 1951년 제네바 협약과 후속 의정서에 근거한 난민보호 명령과 같은 국제 레짐 international regimes이 있다. 또한 세계화globalization의 경우도 전체를 조감하는 관점을 취한다는 점에서 초국가화나 국제화와 다르다. 세계화에는 적어도 두 가지 측면, 즉 전 세계의 상호 의존성과 상호 연결의 강화(Giddens, 1990), 새로운 글로벌 상태인 단일한 글로벌 체제의 출현이 포함된다(Albrow, 1996: 178). 첫 번째 측면은 초국가화와 중복되고 두 번째 측면은 지구화와 세계 이론에 특정적이다. 이러한 이론들은 세계를 포괄하는 구조들을 출발점으로 삼아 그러한 상위 구조와 연관된 과정이 어떻게 하위 수준의 구조와 과정에 영향을 미치고 형성시키는지를 질문한다. 예를 들어 국민국가의 위로부터의 단위와 수준부터 아래로부터의 단위와 수준까지 이들 이론은 밖에서 안으로, 위에서 아래로 이동한다.

특정한 지역적 상황에서 지구화는 유럽연합European Union과 같이 지역적 범위가 구획된 발전에 반영된다. 종종 지구화라는 용어는 투자, 생산, 노동 배치, 소비 패턴을 재구성하는 신속한 탈규제의 자본 흐름을 나타내는 데 사용된다. 모든 종류의 아이디어, 기술, 상품과 서비스가 전 세계적으로 빠르게 움직이고 있다. 울리히 벡Ulrich Beck과 같은 지구화 이론가들은 유럽 사회의 근대성이 세계적 수준으로 확대되는 현대 세계를 개념화한다(Beck, 1999). 이는 정치적·문화적·경제적 발전의 근대화 모델이 전 세계적으로 일반화될 수 있는 것처럼 유럽과 북미의 근대성이 국민국가에서 글로벌 수준으로 일반화되었다고 가정하는 관점이다. 요컨대 지구화는 기본적으로 국민국가 이론의 범위를 상향시킨 것이다.

대조적으로 초국가적 접근은 다르게 제안한다. 국경을 가로지르는 기관과 구조는 세계의 부분들 사이의 실제 연결을 고찰해야만 이해될 수 있다. 이 관점은 국경을 가로지르는 사회적 형성이 — 사실 국제사회에서조차도 — 국경 간 활동들에 의해 구성되며, 그러한 활동을 추적하는 연구 의제를 내포한다. 초국가적 접근은 국경을 가로지르는 유대를 형성하는 이주자와 비이주자의 활동으로 대표되는 국경 간 기관과 구조를 구성하는 바로 그 과정에서 시작한다(Faist, 2000a: 211). 국경 간 과정에 초점을 두면 이주 네트워크, 무역가, 종족 비즈니스, 이주자와 귀환자의 장소의 정치, 디아스포라와 발전, 이주자 통합, 그리고 사회운동과 옹호 네트워크에 관심을 두는 '초국가적 사회 공간'과 '초국가성'의 개념에 의해 채워질 수 있는 개념적 공간을 여는 데 도움이 된다.

초국가적 사회 공간: 국경을 가로지르는 사회 구조

이주 분야에서 초국가적 접근의 개척자인 니나 쉴러[Nina G. Schiller]와 동료들은 19세기 후반과 20세기 초반의 이민자와 비교해 볼 때 오늘날의 이민자들은 질적으로 다른 특성이 있다고 주장했다. 초기의 이민자들은 모국의 모든 사회적 관계와 문화적 유대를 끊어버린 것으로 받아들여졌고, 그래서 정착국의 정치적·경제적·사회-문화적인 궤도 안에서만 이민자 자신을 위치시키는 것으로 보았다. 이와는 반대로 이들 연구자에 따르면 오늘날 이민자들은 양 국가의 네트워크, 활동, 생활 패턴을 모두 포함한다. 이 학자들은 이 새로운 현상을 포착하기 위해 새로운 두 용어인 ① '초국가주의[transnationalism]', ② '트랜스 이주자[trans-migrants]'를 주조했다. 전자는 이민자에 의해 출신국과 정착국이 연결되는 사회적 장이 구축되는 과정을 지칭하고, 후자는 국경을 가로지르는 광범위한 정서적이고 도구적인 사회적 활동들을 유지함으로써 그러한 사회적 장을 구축한 이민자들을 지칭한다.

국제관계 분야의 초국가적 관계에 대한 접근 방식처럼 강력한 행위자인 다국적 기업에 시선을 두는 위로부터의 초국가주의에 초점을 맞추는 대신, 이러한 아래로부터의 초국가주의에 대한 강조는 거시 정치적 관점에서 미시 행위자들로 — 이 경우에서는 이주자에게로 — 행위성을 회복시키는 것이 된다. '초국가적인 정치적·경제적·사회적 그리고 문화적 과정들이 ① 특정 국가의 경계를 넘어 확장되지만, 제한된 범위의 특정한 국가 정책과 제도적 활동들에 의해 형성된다. ② 정부기관이 아닌 행위자를 포함한다. 거래는 물질적인 단일 방향이나 양방향의 이전의 형식을 취하거나 예를 들어 금전적 송금이나 아이디어뿐 아니라 정보의 교환에도 관심을 갖는다(Schiller and Fouron, 1999: 343~344).

이러한 관점에서 볼 때 오늘날의 이민자의 정체성은 다중적이고 유동적이다. 이민자 정체성은 세계 정치와 경제적 상황에 대한 이민자의 저항을 드러낸다. 이 통찰력은 계급, 민족주의, 종족이나 인종에 관해 받아들여진 아이디어들을 다시 생각하도록 한다. 이와 같은 논의에서 중요한 시사점은 동화와 문화적 다원주의가 현시대 이주의 특징적인 성격을 설명하는 데는 부적합하다는 점이다. 동화가 이주하기 전에 가졌던 정체성의 상실을 내포한다면 문화적 다원주의는 종족 정체성이 불변한다는 본질적인 관점을 진전시킨다.

이주 분야에서 초국가적 연구의 개척자들은 사회과학이 '언바운드unbound'가 되어야 한다고 주장했다. 이 주장의 의미는, 분석 단위가 국민국가인 닫힌 체계에서의 이론은 오늘날의 이주자가 취하는 폭넓은 행동을 위한 공간을 제공하지 못한다는 뜻이다. 니나 쉴러와 동료들에 의하면 초국가화는 이주자를 경제적으로 취약하게 만들고 경제적 수탈을 발생시키는 세계 자본주의의 산물이라고 강조한다. 그러나 이주자들은 단지 수동적인 대상이 아니며, 동시에 자신의 사회적 세계를 적극적으로 형성하는 사람들이다. 초국가적 연구는 개인, 네트워크 그리고 단체들이 맺는 지속적인 유대를 약한 제도적 형태에서 강한 제도적 형태의 범위에 이르기까지 국경을 가로지르는 활동들의 강도를 구별한다. 초국가적 유대란 출신국과 정착국에 거주하는 이주자와 비이주자 간의 짧은 기간 지속하는 접촉에 관한 것이 아니다.

반면에 '지역'에서의 '글로벌'에 대한 시선은 밀집하고 지속적인 유대를 다룬다. 이 유대들은 초국가적 사회 공간transnational social space이라고 불리는 사회적 형성 안에 모여 있다. 초국가적 공간들은 적어도 두 개 이상의 국가에서 발견되는 유대와 유대의 내용, 네트워크와 단체에서의 위치, 단체들의 네트워크 조합으로 구성된다. 이러한 형성의 대부분은 한편으로는 가족과 개인적 활동 사이에 위치해 있고, 다른 한편으로는 사회적·문화적·경제적 그리고 정치적으로 분화된 영역의 기능적 체제 속에 위치해 있다. 초국가적 사회 공간은 역동적인 사회적 과정으로 유대와 위치가 정적인 관념은 분명히 아니다. 초국가적 사회 공간이 의미하는 것은 상대적으로 안정적이고, 지속적이며, 밀집적인 일련의 유대로 국민국가들의 국경을 가로지르고 초월한다. 이들은 유대와 유대의 내용, 단체와 네트워크에서의 위치, 단체들의 네트워크 조합으로 구성된다.

초국가적 사회 공간은 명확하게 경계가 표시된 국민국가의 영토와는 다르다. 다른 말로 표현하면 이 용어는 국경을 가로지르는 지속적이고 계속되는 다중의 지역적 거래를 지칭한다. 초국가적 사회 형성의 가장 기본적인 요소는 거래나 유대이다. 이를테면 개인과 같은 사회적 행위자 간의 제한된 의사소통이다. 규칙적인 활동은 사회적 구조들을 연결시킨다. 초국가적 사회 공간의 행위자는 개인이거나 사회집단, 단체 또는 국가가 될 수 있다. 이러한 국경을 가로지르는 거래의 범위가 전 세계에 걸쳐 있는지 특정 지역에 국한되어 있는지는 경험적 질문이다.

초국가적 공간은 아래와 같이 세 가지로 표현되며, 이에 관해서는 이 책의 뒷부분에서 구체적으로 논의될 것이다(제3장).

1. **초국가적 친족 집단**transnational kinship groups**이나 초국가적 가족** 경제적 단위와 상호 호혜성의 단위로서 자신을 인식하고 자신의 일차적 가정 외에 다른 국가에도 일종의 그림자 가정을 유지한다. 경제적인 자산은 대부분 해외로부터 이전되어 이주자의 집에 남겨진 사람에게 일차적으로 보내진다.

2. **초국가적 순환**transnational circuits**(네트워크)** 공통의 목표를 실현하기 위해 정보와 서비스를 교환하는 사람들과 단체들 간의 일련의 유대이다. 유대의 패턴은 옹호 네트워크, 비즈니스 네트워크, 과학자 네트워크에서 연결된다. 특정한 이슈를 중심으로 한 순환 네트워크는 인권과 환경보호 같은 영역과 연관된다.

3. **초국가적 공동체**transnational communities 강한 친밀감, 정서적 깊이, 도덕적 의무, 사회적 응집력을 특징으로 하는 밀집적이고 연속적인 사회적·상징적 관계로 구성된다. 지리적 근접성은 공동체의 존재에 필수적인 기준은 아니다. 근접성이 없는 공동체도 존재한다. 초국가적 공동체는 각기 다른 수준의 집합체로 진화하여 발전될 수 있다. 가장 단순한 유형은 초국가적

사회 공간이 마을 공동체로 구성될 수 있고, 이곳에서의 관계는 오랜 기간에 걸친 연대감으로 특징지어진다. 초국가적 공동체의 전형적인 형태는 규모가 좀 더 큰 국경을 가로지르는 종교 단체와 교회들로도 구성된다. 유대교, 기독교, 이슬람교, 힌두교나 불교 같은 세계 종교는 근대 국민국가가 존재하기 이전부터 존재해 왔다. 디아스포라도 초국가적 공동체에 속한다. 디아스포라는 과거의 특정 시점에서 구성원들이 영토적인 분산을 함께 경험한 집단이다. 분산의 결과로서 외상을 경험하기도 하고 장거리 무역의 전문화를 발전시키기도 한다. 그러나 초국가적 공동체는 글로벌 마을이나 탈영토화된 공간과 같이 두 개의 세계나 문화에 동시적으로 거주하는 사람을 반드시 포함하지는 않는다. 반드시 필요한 것은 상징적이고 집합적인 표상인 공통의 기억을 통해 높은 사회적 응집력을 이루는 연대성에 기반하여 지리적 근접성이 없이도 공동체들이 연결될 수 있어야 한다.

초국가성: 이질성의 표시

지금까지의 논의에서 한 걸음 더 나아가서 '초국가적'의 세 번째 개념은 무엇보다도 방법론 문제와 관련된다. 이 개념을 추가함으로써 '초국가적'에 관한 이론적 틀을 한층 발전시키는 데 기여할 수 있다. 앞서 살펴본 바와 같이 초국가화는 행위자들의 지속적인 국경 간 거래를 위한 틀로서 정의된다. 초국가적 사회 공간은 국경을 가로지르는 유대와 활동들의 지속적인 연결을 지칭한다. 지금까지 우리는 전통적인 국제 이주자와 트랜스 이주자로 불리는 사람을 병치하여 논의했다. 이들은 모국을 떠난 이주자, 정착국에 거주하는 이주자, 모국 귀환 이주자이다. 여기서 이주자를 어떻게 정의하는가에 따라 미국에 거주하는 멕시코 이민자의 4분의 1에 해당되는 사람들이 초국가적으로 분류될 수 있다. 예를 들어 송금을 보내거나 모국을 여행하거나 모국의 정치적 문제에 관심을 유지하는 것과 같이 특정한 유형의 국경을 가로지르는 유대를 맺고 있는지에 따라 분류될 수 있다.

그러나 이러한 연구에는 두 가지 문제가 있다. 첫째, 국경 간 거래는 양자택일의 활동이 아니며 낮은 강도에서 높은 강도의 수준까지 연속성 속에서 다양하게 존재한다(Faist et al., 2011). 둘째, 지리적인 이동성을 지나치게 강조한다. 국경 간 이주를 가능하게 하고 상대적으로 이동성이 없는 가족이나 친족 구성원의 역할, 국경 간의 아이디어 교환과 기저에 놓여 있는 상징적 유대를 충분히 고려하지 않는다. 우리가 부르는 초국가적 사회 공간속에서 초국가적 연대를 형성하는 데 기여하는 모든 개인과 집단이 두 개 또는 그 이상의 국민국가 사이에서 국경을 가로지르는 활동을 규칙적으로 하는 것은 아니다. 최근에 정착한 이주자뿐 아니라 남겨진 가족 구성원과 오래전에 정착한 이주자들도 종종 초국가적 활동에 참여한다. 게다가 이주하지 않은 사람들이나 이주자와 연관되지 않은 사람들이라도 직장이나 직업을 통해 해외에 있는 동료들과 연결될 수 있고, 국경 간 거래에 참여할 수 있다(Mau, 2010).

이것이 '초국가성transnationality'이라는 개념이 유용한 이유이다. 초국가성은 국민국가의 경계를 가로지르는 행위자들 — 개인, 사회집단, 공동체, 단체 — 의 사회적 활동을 의미한다. 이 용어는 여행을 하거나 송금하고 아이디어를 교환하는 등의 다양한 사회생활의 영역 — 가족이나 사회-문화적·경제적 그리고 정치적 영역에 이르기까지 — 에서 국경을 가로지르는 유대의 스펙트럼을 의미한다. 이런 방식으로 볼 때, 행위자의 초국가적 유대는 이질성의 표시로서 구성된다. 연령, 젠더, 시민권, 성적 취향, 문화적 선호, 언어 사용 등과 같은 다른 이질성들과 유사하다. 간단히 말해, 초국가성은 아주 적거나 짧은 시간의 유대부터 다중적이고 밀집적이며 지속적인 유대까지 유대의 수준이 낮거나 높은 연속성 속에서 이해될 수 있다. 예를 들어 이주자는 다양한 금액대의 돈을 송금할 수도 있지만 아예 보내지 않을 수도 있다. 이와 같은 연속성은 이주자와 비이주자를 단순히 초국가적이다, 아니다로 간주될 수 없다는 것을 말해준다. 초국가성은 참여의 정도나 강도에 따라 다르다.

따라서 초국가성은 다양한 강도와 인생의 다양한 단계적 과정 속에서 발생되는 거래로 특징지어진다. 또한 지리적 이동성에 국한되지도 않는다. 예를 들어, 이주자의 이동성이 없는 가족 구성원도 초국가적 활동에 관여할 수 있다. 초국가성에 대한 연구에는 심오한 방법론적 함의가 담겨 있다. 사회생활의 모든 영역에서 초국가화는 다양한 정도로 관찰되기 때문에 국민국가라는 컨테이너container가 유일하고 질문의 여지가 없는 분석 단위나 참고 단위로 받아들여질 수 없다. 그러므로 초국가적 사회 공간과 초국가성에 초점을 맞추는 것은 방법론적 내셔널리즘methodological nationalism의 질문을 다루는 논의들에서 적합하다. 방법론적 내셔널리즘은 영토주의territorialism와 본질주의essentialism로 나눌 필요가 있다.

첫째, 초국가적 접근은 사회, 국가, 영토를 하나로 묶는 영토주의를 극복하는 것을 목표로 한다. 이러한 영토주의는 베버Weber식의 영토, 주권, 국민의 세 요소에서 국가를 우선시하는 많은 분석에서 명백하다. 이주자의 정치적 참여에 관한 많은 연구는 국민국가를 컨테이너와 같은 공간으로 단일한 참조 프레임으로서 받아들인다. 특히 경험적 연구를 위한 데이터들이 국민국가에 기반하여 수집·분석되고, 국민국가들이 국제적으로 비교된다는 사실에서 국민국가의 컨테이너 프레임을 알 수 있다. 이주와 이민 연구와 같은 영역에서도 국민국가들을 비교하는 연구는 상당히 많다. 만약 국경 간 거래가 국민국가 비교 연구보다 더 중요하다면 우리는 컨테이너를 열어야 한다.

둘째, 초국가적 접근은 사회, 국가, 국민을 엮는 본질주의를 극복하려는 노력을 기울여야 한다. 다뤄져야 할 문제는 국민국가적 사고의 중요한 범주, 예를 들어 국민 범주와 종족 범주들을 수정하는 것이다. 심지어 최근의 연구들도 특정 집단이 어떻게 사회적으로 구성되고 유지되는가를 우선적으로 묻지 않고, 전 세계에 분산된 특정한 국민 집단과 이들의 모국 간의 관계를 고찰하려는 초국가적 연구가 많다. 결론적으로 이주자 네트워크나 단체에 관한 연구에서도 다양한 범주적 차이 - 예를 들어 종족, 인종, 젠더, 교육, 전문 훈련, 정치적 소속 및 성적 취향과 같은 범주적 구분 - 을 중심으로 이주자 네트워크나 단체들이 구성될 수 있다는 점에 주의를 기울일 필요가 있다. 이주자와 같은 특정 범주가 항상 종족이나 국민 공동체를 중심으로 응집된다고 분명하게 말할 수는 없다.

책의 목적과 구성

국경을 가로지르는 초국가적 이주는 초국가화의 과정이 어떻게 개인 이주자의 생애 과정, 그리고 집단과 단체의 활동에 영향을 미치는가를 연구하는 이상적인 현장이다. 동시에 초국가적 관점은 이주자나 비이주자가 유사하게 행위자로서 어떻게 형성되는지, 결과적으로 생애 기회를 찾기 위한 국경 간 거래에서 이주자가 어떻게 자신의 운명을 적극적으로 변화시키는지 보여준다. 따라서 국경을 가로지르는 변형이 행위자에게 영향을 미치기도 하지만 행위자도 이 변형적인 과정에 참여하고, 여기에는 국경 간 거래가 중요하게 포함된다는 점을 포착해야 한다.

이와 같은 이중성은 이 책에 제시된 분석들의 기초이다. 이어지는 장은 각 장의 주요 질문들을 다룬다. 경제 발전, 사회통합, 시민권과 같은 공적 영역에서 다루는 중요한 이슈를 위한 초국가적 사회 공간의 형성과 그것의 유의미성을 엮으며 삶의 모든 영역에서 초국가화라는 좀 더 큰 과정에 배태된 이주자의 초국가성의 실현으로부터 도출된 문제에 도전한다.

이러한 배경에서 이 책의 목적은 세 가지이다. 첫째, 국경을 가로지르는 유대와 활동을 살펴봄으로써 초국가성을 개괄적으로 보여주며(제2장) 초국가적 사회 공간의 개념을 소개하고(제3장), 둘째, 이 관점이 이주와 이주의 결과를 이해하는 데 유의미하다는 것을 드러낸다. 이러한 목표를 위해 이주자와 비이주자의 생애 기회를 이해하는 데 중요한 세 가지 주요 영역인 발전(제4장), 이주자 통합(제5장), 정치적 활동(제6장)을 구체적으로 논의한다. 이주와 발전의 부분에서 초국가적 렌즈는 모국의 사회 변화와 경제적 변형에 대한 디아스포라와 다른 공동체의 중요성을 깨닫게 해준다. 그러므로 국경을 가로지르는 발전의 행위자로서 이주자는 핵심적이다. 이주자 통합과 관련하여 초국가적 접근은 컨테이너 개념의 국민국가의 관점을 확장하고 질문을 던진다. 어디로, 그리고 무엇으로 통합되는가? 정치적 활동과 관련하여 초국가적 접근은 시민권과 같은 국가 제도가 어떻게 규모를 키워 부분적으로 이중시민권과 같은 국경 간 관점을 포함하는지를 이해하는 데 기여한다. 셋째, 초국가적 연구 방법론을 발전시키고(제7장), 사회질서의 원칙으로서 시민사회와 같은 일반적인 사회과학의 개념을 도출했다(제8장). 초국가적 사회적 장에서 벌어지는 활동들은 시장, 국가, 가족과 같은 사회질서의 원리들과 관련될 수 있기 때문에 시민사회에 초점을 맞추는 것은 이전 장들의 결과를 함께 엮는 데 적합하다.

각 장을 소개하는 방식으로 경험적인 분석 사례도 순서대로 소개했다. 다양한 범위의 상황들을 소개하고 미국, 멕시코, 라틴아메리카의 국가들, 터키와 독일의 사례를 포함했다. 소개된 이러한 사례들은 첫째, 우리가 남-북 이주라고 부르는 이주의 주요한 사례이고, 50년이나 100년 이상 된 이주 흐름에 대한 분석을 가능하도록 한다. 이주의 맥락이 크게 다름에도 불구하고 예를 들어 이주 발생 이전의 역사, 출신국과 정착국의 사회적 조건들, 이주에 대한 정치적 규제, 권리와 시민권에 대한 접근성 등에서 이주 맥락에는 차이가 있으나 기본적인 초국가화의 원리는 잘 기술될 수 있다. 둘째, 대부분의 사례는 모두 두 국가의 국경 간 거래에만 해당된다. 말할 것도 없이 이주자와 이주자에게 의미 있는 사람들에 의해 유지되는 유대는 여러 국가에 걸쳐 있다는 것을 알고 있다. 예를 들어, 터키의 알레비스Alevis 협회는 거의 모든 북유럽 국가와 독일 전역에 퍼져 있으며, 각 국가의 조직 간에도 유의미한 거래가 이루어진다. 그러나 지금까지 진행된 연구는 아마도 시간과 재정적 자원의 제약 때문에 두 국가에 초점을 맞추는 것 이상으로 진전되지 못했다. 진정한 초국가적 연구팀에 대한 요청은 미래 연구를 위한 벅찬 도전이다(제7장 참고).

가족이나 사회-문화적·경제적·정치적 영역에 널리 퍼져 있는 이주자 활동의 종류를 설명하기 위해 이에 대한 개요를 제2장에서 제공했다. 이러한 활동은 국경을 가로지르는 확실히 더욱 빠르고 강도 높은 의사소통의 채널에 의해 강화되었다. 1세기 전에 저렴해진 우편료가 대서양을 건너는 편지의 흐름을 촉진시켰던 것처럼 값싼 전화 통화료는 이주자 초국가주의에서 '사회적 접착제'로 설명된다(Vertovec, 2004). 두 가지 점은 명확하다. 첫째, 제2장은 가족, 사회-문화적·경제적·정치적 영역에서 국경을 가로지르는 사회적 활동들의 다양한 종류를 구분한다. 둘째, 이러한 활동의 정도를 측정하여 초국가성의 연속성 위에 위치시킨다. 예를 들어, 가족 구성원의 일부가 이주하더라도 가족 간 소통이 완전히 중지되지 않는다는 것을 우리는 안다. 따라서 초국가적 친족을 탐구할 필요가 있다. 초국가적 환경 속에서 초국가적 모성이나 부성을 통한 장거리 자녀 양육과 노인 부양이 어떻게 조직되는가를 명확히 할 필요가 있다. 광범위한 범위의 사회-문화적 아이디어와 활동들의 전파가 젠더와 정치적 관점을 포함하도록 잘 기록되어야 한다. 경제적 영역에서 이주자들의 다양한 참여를 찾을 수 있다. 이러한 참여 중에서 두드러지는 것은 송금도 물론 중요한 역할을 하지만 초국가적 기업의 활동이다. 마지막으로 정치적 영역에서는 예를 들어 장거리 민족주의에 관여하는 타밀족, 쿠르드족, 팔레스타인족의 활동을 들 수 있고, 이주자의 기부 활동이나 재외국민 투표권을 이용하여 선거 정치에 참여하는 다른 형태의 정치적 관여도 있다.

이러한 활동들은 초국가적 사회 공간에서 연결되고 발생한다(제3장). 본질적으로 이러한 공간은 개인들 간의 유대 관계와 같은 미시적 역학과 대규모 사회적 형성이 이루어지는 거시적 역학 사이에 위치하는 친족 집단, 모국 협회, 개인, 단체, 공동체의 네트워크에 의해 채워진다. 초국가적 공간 개념은 이주를 국경을 무너뜨리는 과정으로 간주한다. 그리고 두 개 이상의 국민국가가 단일한 새로운 사회공간에 침투하여 사회적 공간의 일부가 되는 과정을 동반한다. 이 사회적 공간에는 아이디어, 상징, 활동, 그리고 물질문화의 순환이 포함된다. 사회적 공간은 물리적인 특징뿐 아니라 각각의 정치체제나 재산권 행사의 자유와 같은 좀 더 큰 기회구조를 의미한다. 또한 한정된 특정한 장소가 이주자에게 재현하는 사회생활, 주관적 이미지, 가치, 의미들은 초국가적 사회 공간을 이해하는 데 중요하다. 우리는 무엇보다도 초국가적 사회 공간 개념을 발견적인 도구로서 고유의 역동성을 갖고 출현하는 사회적 구조로 본다.

다음 장에서는 전략적으로 연구 주제를 구성하는 세 가지 실질적인 부분인 ① 이주와 개발, ② 이주자 통합, ③ 정치적 활동에 중점을 둔다. 이주와 개발은 이주자가 발전의 행위자라는 아이디어를 통해 출신국, 정착국, 그리고 이주자를 연결하기 때문에 가장 중요하다. 이주 연구에 관한 대다수의 선행 연구들은 압도적으로 정착국에 초점을 맞추고, 출신국은 주변적인 역할을 한다고 간주한다. 이들 선행 연구들은 일반적으로 이주자가 이주하는 이유를 설명하거나 경제적으로 낙후된 지역이 – 출신 국가들 – 어떻게 산업화된 경제를 따라잡을 수 있는가와 같이 한 측면에만 초점을 맞춘다.

그러나 초국가적 렌즈는 국경을 가로지르는 이주와 개발의 이슈가 단지 출신국에만 관련된 이슈가 아니라고 설정한다. 최근 국제기구와 정부가 디아스포라 집단과 활발한 활동을 하는 이주자 단체가 발전 정책에 적극적인 역할을 하도록 유인하는 모국 정부의 정책과 국제기구의 활동에서 입증된 바와 같이 무엇보다도 모국의 외부에 거주하는 이주자가 발전에 결정적 역할을 수행한다. 세계은행World Bank과 관련된 국제기구의 견해에 따르면, 송금은 빈곤을 줄이는 효과적인 수단이며 자조의 형태로 '신개발 만트라new development mantra(Kapur, 2004)'가 되었다. 금전적 송금은 1990년대 초부터 글로벌 경기 침체의 결과로 다소 감소한 2008년까지 꾸준히 증가했다.

그러나 이주에 의해 수확된 돈이 개발에 긍정적인 효과를 낳는지, 아니면 부정적인 효과를 낳는지의 여부는 확실한 답을 제공할 수 없는 연구 질문이다. 또한 유엔개발계획이 발행한 이주에 관한 보고서에서 언급한 것처럼 송금만으

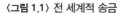
〈그림 1.1〉 전 세계적 송금

(단위: 미화 100만 달러)

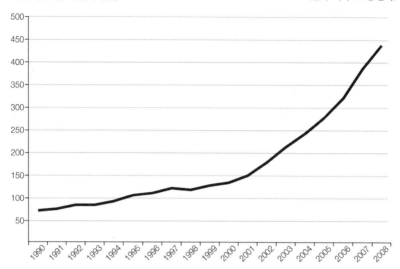

자료: World Bank(2008).

로 경제성장에 대한 구조적 제약을 제거할 수는 없다(UNDP, 2009: 79). 이러한 배경에서 제4장은 정착국 사회에서 습득한 아이디어, 규범, 기대, 기술, 그리고 접촉의 전파를 창출하는 이주자와 모국에 남아 있는 사람 간의 교환을 논의한다.

두 번째 전략적인 연구 주제는 이주자 통합으로 이주에 대한 설명에서 고전적인 주제이며 정착국의 관점에서만 주로 논의되어 왔다. 반면 초국가적 관점은 이주자가 해외에 거주하는 사람들과 의미 있는 유대를 맺는다는 사실에 관심을 기울이며, 이주자가 사회적으로 통합될 수 있는 실체에 의문을 제기한다. 실제로 여러 가지가 동시적일 수 있다. 디아스포라처럼 이주 송출과 이주 유입, 지역적·국가적 또는 초국가적 규모가 동시적일 수 있다. 제5장은 이주자의 초국가화와 동화 이론, 종족적 다원주의를 둘러싸고 등장하는 논의들에 대한 개요를 제공한다: 이주자의 초국가화와 이어지는 초국가성이 전통적인 의미의 동화를 종식하는가? 이주자가 기존 사회 속으로 흡수되는가? 아니면, 주류 사회의 구성원과 같은 동등성을 획득하는가? 이것은 동화에 대한 대안이고 이주자를 포함시키는 새로운 모델인가?

동화assimilation에 대한 초국가화와 초국가성의 관계는 1990년대 초반부터 논의된 아래로부터의 초국가주의transnationalism from below의 초석이 되어왔다. 흥미롭게도 초국가적 관점은 이전 세대의 이주 연구자들이 동화 개념과, 정도는 덜 하지만 문화적 다원주의 개념을 도입하고 이들 개념을 확장하여 사용한 이후로 1세기가 훨씬 지난 후에야 이주 연구의 어휘로 등장했다. 동화 개념과 부분적으로 문화적 다원주의의 개념이 이주에 관한 초기 연구가 형성될 때 통용되기 시작한 반면, 초국가적 접근은 이주자 통합을 다루는 사회학의 하위 분과로 진입했다.

동화 개념은 국경을 가로지르는 이주자의 살아 있는 현실을 묘사하는 임무를 수행하지 못하지만 초국가주의는 할 수 있다고 본다. 1990년대 초반에 발전된 초국가적 관점에서 볼 때, 동화뿐 아니라 문화적 다원주의는 새로운 형태의 이주자 통합을 설명하는 데 실패했다. 동화가 과거 정체성의 상실을 내포하는 반면, 다문화주의는 종족 정체성을 불변하는 것으로 취급하는 본질주의적 관점을 진전시켰다고 주장한다(Basch et al., 1994). 이 새로운 개념에 대한 비판이 없는 것은 아니다. 비판의 결과로 초국가적 접근은 초기의 공식화에 대해 상당한 수정을 거쳤다. 한쪽에는 동화와 문화적 다원주의가, 다른 한쪽에는 국경을 가로지르는 사회적 공간의 확장이 각기 다른 이미지를 지칭한다. 은유적으로 표현하면 동화는 '뿌리 뽑힌' 이미지와 연관되고[(Handlin, (1951), 1973)], 문화적 다원주의는 '이식된' 이미지와 연관된다(Bodnar, 1985).

'초국가적'에 대한 적절한 은유적 대안은 소설가 살만 루슈디Salman Rushdie로부터 차용한 표현인 '번역된 사람들'의 이미지가 될 수 있다. 즉, 이주자는 언어, 문화, 규범, 사회적이고 상징적인 유대를 번역하는 데 지속적으로 관여한다. "전 세계를 가로질러 태어난 우리는 번역된 사람이다. 번역 중에 항상 무언가를 잃는다. 고집스럽게 나는 무언가를 얻을 수 있다는 관념에 집착한다"(Rushdie, 1991: 16). 이주자는 자신의 정체성과 공동체를 상실이나 단순한 복제로부터 형성하지 않는다.

동화와 초국가성 간의 관계에 대한 논쟁은 두 가지 단계에서 등장했다. 첫 번째는 두 가지 접근을 상호 배타적인 것으로 보고, 각각은 이주자 통합의 특징적인 모델을 구성한다. 두 번째는 최근 일부 사상가들이 동화와 초국가성의 양립 가능성을 짚어낸다. 이들에 따르면 동화는 이민자의 정착국 사회로의 통합 모드를 지칭하는 반면, 초국가성은 다양한 국민국가의 국경을 가로지르는 그 사이의 연결 모드를 지칭한다. 따라서 두 개념은 다른 과정을 지칭한다. 여기서 흥미로운 질문은 '어떻게 이 두 과정이 서로 연결되는가?'이다.

세 번째 전략적인 연구 주제는 정치 제도와 정치적 활동이다(제6장). 제6장은 국가 공동체의 온전한 구성원권인 시민권에 관한 것이다. 그러므로 초국가적 유대가 국가 시민권에 대한 이해와 관행을 어느 정도까지 변화시켰는지, 그리고 그 반대의 경우도 마찬가지로 정치 제도와 국가 정책이 국경을 가로지르는 정치적 활동을 어떻게 형성하는지 살펴보는 것이 중요하다. 국가가 이민자의 초국가성에 어떻게 대응하는가와 관련된 표현 중의 하나는 이중시민권에 대한 관용의 증가이다. 전 세계적으로 이중시민권을 허용한 국가의 비율은 1959년의 5% 미만에서 2005년의 50%로 증가했고, 그 수는 증가하고 있다(Faist, 2010a). 이중시민권은 새로운 국가에서 시민권을 획득한 사람이 모국의 시민권을 유지하는 것을 허용할 때, 또는 이중 국적인 부모가 자녀에게 두 시민권을 상속할 수 있도록 허용할 때 발생한다. 그러한 개인은 두 개 혹은 그 이상의 여권을 갖고 있고, 원칙상 하나 이상의 정치체에서 의무와 권리를 함께 갖는다. 이로 인해 다음과 같은 질문이 제기된다. 이중시민은 두 개의 투표권을 얻었으므로 이것은 1인 1표 원칙에 위반되는가? 이중시민권자의 충성도는 전쟁과 같은 상황에서도 적절한가? 이중시민권은 국가 시민권과 독립적인 일종의 초국가적 시민권인가?

사회생활과 주요 정책의 실질적인 발전, 통합 그리고 시민권 영역에서 초국가적 관점의 유용성이 있다면, 질문은 어떤 방법론이 가장 적합할 것인가이다 (제7장). 이 질문은 국민국가의 국경과 국경 없는 공간의 화해에 관한 논의이다. 그러므로 오로지 국민국가의 관점에서 사고하는 것을 극복하는 여러 방법을 제공한다. 다양한 방법론적 도구가 이미 사용 가능하며 다중현장 연구, 확장된 사례연구 방법, 지구적 민속지학 방법, 네트워크 분석, 정량 조사와 종단 연구를 포함한다. 특히, 이 장은 세 가지 상호 연결된 문제를 극복하기 위해 노력하는 연구들의 예시를 제공한다. 첫째, 방법론적 내셔널리즘을 극복하는 도전이다. 방법론적 내셔널리즘은 사회적 활동과 국민국가가 일치하며 자료 수집이 국민국가 내로 국한된다고 가정한다. 둘째, 많은 초국가적 연구는 전적으로 종족 집단이나 국민 집단을 출발점으로 사용하면서 여전히 본질주의에 빠져 있다. 결과적으로 집단의 특성을 구체화하며 다른 적합한 이질성의 가능한 표시들을 막는다. 셋째, 초국가적 연구는 다양한 국가의 현장에서 체계적인 경험적 분석을 탐구하기 위해서는 종종 초국가적 연구팀이 요구된다.

마지막 장은 이전 장들에서 얻은 통찰을 종합하고 시민사회의 틀에서 이주와 국경을 가로지르는 다른 현상에 대한 이해가 무엇을 의미하는가를 질문한다. 첫째, 사회질서의 원리로서 시민사회는 사회질서에 관한 세 가지 추가적인 원리 ― 시장, 국가, 가족 ― 를 밀접하게 연결한다. 이것은 비정부, 비시장, 비가족의 질서와 변화의 원리를 가져온다. 특히 시민사회의 초국가적 측면을 살펴보는 것은 민주, 인권, 공적 영역 확산에 도움이 되는 사회적 힘에 대한 질문을 제기한다. 간단히 말해, 사회 내의 모든 좋은 것에 관한 것이다. 물론 시민사회는 야누스Janus의 얼굴과 같다. 예를 들어 장거리 민족주의와 사회운동은 모두 민주화를 추진한다. 둘째, 방법론적 통찰에 근거하여 국민국가의 시민사회에서 구상되는 것이 마치 지구적 차원에서 복제되어야 하는 것처럼 초국가적 또는 글로벌 시민사회를 이야기하지 않는다(Keane, 2003). 초국가적 관점은 국민국가의 원리를 단선적·초국가적·지구적으로 상상하려고 시도하지 않으며, 그 대신 국경 간의 유대와 활동 결과의 구성을 살펴본다. 이것은 사회질서의 원리로서 시민사회가 독점적으로 국가 차원, 또는 초국가적이나 지구적 차원에서만 발견될 수 없다는 것을 의미한다. 그 대신, 지역, 국가 그리고 그 밖의 시민사회가 활동할 수 있는 모든 규모를 고려해야 한다. 마지막으로 제8장은 국경을 가로지르는 이주와 그 결과에 대한 초국가적 관점이 사회과학의 초국가적 전환을 위해 제공해야 하는 것들을 반영하면서 마무리 짓는다. 이 책은 '언바운드'라는 사회 개념에 대한 더욱 적절한 이해를 위해 사회적 활동들을 풀어내는 퍼즐의 조각들을 제공한다.

Chapter 02

초국가성과 사회적 활동

이주자들은 초국가적 사회 활동에 참여한다. 장거리 통신을 통해, 두 국가 사이를 여행하면서, 금전적 송금과 사회적 송금을 이전함으로써 초국가적 사회 활동에 관여한다. 초국가적 관점에서 볼 때, 정착국의 이민자에 초점을 맞추는 것도 중요하지만 이주 과정의 양쪽 측면과 '여기'와 '저기' 사이의 연결을 고려하는 것이 중요하다. 이것은 양국의 이주자와 상대적으로 이동성이 없는 사람들이 초국가적 활동에 참여하고 초국가적 사회 공간에 살고 있다는 사실을 일깨워준다(Faist, 2000a). 예를 들어, 초국가적 가족 내부에서 이주자가 자녀를 모국에 남겨둘 때 부모는 장거리 육아를 하고 아이들은 부모에게 이메일을 보낸다.

이주자는 모국의 가족에게 송금하고 유학생은 부모로부터 학비를 송금 받는다. 이주자와 유학생은 각기 다른 사례를 구성한다(Khadria, 2009: 109). 국경 간 흐름이 한 방향만이 아니라 양방향으로 진행된다는 것을 나타낸다. 따라서 초국가적 과정은 이주자와 비이주자 모두에게 영향을 미친다. '초국가적 활동에 참여하는 비이주자들은 그들의 사회적·경제적 삶이 정착국의 자원,

사람 및 아이디어에 정기적으로 의존하고 정착국에 의해 형성되는 사람들이다(Levitt, 2001b: 199). 이주 연구의 고전적인 접근 방식은 주로 정착국의 이주자에게 전적으로 초점을 맞추고 있지만 초국가적 접근 방식은 모국에 남겨진 비이민자와 이 둘 사이의 흐름을 고려한다.

양 국가에서 이주자와 상대적으로 이동성이 없는 사람의 국경을 가로지르는 활동을 고려할 때, 이주 연구를 위한 초국가적 틀은 경험 연구가 진행되는 방식에 영향을 미친다(제7장 참조). 이주자와 비이주자는 사회생활의 모든 영역에서 초국가적 활동에 참여할 수 있다(Levitt, 2001b: 197; Itzigsohn와 Saucedo, 2002: 768). 그럼에도 초국가적 활동은 분석 목적으로 종종 다른 분야와 관련되어 분류된다. 이와 함께 이주 연구의 광범위한 작업은 하나 또는 다양한 분야에서의 초국가적 활동을 다룬다(특히 Levitt and Jaworsky, 2007; Vertovec, 2009 참조).

이 장의 나머지 부분에서는 초국가적 삶의 네 가지 기본 영역인 가족, 사회문화, 경제 및 정치에서 초국가적 활동에 대한 개요를 제공한다. 이것들은 모두 독일의 초국가화, 이주 및 변형 조사(이주자 초국가주의의 다단계 수준 분석 TRANS-NET)에서 진행된 인터뷰의 전형적인 사례들로 기술되었다.[3] 사례연구에 기반하여 각 영역의 사회생활에 대응되는 특성들이 강조되었다. 이 장은 초국가적 활동의 정도와 강도에 대한 통찰을 주는 초국가적 활동의 유의미성에 대한 논의로 마무리한다. 여기서 초국가성은 연속성의 낮거나 높은 범위로서 이해된다.

가족 영역의 초국가적 활동

초청 이주 노동자로 돈을 벌기 위해 독일로 이주한 엠레Emre 부모의 경우처럼 이주는 핵가족이나 대가족이 가족의 위험을 줄이고 더 나은 삶을 위해 추구되는 사회적 상향 이동의 여러 전략 중 하나로 볼 수 있다. 이주 과정은 전적으로

엠레

엠레Emre는 1971년 터키에서 태어났다. 그가 어렸을 때 부모님은 1960년대와 1970년대에 경제적 상황을 개선하고자 했던 많은 터키 이주자가 그랬던 것처럼 초청 이주 노동자로 독일로 이주했다. 엠레는 터키의 조부모에게 맡겨졌다.

내가 한 살이 되었을 때 부모님이 게스트 노동자로 독일에 오셨다고 알고 있다. 처음에는 어머니가 먼저 독일에 오셨고, 6개월 후에 아버지도 오셨다. 이것은 내 생애의 첫해 이후로는 어머니가 없었다는 것을 의미한다. 그리고 나는 외가의 조부모님 집에서 자랐다. 얼마 후 아마 네다섯 살 쯤, 내가 생각했던 사람은 내 친부모가 아니며 친부모는 독일에 있다는 것을 알게 되었다. 동시에 나보다 네 살 어린 남동생이 있다는 것도 알게 되었다 아마 나를 완전히 잃어버릴까 봐 두려워서, 그리고 나에 대한 사랑 때문에 부모님은 다섯 살 때 나를 독일로 데려가려 했다. 부모님이 교대 근무를 하셨기 때문에 이것은 잘 되지 않았다. 나 또한 독일에서 부모님과 형제에게 익숙해지는 데 어려움을 겪었다. 그래서 여섯 살 때 조부모에게 다시 돌아갔고, 그곳에서 초등학교를 다녔다. 2년 동안 잘 지냈다. 그 후 1979년 부모님은 나를 독일로 영구적으로 데려오겠다고 결정했다. 1979년부터 나는 독일에 살고 있다.

이제 성인이 된 엠레는 1년에 한 번 터키로 휴가를 간다. 독일에서 태어난 그의 세 명의 남동생들과는 달리, 그는 여전히 터키에 사는 친척들과 연락한다. 그가 잘 성장할 수 있도록 육아를 맡아준 할머니와의 관계가 특히 중요하다.

방해하는 일이 없다면, 보통 나는 1년에 한 번 터키로 날아간다. 물론 나는 터키의 친척들과 여전히 좋은 관계를 유지하고 있다. 나는 어머니와 아버지로 생각했던 외할머니, 외할아버지와 연락하고 지낸다. 이 관계는 여전히 매우 친밀하며, 할머니는 여전히 살아 계시고, 올해 겨울에는 여기 독일에서 함께 계셨다. 외할머니는 이미 매우 나이가 들었고, 불행히도 곧 관계가 끝나게 될 것이다.

개인의 결정에 근거한 것이 아니라 가족 전략의 맥락에서 이해되어야 한다 (Stark, 1991: 39). 가족 구성원을 해외로 보내는 것은 온 가족의 생계를 위한 투자일 수 있다. 따라서 이주 전략으로서의 공간적 분산은 '가족을 보존하려는 합리적인 가족 결정이고 종종 가족을 강화시키는 유익하고 탄력적인 방법이다. 가족은 지역을 가로지르며 함께 있기 위해 분리된다'(Chan, 1997: 195).

따라서 가족이 반드시 함께 이주할 필요는 없다. 다른 국가에서 일자리를 찾는 노동 이주자의 경우, 가족의 이동은 종종 엄격한 이민 정책에 의해 제한되거나 제외된다. 전쟁 중에 보스니아 헤르체고비나(Al-Ali, 2002)에서 온 난민의 경우에서 묘사된 것처럼 이주자들도 가족으로부터 떨어질 수 있다. 이러한 상황에서 이주자와 난민은 이주수용국에서 일하고 거주하며 가족은 모국에 남겨 둔다. 또한 다른 형태의 분리도 ─ 결혼한 배우자, 자녀와 부모, 형제자매, 손자와 조부모 간 ─ 발생할 수 있다. 결과적으로 이주자와 그 가족 구성원은 적어도 두 개의 다른 국민국가에 위치해 있다.

어떤 경우에는 가족이 재결합하기까지 몇 년이 지날 수도 있다. 이주수용국인 독일에서 계속 일하면서 가족 구성원을 독일로 데려올 수 있는 조건은 제한적이다. 그러나 그렇다고 해서 반드시 가족 관계가 깨질 필요는 없다. 오히려 이주로 분리된 가족은 국경을 가로지르는 생활로 꾸려가야 한다. 따라서 초국가성은 개인과 가족 전체의 특성이 된다. 여기서 '초국가적 가족들transnational families'은 일정 시간이나 대부분의 시간 동안 서로 분리되어 살지만 국경을 가로지르는 집합적 복지와 단결의 느낌, 즉 '가족'으로 보일 수 있는 무엇인가를 창출하며 결속력을 다지는 가족을 의미한다(Bryceson and Vuorela, 2002: 3). 국경을 가로지르는 가족 활동에 대한 연구는 가족이 반드시 단일 지역에서 거주할 필요는 없다고 지적한다.

그럼에도 핵가족과 대가족의 변화는 국경을 가로지르는 생활이 유지된 후에 관찰될 수 있다. '이주 과정에서 가족은 급변하는 상황에서 동일한 요구를 지속적으로 충족시켜야 하기 때문에 변화를 겪는다'(Landolt and Da, 2005: 627). 사적 영역에서 초국가성은 이주자가 가족을 모국에 남겨두고 다른 나라로 떠나더라도 책임과 의무가 중단되지 않는다는 사실에 기인될 수 있다. 오히려 이주자는 매일의 업무는 이주수용국에서, 사적인 가족생활은 모국에서 동시적으로 조직해야 한다. 가족의 일상생활을 공유하는 것이 가능하지 않다 해도, 이주자는 돌보는 역할을 계속해서 수행해야 하고 가족 구성원의 물질적이고 정서적 필요를 충족해줘야 한다. 이주자에 의한 장거리 활동은 어린이와 노인을 돌보는 것 모두가 포함된다.

앞에서 언급했듯이 이주는 부모와 자녀의 분리로 이어질 수 있다. 더 나은 노동시장 기회를 이용하기 위해 이주하는 부모들 중 많은 이들이 자녀를 모국에 남겨둔다. 이러한 경우 대개 가까운 친척, 배우자, 할머니나 다른 여성 친척들에게 육아에 대한 돈을 지불하고 자녀의 일상적인 필요를 충족시킨다. 그러나 다른 나라로 이주한 부모는 매일 직접 대면하여 돌봄을 제공할 수 없다 해도 책임이 면제되지는 못한다. 특히 여성들은 「초국가적 모성transnational motherhood」(Hondagneu-Sotelo and Avila, 1997: 554)과 「여성 가장에 의한 초국가적 가족female-headed transnational families」(Parreñas, 2001a: 361)에서 설명되듯이, 장거리 육아를 제공해야 하는 도전에 직면해 있다.

여성 이주자는 이주수용국에서 돈을 벌고 가족의 의무를 다해야 하며, 초국가적 환경에서 보살핌의 역할을 해야 한다. 미국의 라틴계 이주자는 '나는 여기에도 있고 거기에도 있다'고 말한다(Hondagneu-Sotelo and Avila, 1997: 554). 이러한 조건은 여성 이주자의 계획을 복잡하게 만들고, 부모와 자녀에게 감정적인 비용을 초래한다. 예를 들어, 엠레는 조부모가 그의 부모라고 인식했다. 조부모가 그를 돌봐줬기 때문에 독일에서 진짜 부모와 남동생들과 재결합했을 때 그 상황이 낯설다고 느꼈다.

또한 엠레의 할머니 사례는 자녀뿐 아니라 연로한 부모와 조부모도 이주자가 모국에 남겨둔 사람임을 나타낸다. 보살핌이 필요한 경우, 세대에 걸친 이런 종류의 부양도 지리적 거리에 의해 영향을 받는다. 대면을 통한 상호작용이나 물리적 접촉은 종종 보살핌에 있어 필수적인 사항이며 지속적이고 빈번한 노력, 시간 및 함께 있는 것이 요구되는 것은 분명하다(Zechner, 2008: 37). 따라서 이주자들은 모국에 남겨둔 연로한 부모와 조부모를 보살피는 자신에게 기대되는 역할을 수행하는 것이 불가능하다는 것을 알게 된다.

사회-문화적 영역의 초국가적 활동

캠버Kamber의 경우처럼, 사회-문화적 초국가적 활동은 어느 정도의 제도화로 특징지어진다. 이 사례는 독일에 기반을 둔 독일-터키 협회의 제도적 틀에서 예술 및 문화적 교류가 이루어진다. 개인의 생활을 넘어서 좀 더 제도화된 초국가적 활동에는 모국과 관련된 협회나 자선 단체의 참여가 포함된다(Itzigsohn and Saucedo, 2002: 777). 이러한 단체들이 성격이 다른 초국가적 활동이라 해도 모두 이주와 관련된 사회-문화적 성격을 띠는 협회나 단체의 폭넓은 스펙트럼 내에서 실행된다. 또한, 국경을 가로지르는 공동체 관계를 구축한다는 공통점이 있다. '사회-문화적 초국가주의는 이주자와 모국을 포괄하는 공동체 의식의 재창출을 포함하는 초국가적 연계를 의미한다'(Itzigsohn and Saucedo, 2002: 768).

그러나 초국가적 사회-문화적 활동이 캠버의 경우처럼 반드시 안정적으로 진행되는 이주자 기반의 단체나 집합적인 계획에만 기반하지는 않는다. 특정 프로젝트를 목표로 하는 임시 단체에 의해서도 실행될 수 있다. 여기에는 '이민자들이 자발적으로 금전적 기부금과 비금전적 기부를 비공식적으로 모아서 모국의 특정 공동체의 필요를 충족시키는 사례가 포함된다. 예를 들어, 빈곤층에 대한 장학금을 제공하거나 강의실을 짓고, 병원에 장비를 기부하고 기타 공공시설에 소방차, 구급차 등을 기부한다'(Guarnizo and Díaz, 1999: 412~413). 루이스 과르니조Luis Guarnizo와 레오넬 디아스Leonel Díaz에 의해 수행된 콜롬비아 연구에서 설명된 것처럼 안정적인 단체나 비공식적인 조직 두 종류의 활동 모두 모국 귀환자, 노동 이주자, 마약 거래에 연관된 이주자와 같은 상당히 다른 이주 흐름에 의해 실행되며 밀집한 초국가적 관계의 연결망에서 합류된다.

캠버

캠버Kamber는 독일에서 이민 및 통합 분야의 다양한 단체에서 자원봉사를 한 후 독일-터키 협회의 관리자가 되었다. 협회의 관심사 대부분은 문화 분야와 관련이 있다. 협회는 터키와 다양한 관계를 맺고 있고, 캠버의 활동에는 종종 사람들과 단체들을 다루는 일이 포함된다.

나는 집의 관리자로서 실제로 매일 터키와 마주한다. 특히 터키의 관련 부처와 문화 단체의 일을 처리해야 한다. 우리는 이스탄불의 예술과 문화 분야의 재단과 긴밀히 협력한다. 우리는 항상 터키의 예술가들과 연락하며, 이벤트에 초대한다. 또한 관리자, 음반 회사 등 무엇이든 말하는 것은 다 처리해야 한다. 모든 종류의 영역에서 말이다.

또한 어머니가 터키에서 휴가를 보낼 때 아버지를 만나 이중 국적 부모로부터 태어난 캠버도 역시 이중시민권을 갖고 있으며 독일어와 터키어를 유창하게 한다. 그는 모든 이주자와 그 자녀들이 이중시민권을 갖도록 허용되어야 한다는 의견을 갖고 있다. 그에게는 이중시민권이 그의 정체성에 가장 부합하기 때문이다.

개인적으로 나는 독일인과 터키인의 상황에 놓여 있고 그래서 두 국가의 시민권을 가지고 있다는 것이 실제로 논리적이다. 실제로 나는 한 번도 터키인과 독일인 사이를 선택하는 문제에 의문을 가진 적이 없다. 왜냐하면 나는 항상 일정한 의미에서 둘 다이다. 나는 독일인의 행동을 하고 터키인의 행동도 한다. 그리고 때로는 터키어로 생각하고, 때로는 독일어로 말한다.

안정적인 단체든 비공식적인 활동이든 관계없이, 이러한 다양한 사례는 이주 연구에서 금전적 송금이 중심이 되는 관점을 넘어서서 사회-문화적 아이디어와 활동도 초국가적 환경에서 전달되고 받는다는 것을 보여준다. 이주로 추동된 문화 확산의 형태는 '사회적 송금social remittance'이라는 용어로 요약될 수 있다. '사회적 송금은 이주자의 정착국에서 모국의 공동체로 흘러가는 아이디어, 행위, 정체성 및 사회적 자본을 의미한다'(Levitt, 1998: 927). 사회적 송금은 정착국과 상호작용하며 이주자에 의해 이전된다. 적어도 세 가지 유형의 사회적 송금이 구별될 수 있다(Levitt, 1998: 933~936; 또한 Levitt, 2001a: 59~63 참조).

첫 번째 유형은 '규범적 구조normative structures'이며 아이디어, 가치 및 신념의 교환이 포함된다. 성별을 예로 들면, 방글라데시 출신의 여성 노동 이주자들이 말레이시아로 이주한 후 모국으로 귀환하면서 새로운 성평등의 규범 — 특히 무슬림 여성들이 집 밖에서 일할 수 있다는 규범 — 을 갖고 온다. 이것은 무엇보다도 성공적인 이슬람 국가인 말레이시아가 여성 고용과 관련하여 트렌트를 주도한다고 간주되었기 때문에 가능했다(Dannecker, 2005).

두 번째 유형은 '관행의 체계systems of practices'로, 규범적 구조에 의해 형성된 행동들로 구성된다. 방글라데시 출신 여성 이주자의 경우 말레이시아에서 새로운 형태의 젠더 이데올로기를 관찰했고, 이는 방글라데시의 기존 성별 관계를 변화하는 실천으로 이어졌다. 여성 이주자들은 방글라데시로 귀국하면서 새로운 성별 관행을 도입하고, 비이주 여성들도 이러한 새로운 성별 관행 중 일부를 채택한다.

세 번째 유형은 '사회적 자본social capita'이다. 정착국에서 이주자들이 취득한 사회적 자본은 모국으로 이전될 수 있다. 예를 들어, 이주 여성은 건강보험과 같은 자원에 접근할 수 있고, 가족 구성원이 집으로 돌아갈 수 있게 돕기 위해 정착국의 사회적 네트워크에서 누적된 성별화된 사회적 자본을 이용한다. 방글라데시 여성 이주자는 이주로 인해 사회적 위치와 지위가 낮아진 남성 이주자와는 달리, 모국으로 귀국 후에 이주를 계획하는 다른 여성들에게 대출을 제공하고 방글라데시에서 새로운 신용대출구조를 구축했다. 사회적 송금에는 젠더 이데올로기와 젠더화된 사회적 자본이 포함되고, 인권과 민주주의 개념과 같은 정치적 아이디어도 포함될 수 있다(Faist, 2008: 34). 그러나 이주자와 비이주자에 의한 사회적 송금의 이전에서 사회적 송금이 어떻게 사용되는지에 대해 아무것도 밝혀지지 않았다는 것을 언급하는 것은 중요하다. 더욱이 사회적 송금은 긍정적인 영향뿐만 아니라 부정적인 영향도 미칠 수 있다(제4장 참조).

초국가화의 사회-문화적 차원과 관련하여 또 다른 중요한 측면은 개인의 정체성 문제이다. 캠버의 경우에서 볼 수 있는 것처럼 정체성은 초국가적 과정에 의해 영향을 받을 수 있다. 캠버의 정체성은 소속감이 단지 하나의 국가에 의해 특징지어지지 않으며, 오히려 소속감의 이중 모드를 창출했다. 이 예는 현대 이주자와 그 후손들이 이주수용국으로 이주할 때 과거 정체성을 반드시 잃을 필요가 없고 정착국에서 유동적인 다중의 정체성을 형성할 수 있음을 보여준다. 초국가적 연구는 구체적 활동뿐만 아니라 상징적이고 주관적인 차원의 초국가성을 더욱 고려해야 할 필요성을 강조한다. 따라서 초국가적 접근은 사회적 및 상징적 유대(Faist, 1998: 218), 초국가적 활동의 객관적이고 주관적인 차원(Levitt et al., 2003: 571), 그리고 존재 방식과 소속 방식을 모두 고려하기 시작했다(Levitt and Schiller, 2004: 1010~1011).

경제적 영역의 초국가적 활동

자본과 노동의 지구화는 이주자의 수요뿐만 아니라 경제적 활동에 대한 새로운 기회를 창출한다. 이주 자체는 종종 경제적인 고려에 의해, 특히 이주자가 취업을 위해 다른 국가로 이주할 때 추진된다. 또한 이주자와 비이주자들은 다양한 초국가적 경제활동에 참여한다. 경제적 활동의 범위는 송금을 보내는 소규모 활동이나 비공식적 활동부터 초국가적 기업가와 같이 대규모이고 보다 형식적인 활동에까지 이른다. 외즐렘Özlem의 경우에서 두 가지 활동을 모두 볼 수 있다. 재정적 송금(제1장과 제4장 참조)은 이주자와 직접 관련된 초국가적 경제활동의 한 형식을 구성하며, 정착국과 모국 간의 양방향 흐름을 포함한다 (Mazzucato, 2006; Faist, 2010b: 78). 경제적 송금의 유형은 적어도 세 가지로 구분

외즐렘

현재 55세의 터키 시민인 외즐렘Özlem은 1971년 독일로 이주하고 독일인 남편과 결혼했다. 외즐렘은 독일 생활 초기에는 터키의 가족으로부터 재정 송금을 받았다.

> 우리 가족들은 나를 지원해 줬다. 결혼했을 때 남편은 학생이었다. 그랬다. 그는 학생이었고 나는 젊은 엄마였다. 우리는 모든 것이 필요했다. 예를 들어, 그들은 휴가 비용을 지불해 주고 주머니에 돈을 넣어주고 터키에서 새 옷을 입혀줬다. 우리가 돈을 벌 때까지는 그랬다.

평생 동안 외즐렘은 다양한 사업 분야에서 자영업을 했다. 그녀는 현재 독일에 거주하는 터키 이주자에게 이브닝드레스와 웨딩드레스를 판매한다. 옷은 터키의 가족이 운영하는 공장과 다른 터키 회사에서 생산된다. 외즐렘과 새 동료는 외즐렘의 계부를 포함한 터키의 수많은 비즈니스 담당자와 접촉한다.

> 나는 (터키에) 계부가 있다. 그는 터키로 수표를 가져온다. 한 사람이 모든 사람에게 연락한다. 또는 그에게 두 사람의 직원이 있고 내 동료가 그의 직원과 연락한다. '공항에 빨리 갈 수 있어? 누군가가 샘플을 가져온대요. 공항에 빨리 가서 보내야 해요'. 이것이 일하는 방식이다. 우리에게는 (터키에 비즈니스를 함께할) 사람들이 충분히 많이 있다.

외즐렘은 주로 전화와 이메일을 통해 의사소통하지만 때로는 터키로 여행하기 때문에 항상 직업과 사생활을 결합하려고 한다.

> 나는 10일 동안 사업을 위해 (터키로) 가고, 주말 동안 머물려고 노력한다. 그러면 딸을 볼 수 있다. 터키의 다른 도시에도 나만의 패션 스튜디오를 열었고, 거기에 가면 공항에서 체류하는 두 시간 동안 딸을 볼 수 있다.

될 수 있다(Guarnizo, 2003: 671~680; Goldring, 2004: 812~832).

첫 번째 재정적 송금의 가장 큰 부분은 수입이다. 자녀나 배우자를 지원하기 위해 돈을 보내고, 다른 친척이나 친구를 돕기 위해서도 보낸다. 송금은 특히 친족 연대성과 상호 호혜적 의무에 기반한다. 가족과 공동체의 구성원이 되는 것은 종종 가족과 사회적 네트워크의 생존을 돕기 위해 책임을 지는 것이다. 가족이나 가구의 생활수준을 유지하고 개선할 의도로 보내지는 금전적 송금은 음식, 주택 및 의복과 같은 반복적인 지출뿐만 아니라 교육과 건강 서비스에도 사용된다. 이민한 국가나 귀국한 국가에서 가족 재결합을 한 경우, 또는 모국 귀환, 또는 해외에 거주하던 친척이 모국으로 돌아오거나 사망한 경우, 송금도 종료된다.

두 번째 송금의 유형은 기업가의 송금으로, 송금은 주택 건설이나 토지 취득에 사용되지만 소기업 설립에도 사용된다. 가족 송금과 달리 이 유형은 주로 투자 지향적이고, 새로운 사업을 설립하거나 기존 사업에 투자하는 데 사용된다.

세 번째 금전적 송금은 개인 이주자나 모국 단체가 모국의 지역사회 프로젝트에 자금을 조달하는 데 사용하는 자금이다. 이러한 프로젝트는 도로 건설, 교육, 건강 및 사회보장을 위한 공공 서비스뿐만 아니라 스포츠 분야와 같은 레크리에이션을 위한 기본적인 인프라 구축과 관련 있다. 송금은 지역사회 발전을 지원하기 위한 것이다(제4장 참조). 지역사회 프로젝트는 멕시코의 경우와 같이 정부 행위자와 기관을 포함할 수 있다(Guarnizo, 2003: 674; Goldring, 2004: 830).

터키와 독일의 상황과 관련하여 재정적 송금, 특히 가족 송금은 주로 1960년대 초반부터 1970년대와 1980년대까지 관련이 있었다(Faist, 1998; 2000a: 214~218). 이러한 송금의 대부분은 노동 이주자 및 귀환 이주자에 의해 이전되거나 터키에서 주택이나 소비재에 투자되었다. 이 송금은 1980년대와 1990년대에 약간 감소했는데 아마도 가족 재결합의 결과로 보인다. 최근에는 터키 이주자들의 지배적인 경제적 활동인 기업가 활동으로 대체되었다.

따라서 1983년부터 1992년까지의 기간은 터키 이주자들에 의해 설립된 종족 기업의 중요성이 커지고 자영업자의 수가 약 1만 명에서 3만 5000명으로 세 배 증가한 것이 특징이다. 이주자 기업들은 다양한 경제 부문에 자리하고 있으며 식료품점, 공예품, 여행사 및 식당 등이 있다. 터키 이주자들이 설립한 많은 기업은 가족 구성원의 노동력에 의존했다. 그러나 이 시기에 이주자의 기업 활동은 독일의 현지 시장으로 제한되어 있었다. 나중에서야 이들은 종족 틈새 사업에서 초국가적 기업으로 전환했다. 대다수의 경우는 아니지만 터키 이주자의 일부는 독일 기업과 경쟁하는 분야로 진출했다. 또한 이주자는 터키와의 기존 접촉이나 새롭게 구축한 접촉으로 초국가적으로 운영할 수 있었다. 특히 섬유 생산의 경우 외즐렘과 같은 초국가적 기업가는 터키의 훨씬 낮은 원가 비용을 활용하기 위해 터키로 생산 설비를 옮겼다. 이와 동시에 판매와 유통 센터는 독일에 그대로 유지했다.

간략히 말해, 초국가적 기업가는 기업 활동을 위해 해외로 여행하거나, 기업의 성공이 모국과의 규칙적인 접촉에 기반하는 기업 소유주와 자영업자로 개념화될 수 있다(Portes et al., 2002: 284). 예를 들어, 초국가적 기업가 활동은 적어도 두 국가를 가로지르는 상품, 자본, 서비스 및 노동력의 모든 범위의 교환을 기반으로 한다. 초국가적 기업가의 활동은 다섯 가지 유형으로 구별될 수 있다(Zhou, 2004: 1055).

- 금융 서비스: 예) 비공식적인 송금 처리 기관
- 수입과 수출: 예) 이브닝 및 웨딩드레스(외즐렘의 사례)
- 문화 사업: 예) 음악과 영화 거래, 음악, 춤이나 스포츠 팀 조직
- 제조 회사: 예) 의류 공장
- 귀환 이주자의 소기업: 예) 식당, 자동차 판매 및 서비스

대체로 현대 이주자들은 패스트푸드 식당, 신문 가판대나 네일 살롱 같은 소기업 소유에 관여할 뿐만 아니라 이제는 '형식화와 제도화의 규모, 범위, 강도

및 수준에서 점점 이질화되는' 기업가 활동에 참여한다(Zhou, 2004: 1065~1066).

정치적 영역의 초국가적 활동

아드난Adnan의 경우, 초국가적 정치 활동은 전적으로 독일 정부 기관에 기반한
다. 따라서 그는 독일 기관을 통해 부모의 출신국에 간접적으로 참여한다. 이
주자과 그 후손이 간접적으로 출신국 정치에 참여하는 것은 직접적으로 참여
하는 다양한 형태의 국경 가로지르기 활동과 구별될 수 있다(Østergaard-Nielsen,
2003a: 762; 2003b: 22). 직접적인 형태는, 다른 무엇보다 특히 모국의 선거에 투
표하기, 해외 정당과 캠페인 지원하기, 모국 단체 참여하기, 모국의 활발한 정
치 협회 회원으로 가입하기, 정치 관련 미디어 소비하기 등이 포함된다. 대체
로 이주자와 그 후손은 직간접적으로 다양한 형태의 정치적 초국가화에 참여
할 수 있다.

이러한 형태의 정치적 초국가화는 이주자들이 참여하는 정치적 활동에 대
한 초국가적 연구가 두 가지 단점을 넘어설 필요가 있음을 보여준다. 한편으로
첫째, 유럽에서 이주자의 정치적 활동에 대한 연구의 초점은 일반적으로 정착
국에서의 참여에 관한 것이다(Østergaard-Nielsen, 2003a: 764; 2003b: 6). 이와 같은
연구는 정착국 정치체제에 이주자가 포함되는지와 정착국에서의 이주자 통합
을 살펴본다. 이러한 관점으로 볼 때 초국가적 활동은 주로 성공적인 정치적·
사회적 통합의 장애물로 여겨진다. 다른 한편으로, 정치적 초국가화에 관한 연
구의 초점은 일반적으로 이주자들의 출신국에 대한 정치적 참여에 맞춰진다
(Bauböck, 2003: 700). 이러한 연구는 이주자가 출신국의 정치적 지형에 어떻게
배태되어 있는지 조사한다. 이 두 가지 접근 방식과는 달리, 초국가적 연구는
한 측면만을 단순히 분석하는 것에서 벗어나 초국가적 정치 활동의 포괄적인
그림을 지향한다.

아드난

독일은 아버지에게 매력적인 일자리를 제공했고, 터키에서 태어난 아드난Adnan
은 한 살이 채 되지 않았을 때 독일로 이주했다. 어린 시절 내내 그는 터키의 친
척들과 연락하며 지냈다. 그는 해외에서 학업과 직장 경험을 하고, 독일로 돌아
와서 정부 기관에서 일한다. 그의 직업 활동은 그에게 통합 정책을 형성할 기회
를 주었다. 아드난의 이주 배경은 직업을 찾는 데 장애가 되지 않았다. 오히려
현재 직업을 찾는 것과 터키 이주민 단체와 독일의 터키 공동체 간의 대화와 이
해를 촉진하는 업무에 도움이 되었다. 그는 터키 출신 이주자 배경을 가진 사람
으로서 터키와 독일의 다리 역할을 한다. 독일 정부가 터키인들의 입장을 이해
하도록 돕고, 터키 공동체에 영향을 미친다.
아드난은 독일 정치에 참여할 뿐 아니라 터키 정치에도 관여한다. 독일 정부 기
관의 직원으로서 그는 터키 정치단체와 기관들과 종종 협력한다.

> 내가 독일로 돌아와서 독일 정부에서 일하기 시작한 이후 터키와 직업적 접촉이
> 증가했다. 나는 통합 정치에 종사하고 있으며 터키의 도움을 받아야만 해결할
> 수 있는 많은 문제가 있다. 많은 터키인이 터키 시민으로 독일에 살고 있고, 터
> 키와의 직업적 접촉은 지난 3년 동안 매우 집중되었다.

이주자의 초국가적 활동은 이주자 정치와 모국 정치 두 가지 기본적인 차원
으로 구분될 수 있다(Østergaard-Nielsen, 2003a: 762~763; 2003b: 21). 이주자 정치는
새로운 국가에 거주하는 이주자 상황을 개선하는 것을 목표로 한다. 예를 들어
더 많은 권리를 얻기 위해 조정한 활동을 포함한다. 예를 들어 아드난의 직업
활동은 이러한 목표를 정확하게 겨냥한다. 그러나 그의 사례는 통합과 관련된
목표를 달성하기 위해 터키의 정치 단체와 기관의 국경을 가로지르는 협력이
도움이 된다는 것 또한 보여준다. 모국은 자국 국민을 지원하는 일에 관여하게
된다. 이것은 이주자 정치와 관련된 활동이 초국가적 차원을 가질 수 있음을
보여준다.

반면에 모국 정치는 모국의 국내 정책과 외교 정책에 관한 것이다. 이주자의 모국에 대한 정치적 지향성은 지지와 반대 둘 다 포함된다. 모국 정치는 해외 이주자 정치, 디아스포라 정치 및 초지역적 정치로 세분하여 구분한다. 해외 이주자 정치의 일부는 정착국에서 이주자의 법적·경제적 및 정치적 지위와 관련된 모든 문제 — 재외선거권과 세금 면제 — 와 관련이 있다. 디아스포라 정치는 모국의 국민국가 건설 프로젝트에 참여하는 디아스포라 집합적 사업과 관련된다(자세한 내용은 제6장 참조). 마지막으로, 초지역적 정치는 개발 프로젝트의 지원을 포함하는 모국의 지역사회 상황을 개선하기 위해 이주자들이 착수하는 계획으로 구성된다.

대체로 이민자의 초국가적 정치 활동의 차원은 상호 배타적이지 않다. 정착국과 모국의 정치적 활동은 제로섬 관계가 아니다. 오히려 아드난의 예에서 볼 수 있듯이, 동시에 일어날 수 있으며 서로 보완할 수도 있다. 이주자들은 모국과 정착국의 정치에 영향을 줄 뿐만 아니라 이들의 초국가적 활동은 두 나라의 상황에 달려 있다. 정착국의 맥락과 모국의 동원 역할은 이주자들의 정치적 초국가화 과정에 영향을 미친다(Østergaard-Nielsen, 2001, 2003a, 2003b). 이주자들의 초국가화 과정은 이들의 새로운 국가에서의 동등한 권리, 차별 및 시민권의 정치적 사안과 관련이 있다. 국내외 정책에 관한 초국가적인 정치 활동은 통합정책에 의해서뿐만 아니라 모국의 발전과 주요 사건들에 대한 반응이기도 하다. 예를 들어, 모국의 법과 정책은 자국 국민이 새로운 국가의 시민권을 취득하는지 여부를 결정하는 데 중요하다(Freeman and Ögelman, 1998). 더욱이, 초국가적 정치 활동은 독일에 있는 쿠르드족 단체가 터키의 쿠르드족을 지원하는 터키와 독일의 맥락적 사례처럼 모국 분쟁에 기반하는 것일 수 있다(Faist, 1998). 물질적 지원과 연대가 독일의 활동가로부터 PKK 군인들에게 흘러가고, 쿠르드족 단체에 동조하는 이주자들이 터키의 무력 분쟁을 심화시켰다. 독일에 거주하는 쿠르드족은 터키공화국 쿠르드족의 더 큰 문화적·정치적 자율성을 요구한다.

그러나 이주자들에 의한 정치적 초국가화는 국경을 가로지르는 정치 활동
그 이상의 활동으로 구성된다. 이주는 '초국가적이 되고, 이주자가 두 개의 서
로 다른 정치 공동체에 동시에 소속되어 있음을 반영하는 중첩되는 멤버십, 권
리 및 활동을 창출한다(Bauböck, 2003: 705). 예를 들어, 캠버의 사례연구에서 볼
수 있듯이 이중시민권에는 두 국가에 대한 소속감이 동반된다. 따라서 초국가
적인 정치 활동뿐만 아니라 집합적 정체성과 시민권의 관점에서 다중의 정치
적 멤버십에 중점을 둘 필요가 있다. 대부분의 경우 초국가적인 정치운동은 1
세대 이주자들로 제한되지만 모국에 대한 수동적 연계는 훨씬 널리 퍼져 있으
며 이주자 자녀 세대에서도 지속될 수 있다(Bauböck, 2003: 711).

초국가적 활동의 유의미성

선택된 사례연구들이 각각 사회생활의 특정한 영역을 대표하지만 이주자와 이
들의 자녀는 다양한 초국가적 활동에 동시에 참여할 수 있다. 여러 분야의 초
국가적 참여를 포착하기 위해 포괄적이고 선택적인 초국가적 활동이 구분될
수 있다. '어떤 이주자는 사회생활의 많은 영역에서 광범위한 초국가적 활동에
참여하지만, 다른 이주자는 좀 더 선택적인 범위의 초국가적 활동에 참여한
다'(Levitt, 2001b: 198~199; Levitt and Waters, 2002: 11 참조). 전자의 예는 가족, 사회-
문화, 경제 및 정치 과정에 참여하는 엠레이다. 그는 터키의 친척들과 관계를
유지하는 것 외에도, 터키의 전통무용과 현대무용에서 영감을 얻고 민속무용
단체의 지도자로 터키에서 의상을 구입한다. 또한 이 민속무용 단체는 1세대
터키 이주자 중에서 좌익 지식인들에 의해 설립되었고 터키 정책에 여전히 관
심이 있다. 후자의 예는 외즐렘의 사례가 해당되며, 그의 초국가적 활동은 경
제와 가족 영역으로 제한적이고 두 가지 활동은 종종 함께 이루어진다.
초국가적 활동의 범위와 함께 사회생활의 다양한 영역에 걸친 이주자의 초

국가적 활동이 얼마나 널리 퍼져 있는지에 대한 문제는 상당한 학술적 논쟁을 불러일으켰다. 초국가적 활동이 널리 퍼져 있다고 보는 관점에서 전체 이주자 인구로 일반화함으로써 초국가화는 초국가적을 이론화하는 초기의 개념화에 의해 과대평가되었다. 초국가성에 관한 대부분의 연구는 다양한 상황에서 초국가적 활동의 경험적 증거를 보여주기 위해 사례연구와 참여관찰 방법을 사용하지만, 그러한 연구 방법은 초국가성의 수준과 강도에 대해 어떠한 결론도 도출하지 않는다(Faist, 2004a: 5; 7장 참조). 이어지는 내용에서는 첫째, 모든 이주자가 초국가적 활동에 참여하지 않으며 둘째, 참여하는 이주자들이라도 각기 다른 수준으로 참여한다는 것을 보여준다.

사회생활의 다양한 영역에서 초국가성의 수준을 좀 더 정확하게 조사하려는 대부분의 노력은 이러한 목적을 명시하여 고안된 첫 설문 조사인 이민자 기업가 비교 프로젝트Comparative Immigrant Entrepreneurship Project: CIEP(이하 CIEP)를 기반으로 한다.[4] 이 프로젝트의 전반적인 결과는 모든 현대 이민자가 높은 수준의 초국가성을 특징으로 하는 강한 의미에서의 초국가적 이주자로 간주되어서는 안 된다는 것을 보여준다(Portes, 2001: 183; 2003: 876). 미국의 콜롬비아, 도미니카 및 살바도르 이민자들의 초국가적 활동은 사회생활의 경제, 정치 및 사회문화 분야에 널리 퍼져 있지 않다(Portes, 2003). 경제적 영역에만 집중하더라도 초국가적 기업가 활동에 참여한 응답자의 비율이 표본의 6%를 초과하지 않는 것으로 나타났다.

정치적 영역에서는 선거와 비선거 두 종류의 활동이 모두 측정되었다. 정기적인 초국가적 참여는 10%를 초과하지 않았고, 간헐적인 참여는 비록 표본의 5분의 1을 초과하지 않았지만, 보다 일반적이었다. 다양한 형태의 시민운동에 초점을 맞춘 사회-문화적 영역에서의 결과(제8장 참조)는 표본의 3분의 1만이 간헐적으로 초국가적 사회-문화적 활동에 참여한 것으로 나타났다. 그러나 CIEP에서 조사된 라틴계 이주자들은 대다수가 초국가적 활동에 정기적으로 참여하지 않았지만 상당수는 적어도 간헐적인 참여를 보였다. 요약하면, 대규모 이주는 국경 간 활동을 촉진하는 인프라를 생성하지만 정기적인 참여는 모든 이민자와 그 후손에게 특징적이지는 않다.

이러한 연구 결과에서 이미 제시된 것과 같이, CIEP에 근거하여 이주자의 초국가적 활동의 강도에 대한 경험적 진술을 작성할 수 있다. 초국가적 활동의 정도가 다르다는 것은 명백해졌다. 따라서 호세 이치그손José Itzigsohn과 동료들은 '좁은' 형태와 '넓은' 형태의 초국가성을 구별한다(Itzigsohn et al., 1999: 323; Itzigsohn and Saucedo, 2002: 770 참조). '좁은narrow' 초국가성은 초국가적 활동에 지속적으로 참여하는 것을 지칭하며, '넓은broad' 초국가성은 산발적인 참여만을 의미한다. 루이스 과르니조와 동료들도 유사한 방식으로 '핵심적core' 활동과 '확장적expanded' 활동의 초국가주의로 구분한다(Levitt, 2001b: 198; Guarnizo et al., 2003 참조). 첫 번째 용어는 정기적인 초국가적 활동과 관련이 있는 반면, 두 번째 용어는 간헐적인 초국가적 활동을 의미한다.

두 가지 접근 방식은 서로 다른 정도의 강도에 주목하고 변이 정도를 이분적으로 구분하여 묘사한다. 한편으로는 초국가화에 대한 깊은 관여와 다른 한편으로는 산발적이거나 간헐적인 관여를 나타낸다. 그러나 이러한 이분적 구분을 넘어서, 우리는 초국가성이 이질성의 표식으로 이해되어야 한다고 제안한다. 그러므로 하나의 연속성을 따라 낮음에서 높음까지의 범위로 이해될 수 있다(제1장과 Faist et al., 2011; Fanser and Reisenauer, 2012 참조). 초국가성이 높은 경우, 제3장에서 볼 수 있듯이 다중적이고 밀집한 초국가적 활동이 초국가적 사회 공간 안에 집중될 수 있다. 초국가성 개념은 이주자들이 참여하는 국경 간 활동의 경험적 현상을 적절하게 설명하기 위해 더욱 세분화되어야 한다.

| Chapter 03 |

개념화하기

초국가화와 초국가적 사회 공간

제2장의 에피소드에서 기술된 것처럼 이주자와 모국 간의 초국가적 활동은 사회생활의 다양한 영역인 가족, 사회-문화적·경제적·정치적 영역 등에서 관찰된다. 그러나 특정 비율의 이주자들만이 초국가적인 사회 활동들에 참여하는 것으로 나타났다. 초국가적 활동을 하는 사람들의 경우에는 참여하는 강도에 따라 구별할 수 있다. 초국가적 활동을 하는 이주자들을 구체화하고 그들의 참여 수준을 보여줌으로써 오늘날 모든 이주자를 트랜스 이주자로 간주했던 초국가주의의 초기 개념화에서 탈피할 수 있다(Schiller et al, 1992b). 또한 이주자와 비이주자 사이의 초국가적 삶이 20세기 후반부에 이주 과정에서 등장한 새로운 현상인지, 이전 시기에서도 발견될 수 있는 현상인지에 대한 토론을 할 수 있다. 과거와 현재의 초국가화에 관한 논쟁적인 이슈들을 명확히 하기 위해 제 3장의 첫 번째 부분은 역사적 관점으로 구성된다.

초국가화의 핵심적인 측면은 변화하는 조건들에 있다. 첫째, 특히 교통수단과 의사소통 기술의 발전, 출신국과 정착국의 경제적·정치적 및 문화적 영역의 역동적 변화는 이주의 맥락에서 초국가적 활동의 출현에 도움이 된다는 것이 밝혀졌다. 둘째, 제3장은 초국가적 유대와 활동의 형성을 특징짓는 핵심인 초국가적 사회 공간을 제시한다. 초국가적 사회적 장은 초국가적 사회 공간이 발현되는 체계적인 유형으로서, 그리고 발견적 도구로서 소개된다. 초국가적 사회 공간 개념의 발달은 적어도 두 개 이상의 국민국가에 걸쳐 있는 다른 유형의 형성을 세밀히 고찰할 수 있는 독특한 기회를 제공한다. 셋째, 이 장은 초국가화의 새로움을 기술할 뿐만 아니라 초국가적 사회 공간에 대한 통찰을 주고 이러한 공간이 지속적인 것인지, 일시적인 현상인가에 대한 질문을 제기한다. 초국가적 사회 형성의 지속성은 생애 과정과 세대와의 관련성 속에서 논의될 것이다.

역사적 관점에서 본 초국가화

초국가화의 과거와 현재

초국가적 유대에 관한 아이디어를 처음 수용한 학자들은 세계 체제의 핵심부 국가들에서 출현했던 새로운 이민 물결과 이민 집단들의 독특하고 특징적인 특성들을 포착할 필요에 의해서였다. 초국가화, 초국가적 사회 공간, 초국가성의 개념은 경제적으로 발전되지 못한 국가에서 가장 발전한 국가로 노동 이주가 높은 수준으로 이루어진 시기, 제3세계와 구공산주의 국가들의 불안정성과 갈등에서 발생된 정치적 난민들이 탈출하는 시기에 출현하고, 진화했다. 노동 이주자들과 난민의 유입은 이민의 긴 역사를 가진 국민국가 — 미국, 캐나다, 호주 — 뿐 아니라 초기 산업화의 단계에서 이주를 수용하는 국가였던 서유럽의 국가들을 재구성했다.

새로운 국제 이주가 출신국, 정착국, 경유국에 미치는 영향을 이해하고자 한다면 높은 수준의 이민, 새로운 정착지, 종족적·종교적·언어적 혼합의 재구성, 후기 산업화시기에 변화된 자본주의 경제의 속성, 시민권에 부착된 의미와 유의미성의 변화, 지구화된 대중문화의 힘 — 이러한 것들이 새로운 현상에 적합한 새로운 개념적 도구의 필요성에 확신을 주는 모든 요소이다. 이와 같은 배경에서 인류학자인 니나 쉴러와 동료들은 초국가주의에 관한 초기의 저작에서 오늘날의 국제 이주를 이해하는 개념적 틀을 소개했다(Schiller et al., 1992b). 이들 학자들은 19세기 후반과 20세기 초반의 이민자 유형과 비교할 때 오늘날의 이주자는 새로운 유형이며, 초국가적 이주가 이전의 이주 경험과 유의미하게 다르다'고 제안했다(Schiller et al, 1992a: x; 비판적 평가는 Kivisto, 2001: 551~557 참조).

지난 10년 동안 초기 이민자와 오늘날의 이주자 간의 차이점과 유사점에 대한 많은 논쟁이 있었다. 이런 맥락에서 여러 학자들은 현재의 이주자 초국가성이 새로운 현상이라는 데 의문을 제기했다(특히 Faist, 2000a: 211; Levitt, 2001a: 21~22; Portes, 2003: 874~875 참조). 낸시 포너Nancy Foner는 특히 초국가화 과정에는 긴 역사가 있다는 주장을 펼쳤다(Foner, 2001). 그녀는 오늘날 뉴욕시의 이민자와 20세기 초의 이민자를 비교하면서 과거와 현재의 초국가화에 대한 통찰을 제공했다. 20세기 초의 이민자로 동유럽 유태인, 이탈리아인에 초점을 맞추었고, 현대 이민자로는 아시아인, 서인도인, 라틴아메리카와 유럽 출신 이민자에 초점을 맞추었다. 포너는 초기의 유럽 이민자들이 뉴욕에 살고 있지만 동시적으로 자신의 출신국 사회와 가족, 문화, 경제, 정치의 연계를 유지하고 있다는 것을 보여주었다. 현대 이주자와 마찬가지로 초국가적 관계를 유지하는 이유는 특히 출신국과 출신지역 공동체에 남겨두고 온 친척들과 연락하기 위해서였다. 20세기 초 뉴욕의 러시아계 유태인과 이탈리아인은 이미 사회과학자들에 의해 명명된 초국가적 가구를 형성했고, 출신국의 친구와 친척에게 편지를 보내고 송금했다. 이들은 뉴욕에 있는 유태인 모국 결사체landsman shaftn에 참여하고, 모국에 관한 소식을 듣고, 모국 정치에 관여한 상태로 남아 있었다. 대체로 이들은 현대 이민자와 유사한 방식의 초국가적 삶을 살았다. 뉴욕으로 이주한 초기의 이민자 중에 모국에 돌아갈 의도를 갖고 일시적으로 이주한 사람들의 경우에는 더욱 그러했다. 이런 이주자들이 오랫동안 지속한 관행은 모국에 땅이나 집을 사는 것이었다. 많은 이주자는 모국에 돌아간다는 꿈을 가슴에만 품은 것이 아니라 실제로도 그 꿈을 실현했다. 포너에 의하면, 전국적으로 현재 귀환 이주 비율은 20세기 초보다 훨씬 낮다(Foner, 2001: 39). 러시아계 유태인과 이탈리아인 사이에서도 차이점은 있다. 러시아계 유태인은 러시아에서 발생한 혁명적인 격변과 증가하는 집단학살로 인해 1900년대 이후 모국에 귀환한다는 생각을 포기했다. 따라서 러시아계 유태인은 영구적 정착자가 되는 경향을 보였고, 이탈리아인들은 현재의 많은 이탈리아 출신 이주자가 통근자인 것처럼 그 시대의 전형적인 초국가적 뉴요커였다(Foner, 2001: 40). 많은 이탈리아인은 이탈리아로 돌아오기 전에 계절적으로 또는 몇 년 동안 뉴욕에 머물렀다. 그러나 모국에 돌아온 사람들의 대다수는 나중에 다시 재이주했다. 전반적으로 이탈리아 출신 이주자들은 대서양을 왔다 갔다 여행하는 경향을 보였다. 이러한 움직임의 동기는 무엇보다 경제적인 문제였고, 19세기 말에 교통수단도 개선되고, 미국의 이주자 수용도 낮았기 때문이었다. 요약하면, 과거와 현재 이주에 대한 포너의 연구는 이주자의 초국가화나 초국가성과 관련하여 본질적으로 새로운 것은 없다는 것과 20세기 초 뉴욕의 유럽 이민자도 초국가적 용어로 묘사될 수 있다는 것이다.

초국가적 삶의 새로움에 관한 질문에 역사적 관점을 제시하는 또 다른 학자는 가족에 전적으로 초점을 맞춘다. 데보라 브라이스슨Deborah Bryceson의 연구(Bryceson, 2002)는 19세기 후반 유럽에서 미국으로 대규모로 이주한 가족과 오늘날 유럽의 초국가적 가족을 비교했다. 초국가적 가족이 새로운 현상이 아니라고 결론짓고, 초국가적 가족 형성이 20세기 후반 이전에 이미 유럽 이민자를 중심으로 형성되었다고 설명했다. 그녀는 19세기와 20세기의 가족 네트워크를 비교하면서 과거와 현재의 국경을 가로지르는 이주에서 가족들 간의 유사점과 차이점을 제시했다. 초국가적 가족의 예로서 과거 이주자 가운데 1865년 미국으로 이주한 네덜란드인 오닌크스Onninks의 사례를 보여주었다. 현대의 이주자 중에서 초국가적 가족을 대표하는, 네덜란드로 이주한 모로코인 우아라우즈Ouarrouds 가족을 과거 이주자 가족과 대조했다. 두 가족 모두 경제적 전환기에 경제적 기회를 찾아 이주한 것이다. 그러나 결혼하자마자 이주한 오닌크스 부부는 나이 든 부모와 다른 친척들을 남겨둔 채 모국을 떠났고, 우아라우즈 부부는 몇 년 동안 부부가 떨어져 살았다. 오닌크스는 가부장적 전통을 유지한 반면, 우아라우즈는 결국 이혼하고 여성 가장이 되었다. 브라이스슨은 이 두 가지 사례에 기초하여 개인이 가족을 남겨두고 이주한 사례에서 초국가적 관계는 유지되기 때문에 초국가적 가족이 새로운 것은 아니라고 지적했다. 확실하게 변화한 것은 젠더와 세대와 관련한 가족의 역할이라고 덧붙였다(Bryceson, 2002: 56).

초국가화 과정의 현대적 조건

포너와 브라이스슨이 제공하는 핵심 논점은 과거와 현재의 초국가화 사이의 연속성에 있다. 두 시기에서 모두 이주자는 가족과 사회-문화적·경제적·정치적 활동에 적극적으로 참여했다. 그러나 만약 초국가화 현상이 새로운 것이 아니라면 과거와 비교할 때 무엇이 질적·양적으로 다른 것인지에 관한 질문이 생긴다. 설사 이전 시기의 이주자에게도 초국가적 활동이라고 기록될 수 있다면 초국가적 접근은 다음과 같이 주장할 수 있다. '현대의 초국가주의의 사례를 특징짓는 규칙성, 일상적인 참여, 결정적인 규모 측면이 그들에게 결여되었다. 일상 활동의 관점에서 볼 때 실제로 두 국가 사이를 가로지르는 삶을 영위한 이주자는 없었다'(Portes et al., 1999: 223~224).

초국가적 활동에 참여하는 이주자 수와 강도의 측면에서 오늘날 초국가화는 확대되었다고 말할 수 있다. 초국가적 접근에 의해 확인된 현상의 발생에 기여하는 중요한 요소 중 하나는 운송 및 통신 기술의 변화이다(Portes et al.,

1999; Foner, 2001: 42~44; Levitt, 2001a: 22~24). 관련 기술혁신은 19세기에 대양 횡단 증기선 통과와 전신 통신과 같은 새롭고 개선된 여행 및 통신수단의 도입으로 발생했다. 계속되는 교통 및 통신 혁명으로 인해 지리적으로 먼 거리를 연결하는 데 드는 비용이 크게 절감되었다. 이 추세는 제2차 세계대전 이후 특히 1970년대부터 급격히 가속화되었다(Faist, 1998: 223; 2000a: 212). 출신국과 정착국 간의 접근성이 향상되어 초국가적 상호 연결이 더 빈번하고 밀집되었다. 일상적이고 저렴한 항공 여행은 물리적 이동성을 더 빠르고 수월하게 만들었다.

많은 이주자는 연차 휴가, 친척과 친구 방문, 결혼식이나 선거와 같은 중요한 행사에 참여하기 위해 비행기를 타고 집으로 날아갈 수 있다. 새롭고 저렴한 기술로 국경을 넘어 신속하게 의사소통을 할 수 있다. 과거와는 달리, 현대 이민자들은 편지에 대한 답장을 받기 위해 2주 이상을 기다릴 필요가 없고, 전화나 이메일로 해외 친척 및 친구들과 즉시 대화할 수 있다(Foner, 2001: 43~44; Levitt, 2001a: 23~24). 대체로 교통 및 통신 기술의 변화는 출신국과 정착국 간 더 쉽고 더 가깝고 빈번한 상호 연결을 허용하고, 이민자들이 모국의 일상생활에 적극적으로 참여할 수 있도록 한다.

기술혁신이 이주자와 비이주자 간의 국경 간 활동을 더 쉽고 흔하게 만들더라도 이동의 규칙성과 초국가적 연결의 강도에는 여전히 변이가 존재한다. 기술혁신의 가용성만으로 실제로 사용되는지 여부나 사용 빈도와 범위를 나타내는 것은 아니다. 피터 키비스토Peter Kivisto는 다음과 같이 지적한다. '의사소통 기술은 그것들이 어떻게 사용되느냐에 따라 결정되는 것이 아니라, 오히려 기술의 사용은 궁극적으로 사회적으로 정의된다. 따라서 단순히 의사소통 기술을 탐색하는 것보다 여러 다른 집단이 이를 활용하는 방법을 탐색하는 것이 중요하다'(Kivisto, 2003: 15~16; Kivisto and Faist, 2010: 156 참조). 예를 들어, 이민자와 비이민자의 사회계층은 기술의 사용을 결정한다. 가난한 이주민은 중·상류층과 동등하게 기술에 접근할 수 없을 수도 있다. 알레한드로 포르테스Alejandro Portes에 따르면, '평균적인 경제 자원과 인적 자본(교육 및 전문 기술)을 가진 이민자 공동체는 이러한 활동을 가능하게 하는 기반 시설에 대한 접근성이 우수하여 보다 높은 수준의 초국가주의를 표방한다(Portes et al., 1999: 224). 따라서 교통 및 통신 기술의 변화 외에도 이주자와 비이주자가 새로운 기술에 접근할 수 있는 범위와 사용 방법도 고려해야 한다.

더 나아가 토마스 파이스트는 '의사소통과 교통수단의 개선된 방법은 현대의 초국가적 유대의 발전을 위해 필요하지만 충분한 단계는 아니다'(Faist, 2000a: 212)라고 말한다. 따라서 기술은 매개변수로 간주될 수 있는 반면 결정적인 요인은 현대 이주 과정에서 초국가적 활동이 형성되고 유지되는 경제적·정치적·문화적 역동성이다. 초국가화를 형성하는 조건에는 자본주의의 세계화(Schiller et al., 1992b: 8~9)와 다문화 정책이나 이중시민권 허용과 같은 출신국 및 정착국의 환경 변화가 포함된다(Faist, 2000a: 213~214; Foner, 2001: 44~48; Smith, 2003).

이 맥락에서 이데올로기의 중요한 역할이 불충분하게 인식되어 왔다. 예를 들어, 20세기 초 민족주의 시대에는 오늘날 미국이나 유럽과 같이 초국가적 활동에 대한 시민들의 관용은 많지 않았다. 민족주의는 '미국화'의 경우처럼 좀 더 엄격한 형태의 동화와 연관된다. 이중 국적의 관용과 관련해서도 매우 유사한 발전을 주목할 수 있다. 20세기 초반에는 생각할 수 없었지만 100년이 지난 오늘날에는 받아들여졌다(제6장 참조).

초국가적 사회 공간의 개념

위에서 살펴본 역사적 관점이 강조하듯이 초국가성은 이주 과정의 새로운 현상이 아니다. 그러나 기술 진보와 경제적·정치적·문화적 역동성과 함께 이주 연구의 과학적 관점이 바뀌면서 1990년대 초반부터 초국가적 현상의 가시성이 높아졌다. 로버트 스미스Robert Smith는 '초국가적 삶이 과거에도 존재했지만 보이지 않았다. 초점을 맞춰줄 렌즈가 없어 이전에는 볼 수 없었던 것을 초국가적 렌즈가 볼 수 있는 방법을 제공함으로써 새로운 분석 작업을 할 수 있게 되었다'고 했다(Smith, 2003: 725). 따라서 '초국가적 전환transnational turn'은 일차적으로 초국가화에 대한 새로운 경험적 증거를 지칭하는 것 아니라 이주 연구의 패러다임 전환을 의미한다. 초국가적 렌즈는 방법론적 도전에 직면하고 국제 이주 연구에 시사점을 운반한다. 새로운 용어만 창출되는 것이 아니라 초국가적 사회관계·과정·형성을 포착하기 위한 방법론적 도구와 이론적 개념도 발달된다. 초국가화에 대한 경험적 사례연구는 다양한 국경을 가로지르는 활동에 관한 많은 관찰을 낳았다.

초국가적 관점의 이론적 강점은 동화에 대한 고전적 이해와(제5장 참조) 방법론적 민족주의와 집단주의에 대한 비판(제7장 참조) 등 이주 연구의 전통적인 개념에 대한 도전에 있다. 전반적으로 초국가적 접근은 이주 연구에 대안적인 분석적 입장을 도입했다. 초국가화에 관한 일관된 이론은 아직 없지만, '초국가적 사회 공간'(Faist, 2000a)의 개념은 특히 두 개 이상의 국민국가의 국경을 넘어 이민자와 비이민자의 관계와 활동을 연구하기 위한 발견적 도구를 제공한다.

초국가적 사회 공간의 정의

제2장에서 제시된 대로, 초국가적 활동은 연속성의 범위를 따라 낮거나 높을 수 있고, 초국가적 사회 공간은 보다 연결된 국경 간 유대와 활동을 묘사한다.

'초국가적 공간이 의미하는 것은 주권 국가를 넘어서서, 국경을 가로지르는 비교적 안정적이고 오래 지속되는 밀집된 유대를 의미한다. 초국가적 사회 공간은 적어도 두 개의 지리적·국제적으로 구별되는 장소에서 발견되는 단체들의 네트워크, 네트워크와 단체에서의 위치, 유대와 유대의 내용의 조합으로 구성된다(Faist, 2000a: 197; 〈그림 3.1〉 참조). 이러한 형성의 대부분은 가족과 개인의 활동, 가족, 사회문화, 경제, 정치 등으로 분화된 영역의 기능적 체제 사이

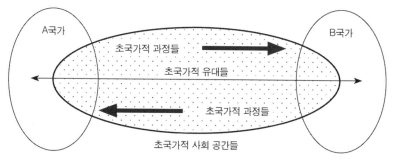

〈그림 3.1〉 초국가적 사회 공간들

A국가

초국가적 과정들

초국가적 유대들

초국가적 과정들

B국가

초국가적 사회 공간들

주: 〈그림 3.1〉은 표현상의 이유로 초국가적 유대와 활동이 두 국가로 제한적으로 표현되었지만 초국가적 사회 공간은 여러 국가의 경계를 가로질러서도 확장될 수 있다.

에 위치한다. 사회적 공간에서 가장 작은 분석 단위는 사회적 유대이다(Faist, 2004a: 4). 사회적 유대는 적어도 두 명의 개인 사이에서 지속되고 계속되는 다중-지역적 활동을 대표한다. 예를 들어, 이주자가 모국의 가족 구성원을 방문하거나 해외에서 일하는 직장 동료에게 전화를 거는 등의 사회적 상호작용에서 발현될 수 있다. 그러나 사회적 상호작용과 그 고유한 활동을 초월하더라도 사회적 유대가 반드시 중단되는 것은 아니다. 예를 들어, 같은 장소에 함께 있지 않는다 해도 모국 공동체를 지원하는 프로젝트에 송금하는 것으로 개인 간의 대면 관계를 넘어서 연결될 수 있다. 사회적 유대란 종종 공통적 의미, 기억, 미래의 기대 및 집단적 표현과 같은 상징적 요소를 포함한다.

이주자와 상대적으로 이동성이 없는 사람들의 사회적 유대가 지속적이고 일관되게 연결될 때 우리는 초국가적 사회 공간에 대해 이야기한다. 비록 사회적 관계의 출현에는 어느 정도의 안정성과 내구성이 필요하지만 초국가적 사회 공간은 정적인 것이 아니라 역동적인 사회적 과정이다(Faist, 2000a: 199~200). 이 과정은 적어도 두 개의 국민국가의 경계를 가로지르기 때문에 초국가적 사회 공간은 분명하게 구분된 국민국가의 영토와 구별된다(Faist, 2004a: 4). 또한, 공간은 다양한 영토적 위치를 포괄하거나 걸쳐 있는 둘 이상의 장소를 포함한다는 점에서 장소와 다르다.

'사회 공간social space'이라는 용어는 물리적 특징에만 관련되지도 않는다. 또한 단순한 영토성 이상으로 확장되는 사회적 의미를 가지고 있다. 이것은 더 큰 기회 구조 ─ 사회생활과 이주자를 대표하는 구체적이고 제한된 주관적인 이미지, 가치와 의미 ─ 를 지칭한다(Faist, 2000a: 45~46). 두 개 이상의 국가를 받아들임으로써 초국가적 사회 공간에 거주하는 이주자와 비이주자는 네트워크, 집단 및 '근접성 없는 공동체communities without propinquity'(Webber, 1963)를 형성한다. 초국가적 사회 공간의 현실은 이주와 재이주가 명확하고, 돌이킬 수 없는 불가역적 결정을 의미하지 않을 수 있다. 초국가적 삶 자체는 생존과 개선의 전략이 될 수 있다. 둘째, 모국의 영토 밖에서 상당한 시간 동안 정착한 이주민들조차도 강한 초국가적 사회 유대와 활동을 빈번하게 향유할 수 있다(Faist, 2000a: 200).

위에서 본 것처럼 이주와 초국가화 과정은 기술의 변형과 모국과 정착국의 경제적·정치적·문화적 역동성에 의해서도 형성된다. 이러한 배경에서 초국가적 사회 공간은 두 단계로 발전한다(Faist, 2000a: 201). 첫 번째 단계에서 초국가적 사회 공간은 국제 이주의 부산물이며 기본적으로 1세대 이주자에 국한된 것으로 보인다. 연구자들은 이주가 단순히 한 장소에서 다른 장소로의 이동이 아니라는 점을 오랫동안 인식해 왔다. 오히려 이주는 지리적으로 멀리 떨어진 공동체 간에 지속적인 교류를 창출하고 이주자는 모국과의 사회적 유대를 단절하지 않는 것이 일반적이다.

두 번째 발전 단계에서 초국가적 사회 공간은 1세대 이주자의 이주 사슬을 넘어서서 발전되는 것으로 보인다. 이러한 현상은 세대 계승의 맥락으로 볼 수 있으며, 따라서 초국가화 현상이 1세대 이주자에게 국한되는 것은 아니다. 이후 이주 세대들도 제2장의 엠레, 캠버 그리고 아드난의 사례연구처럼 초국가적 유대를 유지하고 국경을 교차하는 연계의 새로운 형식을 발전시킬 수 있다(제5장 참조). 경제적 영역을 예로 들면 독일에 거주하는 터키 출신 이주 1세대는 송금을 하는 활동에서 종족에 기반한 사업으로 전환하거나, 이주 2세대 기업가는 터키에 직접 투자하는 활동으로 전환한다. 이들 초국가적 기업은 터키로 생산 설비를 이전하고 제품의 관리와 유통은 독일에서 한다.

초국가적 사회 공간의 유형

초국가적 활동에 참여하는 사람들이 반드시 상호적인 사회적 유대를 유지하는 것은 아니다. 공식적인 멤버십이나 소속감이 없는 낯선 사람들 사이에서나 임시적인 만남에서도 독특한 모임이 있다. 예를 들어, 이전에는 서로에게 알려지지 않은 기업가들이 상품, 자본 및 서비스의 일회성 교환을 위해 시장에서 만날 수 있다. 다른 예로는 휴양 리조트에서 만나는 사람들과 더 이상의 접촉을 이어가지는 않지만 서로 상호작용하며 휴가를 즐기는 사람들이 있다. 그러나 시간이 지나면서 초국가적 사회 유대와 활동은 초국가적 사회 공간에서 다시 연결될 수 있다. 위의 예에서 언급된 기업가는 비즈니스 관계를 발전시키거나 리조트에서 휴가를 함께 보낸 사람들과 편지를 교환할 수 있다. 사회적 유대의 밀도를 출발점으로 사회적 자원의 전형적인 형태로 특징지어지는 초국가적 사회 공간의 세 가지 유형의 이념형이 구별될 수 있다(Faist, 2000a: 202~210). 즉, 초국가적 친족 집단에서의 상호성, 초국가적 순환에서의 교환, 초국가적 공동체에서의 연대성이 있다(⟨표 3.1⟩ 참조).

▎초국가적 친족 집단

가족 및 가구, 또는 더 넓게는 친족 같은 소규모 집단 내의 고도로 형식화된 국경 간 유대는 특히 1세대에서 전형적이다. 핵가족이나 확대가족은 한 명 또는 그 이상의 가족 구성원이 계약 근로자로 해외에서 일하게 되거나 다국적 기업의 해외 주재원으로 일하게 되어 떨어져 살 수 있다(예를 들어, 독일에는 초청노동자제도가 있었다). 초국가적 친족 집단transnational kinship groups은 공동의 집에 대한 강한 소속감이 있다.

〈표 3.1〉 초국가적 사회 공간의 유형

구분	유대의 일차적 자원	주요 특성	전형적인 예시
초국가적 친족 집단	**상호 호혜성:** - 다른 사람으로부터 무언가를 받으면 보답으로 돌려줘야 할 필요성	- 동등성에 기반을 둔 **사회적 규범** 유지 - 소집단 구성원에 대한 통제	- 이주수용국의 가구나 가족 구성원이 이주송출국으로 보내는 **송금**(예: 계약직 이주 노동자)
초국가적 순환	**교환:** - 행위자의 상호 의무와 기대 - 도구적 활동의 결과(예: 되갚음 원리)	**내부자 이점** 이용: - 언어 - 동료 네트워크의 강하고 약한 사회적 유대	- **무역 네트워크**(예: 중국, 레바논, 인도 사업가)
초국가적 공동체	**연대:** - 일종의 집단적 정체성으로 표현된 공유된 아이디어, 신념, 가치 및 상징	- (추상적이거나) 상징적 유대 속에서 동원된 **집단적 표현**(예: 종교, 국적, 종족)	- **디아스포라**(예: 유대인, 아르메니아 인, 팔레스타인, 쿠르드인)

전형적인 예는 자신을 경제적·사회적 단위로 생각하는 초국가적 가족이다. 초국가적 친족 집단은 상호 호혜성 같은 사회적 유대에 내재된 자원을 이용한다. 상호 호혜성이란 한 사람이 다른 사람으로부터 받는 것에 대한 일정한 보답을 주는 것을 의미한다. 상호 호혜성의 참여는 명확하게 식별할 수 있는 권리와 의무로 특징지어진다. 예를 들어, 생활 조건을 개선시킬 목적으로 모국의 가족에게 송금하는 방식으로 상호 호혜성을 표현할 수 있다. 친족 집단의 다른 전형적인 초국가적 활동에는 육아나 부모 공양 같은 가족 활동이 포함된다. 이 유형의 초국가적 사회 공간은 한 국가에서 핵가족이 재결합할 때까지 또는 해외에 거주하는 가족 구성원이 사망할 때까지 유지될 수 있다. 그러나 초국가적 친족 집단은 확대가족의 유대처럼 더 오래 지속될 수 있다.

| 초국가적 순환

초국가적 순환transnational circuits은 공통의 목표를 달성하기 위한 목적으로 자원 교환이 이루어지는 개인과 단체 간의 사회적 유대의 집합이다. 여기에는 예를 들어 정보나 서비스 교환이 포함된다. 연계의 패턴은 옹호 네트워크, 비즈니

스 네트워크나 과학 네트워크로 연결될 수 있다. 인권 영역에는 초국가적 순환의 오랜 전통이 있으며, 인권과 관련 생태계는 꾸준히 발전하고 있다. 지금은 한 국가에서 다른 국가로 이주한 이주자들 사이에서도 등장한다. 인권이나 전문적인 이슈와 같은 특정한 사안에 대한 공통된 담론이 있고, 그러한 네트워크와 단체는 종종 '지구적 시민사회'의 중심으로 여겨진다(Keane, 2003: 8장 참조).

이주자들에 의한 전형적인 초국가적 활동은 특정 이슈에 따라 문화적으로는 민속춤이나 종족 예술가의 빈번한 교류가 포함되고, 비즈니스 네트워크와 관련해서는 해외에 거주하는 이주자는 정착국의 기업가로서 모국과의 협력을 통해 중요한 재정 이전과 투자의 원천이 된다. 모국 정부는 이주자들의 투자를 유치하기 위한 더 많은 프로그램을 시작한다. 세계에서 가장 밀집된 초국가적 네트워크는 (지역, 국가 그리고 대륙으로 연결된) 해외에 거주하는 중국인과 인도인의 네트워크로, 동족 간의 유대를 활용하여 시장 정보, 매칭, 소개 서비스를 제공한다. 이와 같은 사회적 유대는 계약 시행과 관련된 문제를 완화하고 거래 기회에 대한 정보를 제공한다.

▌초국가적 공동체

공동체는 비교적 긴 수명을 위한 고유한 잠재력으로 고도로 형식화된 유형의 초국가적 사회 공간을 구성한다. 상징적 요소를 통한 밀접한 사회적 유대는 초국가적 공동체transnational communities의 특징이다. 연대는 회원들이 개인적으로나 직접적으로 모든 관계를 발전시킬 수 없는 좀 더 큰 '우리-집단'에 존재한다. 따라서 연대는 일종의 집합적 정체성으로 표현된다. 초국가적 공동체는 높은 친밀감, 감정적 깊이, 도덕적 의무 및 사회적 응집력을 특징으로 하는 조밀하고 지속적인 사회적 유대의 집합으로 구성된다.

초국가적 공동체는 서로 다른 집합 수준에서 발달할 수 있다. 가장 단순한 유형은 국경 간 이주 장치의 마을 공동체이며, 이들 관계는 오랜 기간 연장되는 사회적 연대로 특징된다. 전형적인 초국가적 활동은 해외에 있는 회원이나 모국으로 귀환한 회원이 공동체에 혜택을 주는 민간이나 공공 프로젝트에 투자하는 것이다. 전형적인 형태의 초국가적 공동체는 국경을 가로지르는 좀 더 큰 종교 단체와 교회들이다. 유대교, 기독교, 이슬람, 힌두교 및 불교와 같은 세계의 주요 종교들은 현대 국가가 존재하기 오래전에 존재했다.

또한 디아스포라도 초국가적 공동체의 범주에 속한다(예: Brubaker, 2005). 고전적인 해석에 따르면, 디아스포라는 과거의 특정 시간 동안 외상 경험을 겪거나 장거리 무역을 추구하면서 영토 분산을 경험한 집단이다. 유태인, 팔레스타인, 아르메니아인 및 그리스인이 디아스포라의 대표적인 집단의 예로 인용될 수 있다. 일반적으로 디아스포라의 구성원은 잃어버린 고향에 대한 공통의 기억이나 창조되어야 할 비전을 가지고 있으며, 동시에 이들이 거주하는 국가는 종종 소수 종족의 문화적 특수성에 대한 온전한 인정을 거부한다(Gold, 2002: 6장과 8장 참조).

초국가적 사회 공간의 역동성

앞서 언급한 대로 초국가적 사회 공간은 정적인 단위가 아니라 사회적으로 구성된다. 따라서 사회적 형성과 그 경계에 대한 고정된 관념을 버리는 것이 가장 중요하다(방법론적 내셔널리즘과 집단주의에 대한 비판은 제7장 참조). 여기에서 초점은 초국가적 사회 공간의 경계가 어떻게 존재하기 시작하는지 그리고 변화하는가에 있다. '우리는 초국가적에 의해 국경 없는 세계에서 시작하는 시각이나 시선을 제안하고, 특정한 역사적 순간에 나타나는 경계와 국경을 경험적으로 조사하고, 얽매이지 않는 무대와 과정에 대한 관계를 탐구한다'(Khagram and Levitt, 2008).

따라서 초국가적 사회 공간에 대한 역동적인 접근으로 시작하면 기존의 국가(예: 국민국가)와 새로운 국가(출현하는 초국가적이고 지구적 체제의 속성)와 관련하여 변화하는 경계를 볼 수 있는 기회와 기존의 공간이 어떻게 변형되고 새로운 공간이 어떻게 등장하는지 살펴볼 수 있는 기회가 제공된다. 초국가적 사회 공간의 경계가 어떻게 바뀌어가고 다시 그려지거나, 강화되거나 변형되는지 이해하려면 경계를 만들어내는 데 작동되는 사회적 기제가 분석되어야 한다 (Faist, 2009: 80~86 참조). 토마스 파이스트(Faist, 2009: 77)는 경계가 다시 그려지는 네 가지 방법을 구별한다(Zolberg and Woon, 1999의 유형학에서 영감을 얻었다).

1. 기존의 경계는 다공성을 지닌다. 이중시민권의 경우처럼 점점 더 많은 국민국가는 중첩되는 국민의 멤버십에 관용적이다(제6장 참조).
2. 경계는 전환될 수 있다. '우리'와 '그들' 사이의 경계선이 더 이상 국민적 경계를 따르지 않고 종교적 경계선을 따라 이동할 때 경계는 전환된다. 이것은 지난 30년 동안 서유럽의 많은 국가에서 발생했다. 공적인 논쟁 은 국적으로 인한 갈등이 아닌 무슬림과 '우리' 간의 갈등을 적절한 노선 으로 지칭한다.
3. 경계는 유지되고 강화될 수 있다. 유럽연합의 국경 통제는 외부 국경의 순찰, 인접한 국가의 완충지대의 출현, 그리고 국민국가 내부의 통제 강 화 등으로 확대된다(예: Zaiotti, 2011 참조).
4. 새로운 경계가 출현한다. 초국가적 활동에 대한 공공 정책과 이에 대한 묘사에 의해 그려지는 것과 같이 새로운 경계가 생겨난다.

고숙련 이주자의 초국가적 활동은 이민을 받아들이는 국가들에서 국가 경 제와 경쟁력에 상당한 기여를 한다는 점에서 환영을 받지만, 저숙련 이주자와 같은 다른 범주의 초국가적 유대는 분리와 자기-배제로 이어진다. 다른 예를 들어보면, 초국가적 사회 유대는 테러 네트워크의 경우와 같이 안보에 대한 위 험으로 비춰지기도 하며, 자원이 풍부한 사회적 유대를 가진 이주자는 발전에 대한 이익으로 비춰진다. 새로운 사회적 형성이 어떻게 국경을 넘어 출현하고 국민국가와 국제기구와 같이 잘 갖춰진 제도들이 어떤 방식으로 이를 변화시키고 채택하는지를 가늠하기 위해 경계의 기원과 변화의 정확한 기제는 연구의 필요성이 있다. 요약하면, 초국가적 사회 공간의 개념은 경험적 증거에 기반하여 그러한 공간의 출현에 대한 질문을 고려하는 역동적인 접근을 필요로 한다.

초국가화의 지속성

지금까지 연구는 초국가화와 초국가적 사회 공간이 지속되는지 아니면 일시적인 현상인지, 그리고 두 세대 이상 지속될 것인지에 대한 명확한 답을 제공하지 않았다(Faist, 2000a: 239). 한 국가에서 다른 국가로 이주한 결과로 많은 이주자는 모국에 남아 있는 가족, 친척 및 친구와 공간적으로 분리되어 있다. 어떤 경우 이주자들은 다른 나라에서 평생을 보낸다. 어떤 경우에는 분리가 제한된 기간 동안만 지속된다. 국경이 한 방향이나 다른 방향으로 다시 그려질 때까지 또는 정착국에서 가족이 재결합하거나 모국으로 귀환할 때까지 일시적으로 분리된다. 일부 동화 이론가들은 국경 간 사회적 유대와 활동은 정착국 통합 과정과 모국 귀환(제5장 참조) 때문에 중장기적으로 지속되지 않는다고 가정하지만, 초국가적 접근에서는 ─ 이것이 모든 이주자에게 해당되지 않더라도 ─ 이주 과정이 초국가적 사회 공간의 형성으로 이어진다.

이러한 관점에서 초국가적 관계와 활동이 새로운 나라에 머무는 기간 동안 반드시 감소하지 않는다. 토마스 파이스트(Faist, 2000a: 200)에 의하면 '상당한 시간 동안 모국의 영토 밖에서 정착한 이민자와 난민조차도 강한 초국가적 연계를 빈번히 경험한다'. 다른 초국가적 연구는 실제로 '미국에서 더 오랜 시간을 보낸 사람들이 초국가적 활동에 더 많이 참여할 가능성이 높다'고 주장한다(Itzigsohn and Saucedo, 2002: 784; Portes et al., 2002: 289 참조). 장기간의 거주 기간과 모국 귀환이 반드시 초국가적 관여를 감소시키지는 않는다. 독일과 터키의 예는 이주자들이 모국에 귀환하더라도, 초국가적 비즈니스를 구축하는 자원으로서 자신의 이주 경험을 활용하여 초국가적 활동을 계속할 수 있다(Disbudak, 2004).

이것은 초국가화 현상이 일반적으로 얼마나 지속성이 있는지에 대한 질문뿐 아니라, 초국가화의 정도가 수준 차이에 따라 어떻게 지속적인지, 그리고 생애 과정과 세대교체의 기간 동안 어떻게 변형되는지에 대한 질문을 제기한다. 그러나 지금까지 어떤 종단 연구도 초국가적 활동이 시간이 경과함에 따라 어떻게 변화하는지 이주 1세대를 지나서도 얼마나 현저한 상태로 남아 있는지를 탐구하지 않았다(Levitt, 2001b: 196). 초국가적 활동은 지속적으로 계속될 수 있지만 이주자 개인의 생애 기간 동안 증가하거나 감소할 수도 있다고 밝혀졌다. 경우에 따라 이주자들은 기본적으로 새로운 국가로 이주하여 정착국에 통합된 후에도 모국과 관련된 일련의 활동에 계속적으로 참여한다. 모국에 거주하는 가족과 친구와의 유대를 유지하는 것은 시간의 경과에 따라 안정적으로 남을 수도 있지만, 이주자 개인의 생애 주기의 각기 다른 단계에서 성쇠를 겪을 수 있다(Levitt, 2001a: 20; Levitt and Schiller, 2004 참조). 후자의 가능성이 더 높다.

따라서 제2장에서 본 것과 같이, 초국가적 활동의 강도는 이주자와 사회생활의 다른 영역 사이에서 달라질 수 있을 뿐 아니라 개인의 생애 주기에 따라서도 달라질 수 있다. 예를 들어, 은퇴 후에 두 국가 사이를 순환하는 이주자에게서도 초국가적 활동의 증가는 관찰된다. 해외에 거주하는 친척의 죽음은 초국가성을 감소시킬 수 있다. 생애 주기 효과에 대한 통찰을 얻기 위해 더 많은 연구가 '해외로 이주한 이주자와 모국에 머물러 있는 사람 간의 관계가 어떻게 발전되고, 변화되고, 쇠퇴하고, 강화되는지를 고찰할 필요가 있다'(Faist, 2000a: 46). 게다가 초국가적 활동에 주기적으로 관여하는 특정한 기회와 제약에 대해 연구되어야 한다. 예를 들어 이주자의 생애 주기의 여러 단계 동안 발생하는 재정 상황의 변화는 초국가성의 감소와 증가를 만들 수 있다. 전반적으로 생애

사의 관점에서 본 초국가적 활동을 통해 초국가성이 정적이지 않으며 시간의 경과함에 따라 가변적이라는 것을 보여준다(초국가성의 역동성에 대해서는 Fauser and Reisenauer, 2012 참조).

초국가성의 특성은 생애 주기뿐만 아니라 세대와 관련해서도 명백하다(2세대 초국가성의 문제는 특히 5장 참조). 초국가적 접근은 초국가성이 이주자만의 특징적인 현상인지, 이주 1세대를 넘어서도 존재하는지 질문한다. 초국가성의 지속성을 명확히 하기 위해 많은 초국가적 연구는 이주자 세대와 이후 세대들을 함께 고찰한다. 이를 위해 이주자 자녀를 구분한다. 일반적인 구분은 출신국에서 태어났지만 정착국에서 자라고 사회화 과정을 거친 자녀는 1.5세대 또는 중간 세대라고 부르며, 이주 경험 없이 정착국에서 태어나고 자란 자녀의 경우는 2세대라고 부른다.

초국가성이 1.5세대와 2세대에게 유의미한지 여부는 초국가적 관점의 연구자들에게 논쟁적인 질문이다. 비평가들은 현재 초국가성이 세대 간 전달된다는 증거가 없다고 주장한다. 대체적으로 초국가적 활동에 대한 규칙적인 참여는 적어도 미국에서는 1세대 현상인 것으로 보인다. 그러나 이러한 참여는 부모의 사회경제적 통합에 영향을 미치고 자녀, 문화, 공동체 사이에 "교량"을 만들기 위한 부모의 지속적인 노력을 통해 2세대에게 탄력적인 영향을 미칠 수 있다(Portes, 2001: 190).

포르테스의 연구에 따르면 이민자의 자녀는 부모의 초국가적 활동에 의해서만 간접적으로 영향을 받는다고 제안하지만, 다른 연구 결과는 1.5세대와 2세대도 초국가적 삶에 관여한다는 결론에 이른다(예: Levitt and Waters, 2002). 부모의 모국에 뿌리를 두고 있는 대다수의 자녀 세대가 부모 세대의 참여에 비해 참여가 덜 분명하더라도 초국가화에 기여하는 1.5세대와 2세대는 유의미한 비율로 존재한다(Levitt, 2002). 이민자 가족의 자녀는 부모가 해외에서 일하는 초기에는 모국의 조부모나 다른 친척들의 손에 의해 양육되고, 어느 정도 성장하면 부모가 일하는 정착국으로 데려오거나, 아니면 부모가 이주한 국가에서 태어나지만 모국에 보내져 그곳에서 성장하게 된다. 이러한 사례들은 이주자의 자녀가 초국가적 사회 공간 속에서 자란다는 것을 보여준다.

이주자의 자녀는 두 국가를 순환하며 상당히 의미 있는 기간 동안 두 국가에서 생활한다. 이들은 휴가, 결혼이나 종교의식 등 중요한 행사를 위해 가족과 함께 모국에 돌아가거나, 모국에 남겨진 조부모나 다른 친척들과 관계를 유지한다. 이들 중의 일부는 성인기까지, 예를 들어 모국에 있는 사람과 결혼함으로써 초국가적 생활에 계속해서 참여한다(Strassburger, 2004; Beck-Gernsheim, 2006; Schmidt, 2011).

학자들의 관심을 끄는 또 다른 현상은 이른바 2세대의 모국 귀환이다(King and Christou, 2010b). 초국가적 사회 공간에서 참여하는 1.5세대와 2세대에 관한 연구가 있지만, 자녀 세대가 초국가적 관계를 유지하는 정도와 1세대의 초국가적 삶과 비교할 때 어떻게 다른지에 관한 더 많은 연구가 필요하다. 개인 이주자의 생애 주기와 세대 변화에 관련하여 시간이 경과함에 따라 초국가성의 변화를 탐구하기 위해 초국가적 접근은 특정한 단일 시점에서 진행되는 연구 방법보다는 종단 연구를 수행해야 한다(Portes et al., 2002: 294).[5]

| Chapter 04 |

초국가화와 개발

개발development은 초국가화에 따른 변화를 관찰할 수 있는 중요한 분야이다. 이런 관점에서 이주자의 초국가성에 대한 새로운 가시성과 초국가적 사회 공간의 출현은 정책 이해관계자와 국가 정책, 유엔과 세계은행 같은 국제기구뿐만 아니라 각 연구 영역에서 이주와 개발 사이의 관계에 대한 관심을 새롭게 했다. 이주와 개발 사이의 관계는 수십 년 동안 논의되어 왔지만 오늘날 초국가적 유대와 활동은 이 논의에서 훨씬 더 중요한 역할을 담당한다. 예를 들어, 금전적 송금은 이주자들이 모국에 남겨둔 가족을 지원하고 이들의 복지와 사회보장에 도움이 되기 때문에 큰 관심을 받았다. 송금은 또한 창업 기업과 소규모 초국가적 기업에도 투자되고, 모국의 마을 공동체 지역개발을 위한 집합적인 기여로서 이전된다.

정보의 순환은 또 다른 중요한 문제이며, 이주자와 디아스포라 집단의 국경 간 지식 네트워크의 출현은 기술과 전문 지식의 순환에 기여하여 선진국과 개발도상국 양 국가의 '두뇌 획득brain gain'에 기여했다. 두뇌 획득은 두뇌 유출brain drain의 부정적인 영향을 역전시켰다. 두뇌 유출은 때때로 고등교육을 받은 의사, 엔지니어 및 학자들이 선진국으로 가기 위해 개발도상국을 떠나면서 발생한다. 또한, 사회적 송금(Levitt, 1998)으로 통칭되는 아이디어, 규범 및 행동의 교환은 점점 더 많은 연구에서 「인간 개발 보고서Human Development Report」(UNDP, 2009)와 같은 정책 보고서와 문서에서 인정받고 있다.

사회적 송금은 의사소통, 방문, 이주자의 모국 공동체로의 귀환을 통해 교환되며 모국 공동체에서 사회적 송금은 사회적·문화적, 심지어 정치적 변화의 원인이 될 수 있다. 이러한 교환을 통해 젠더 위계나 환경에 관한 규범과 표준이 변경될 수 있고 해외 경험은 이주자가 이전에 모국 공동체에서 일상생활에서 공통적으로 여겨왔던 관행에 대해 도전하도록 이끈다(제2장 참조). 이와 같이 국경 사이에 걸쳐 있는 유대, 활동 및 공간의 복합성은 전 세계적으로 오늘날의 발전과 일반적으로 관련 있는 경제 및 사회적 변화를 파악하기 위해 초국가적 관점이 요구된다(Faist and Fauser, 2011)

이주-개발 연계migration-development nexus에 대한 논의가 비록 새로운 것은 아니지만 초국가화는 이 논의에 새로운 측면이며, 학자와 정치인이 갖고 있던 이전의 관점을 재고하는 데 기여했다(Faist, 2008). 논의 초기에는 귀환과 투자에 대한 긍정적인 시각이 있었지만 1970년대와 1980년대에 접어들면서 특히 두뇌 유출을 통해 모국에 미치는 부정적인 영향에 대한 비판의 목소리가 높아졌다. 오늘날에는 다시 학계와 정치계에서 이주-개발의 긍정적 관계가 지배적이 되었다. 이주자의 초국가적 유대와 이전은 빈곤을 줄이고, 저개발을 극복하며, 궁극적으로 많은 사람의 이주를 멈추게 하는 엄청난 잠재력을 갖고 있는 것으로 보인다.

따라서 이 장은 개발을 위한 초국가화의 역할에 대해 설명한다. 다음 절에서는 이주-개발 관계의 세 가지 주요 변화 단계를 설명하고, 학계와 정책의 양 측면에서 초국가적 유대, 활동 및 공간이 이주-개발 연계에서 핵심적인 이슈가 되는 방식을 검토한다. 그런 다음 초국가적 사회 공간(친족kinship group, 순환circuit, 공동체communities) 사이에서 개발과 관련된 광범위한 이슈에 대한 초국가화의 역할을 다룬다. 첫째, 여기서 우리는 먼저 재정적 송금의 흐름과 그러한 흐름이 가족 수준과 친족 집단 수준에 미치는 시사점을 검토한다. 둘째, 초국가적 순환과 비즈니스 네트워크를 통한 송금의 경제적 영향을 고려한다. 셋째, 초국가적 공동체의 일부분으로서 모국 단체가 지역개발에서 수행하는 역할에 대해 논의한다. 넷째, 정보와 지식 기반 사회의 발전에서 주요 이슈가 된 지식의 순환에 대해 설명한다. 마지막으로, 이 장은 사회적·문화적, 그리고 정치적 변화에 대한 사회적 송금의 역할을 다룬다. 여기에 사용된 개발이라는 개념은 사회적·경제적·정치적, 그리고 인간적 측면에 따른 의미의 다중성을 전달하고 있음이 강조되어야 한다. 개발의 다중 의미들은 경제적 성장, 정치적 (민주적) 변화, 평등 및 인권에서부터 개인과 가족의 생계에 이르기까지 다양하다.

따라서 이 장은 하나의 특정한 개념화를 사용하는 대신 개발의 여러 가지 다른 의미를 취한다. 현재 진행되는 논의에서 개발은 모국에 위치하는 반면 이주자와 이들의 새로운 국가 사이의 관계는 일반적으로 이주자 통합의 관점에서 더 많이 논의되고(제5장 참조), 정착국 개발에 관해서는 덜 논의된다. 정착국 개발에 대한 이주자의 기여에 대한 좀 더 포괄적인 분석이 요구된다.

논의의 세 가지 국면

개발은 제2차 세계대전의 여파로 정책과 담론으로 구축되었고, 그 이후 개발의 개념은 다양한 이론적 지점으로부터 여러 다른 의미들과 연관 지어졌다. 개발은 다양하게도 거대한 변형, 근대화, 경제성장, 세계 체제에서의 의존성, 비대칭적 권력관계 등을 의미해 왔다. 사람들의 생계는 인간 개발 지수human development indicators에 의해 측정된다. 개발은 민주적 정부와의 좋은 협치로도 지칭된다. 같은 맥락에서 이주와 개발 사이의 관계도 많은 다른 관점에서 다루어지며, 부정적인 측면뿐만 아니라 유익한 측면도 있다. 이와 관련하여 세 가지 국면으로 구별될 수 있다.

첫 번째 국면에서 1950년대와 1960년대의 경제 이론은 이주자들이 이주수용국의 부족한 노동력을 채우고 동시에 재정적 송금, 저축 및 귀환을 통해 모국의 발전에 기여할 것이라고 예상했다. 이주 노동자의 단기간 채용 계획은 다음과 같은 사고를 따랐다. 모든 정부는 미국의 전후경제 호황산업(1942년부터 1964년까지의 멕시코 계절노동자Bracero 프로그램을 통해)과 유럽으로 이주자가 일시적으로 이주하여 노동하면서 (주로 1960년대와 1970년대 초반의 초청 노동자 계획을 통해) 모국에 있는 가족을 유지하기 위해 충분한 돈을 벌고, 그들의 생활수준을 개선할 만큼 충분히 저축하고, 새로운 기술과 투자를 통한 직업 기회를 증가시킨다는 관점을 공유했다.

두 번째 국면에서 비판적 목소리가 더욱 두드러지면서 이주는 종종 모국의 사회와 경제에 부정적인 영향을 미치는 것으로 여겨졌다. 1970년대와 1980년대에 산업화된 서구 국가와 주변부 지역 사이의 구조적 의존성은 저개발에 대한 원인으로 설명되었다(Wallerstein, 1974; Frank, 1978). 특히 교육 수준이 높은 사람들이 이주할 때 이주는 자본주의 세계 체제의 중심부 국가의 이익을 위해 주변부 국가에서 자원을 고갈시키는 또 다른 요인이었다. '두뇌 유출'이라는 용어가 종종 '두뇌 유입'과 '지식 순환'으로 대체되기는 하지만 두뇌 유출은 여전히 많은 개발도상국 정부가 우려하는 문제가 되었다. 이 부분은 아래의 초국가적 지식의 순환에서 논의될 것이다. 인구 유출은 떠나는 사람이 젊고 능력이 있는 사람일 때 농촌 지역에서 종종 문제가 된다(Lipton, 1980, De Haas, 2008).

세 번째 국면에서 송금은 더욱 부정적으로 비춰졌다. 왜냐하면 송금이 종종 고급 주택과 호화로운 축제의 형태로 '과시적 소비'로 지출되어 개발에는 거의 기여하지 않는 것으로 밝혀졌기 때문이다. 관련 연구에 따르면, 가구는 점점 송금에 의존하게 되고 이 소득원을 유지하기 위해 반복적인 이주가 더욱 발생하게 된다. 이는 '이주자 증후군migrant syndrome'이라고 불리는 현상이다(Reichert, 1981, Durand et al., 1996: 437). 아이러니하게도 두 번째 국면에서 두드러진 비판적 평가는 1970년대 석유 파동과 경제 불황의 발발에 직면한 서구 국가들의 이민 제한과 맞물렸다(Faist, 2011).

1990년대 중반부터 시작된 세 번째 국면에서 이주에 대한 평가는 극적으로 바뀌었고 이주의 초점이 귀환이 아니라 국경 간 교환에 맞춰졌다. 여기에 '초국가적 공동체'와 '디아스포라'라고 불리는 새로운 행위자들이 무대 위에 들어섰다(Goldring, 2004). 이주자는 이제 프랑스어로 '공동 개발co-développement(영문명: co-development)'이라고 자주 표현되는 개발의 행위자가 되었다(Naïr, 1987). 세 번째 국면에서 이주자들은 개발원조와 협력 영역에서 많은 정책 계획의 일부가 되었다. 정책 제안서와 학술적 논의에서 이주자의 개발 기여에 대한 낙관적인 견해는 하나가 된다(Faist, 2011). 임시적이고 순환적인 이주를 통해 국경 간 이전되는 송금, 지식, 아이디어의 흐름은 정책 이해당사자들과 학계의 큰 관심을 끌었다.

그러나 경험적 연구에 따르면 지역에 따라 개발에 미치는 영향은 혼합된 결과를 도출했다. 기존 연구는 결과에 영향을 미치는 광범위한 맥락적 요인을 식별하지만, 이 장 전반에 걸쳐 확실히 알 수 있듯이 그런 방식은 광범위한 일반화를 특히 어렵게 만든다. 중요한 것은 (새로운 세 번째 국면에서) 국경 간 이동이 계속되고 이주자의 초국가적 활동이 존재한다는 것이다. 따라서 이주-개발 연계에서 현재의 과정은 초국가적 관점에서 다루어져야 한다.

송금: 가족과 친족에 대한 송금의 역할

송금remittance 형태 중에서 국경 간 금융 이전은 현재 이주-개발 연계 논쟁과 지역적·국가적, 그리고 지구적 규모의 정책적 노력의 중심에 놓여 있다(제1장 참조).

이주자들이 집으로 보낸 송금의 액수는 지난 20년 동안 전례 없는 수준에

〈표 4.1〉 송금을 가장 많이 받는 상위 10개국 　　　　　　　(단위: 미화 10억 달러)

금액으로 본 국가별 순위(2010)		GDP 비율로 본 국가별 순위(2009)	
1. 인도	55.0	1. 타지키스탄	35
2. 중국	51.0	2. 통가	28
3. 멕시코	22.6	3. 레소토	25
4. 필리핀	21.3	4. 몰도바	23
5. 프랑스	15.9	5. 네팔	23
6. 독일	11.6	6. 레바논	22
7. 방글라데시	11.1	7. 사모아	22
8. 벨기에	10.4	8. 온두라스	19
9. 스페인	10.2	9. 구야나	17
10. 나이지리아	10.0	10. 엘살바도르	16

자료: World Bank(2011: 13~14).

달했다. 공식 채널을 통해 개발도상국으로 송금된 금액은 1990년 400억 달러에서 2005년 1700억 달러로, 2008년에는 3338억 달러로 증가했다(IOM, 2005; World Bank, 2009). OECD 국가의 공식 개발원조도 증가하고 있고, 2005년에는 사상 최대 기록인 1119억 달러를 기록했지만(OECD, 2009) 송금이 여전히 세 배 더 높다. 이 수치에 포함되지 않은 다른 채널을 통한 송금은 이른바 비공식적인 방식의 금전적 이전인데 특정 이주자 공동체를 중심으로 지구적 규모로 존재한다. 남아시아인의 하왈라hawala나 중국의 페이 치엔fei ch'ien이 그 예이다. 이 비공식적 송금 채널을 통해 이주자들은 송금 받는 사람이 거주하는 지역에 있는 대리인을 통해 돈을 송금한다(Kapur, 2004). 또한 돈은 택배로 보내지거나 이주자가 모국의 집으로 돌아갈 때 벌어들인 달러와 유로를 직접 갖고 간다.

　2010년에 가장 많은 송금을 받은 4개국은 인도, 중국, 멕시코, 필리핀이지만 상위 10개국은 다양한 서유럽 국가를 포함한다(〈표 4.1〉 참조). 전 세계 22개국의 송금 비율은 국내총생산GDP의 10% 이상을 차지한다. 타지키스탄은 송금이 GDP의 35%를 차지하는 1위 국가이다. 송금을 받는 국가들은 (세르비아와 보스니아-헤르체고비나를 제외하고) 이러한 재정 이전의 경제적 중요성이 가장 높은 개발도상국과 비서구 국가들이다(World Bank, 2011). 많은 국가에서 송금의 총액 및 평균 비율이 높을 뿐만 아니라 이주자가 모국의 가족에게 보내는 송금 금액의 범위도 종종 비교적 폭넓고, 많은 수의 가정에 도달한다. 연구에 따르면 멕시코에서는 100만 가구 이상의 가구, 즉 총가구 수의 5% 이상이 송금을 받는다(Goldring, 2004: 802). 규모가 작은 국가들 중 특히 이주자 수가 많은 카리브해와 태평양의 섬 지역은 재정적 송금 이전의 영향을 받는 가구 비율이 훨씬 더 크다. 예를 들어, 카보베르데에서는 전체 가족의 3분의 2가 해외 친척들로부터 돈을 받는다(Kapur, 2004).

송금의 효과는 여전히 논쟁의 여지가 있다. 관련 문헌은 이러한 화폐 이전의 대부분이 실제로 소득으로 작용한다는 데 동의한다. 송금된 돈은 식품, 의류, 건강관리, 주택 건축과 리모델링 및 소비재 등 가구 유지를 위한 소비에 사용된다(Durand et al., 1996; Goldring, 2004; Kapur, 2004). 사실상 적은 비율의 송금만이 장기적인 결과를 가져오는 생산적인 투자를 구성하는 지역 경제와 국가 경제에 직접적으로 투입된다. 따라서 이주의 영향과 경제적 잠재력, 이주자들이 집으로 보내는 돈은 미미한 것으로 판명되었다.

가구 수준에서 노동 이주에 관한 새로운 경제학New Economics of Labor Migration: NELM 접근 방식은 특히 소득 기능을 하는 송금의 중요한 역할을 강조하며, 우선 가구 소득 다각화 및 빈곤 완화의 전략으로 이주 동기를 설명한다. 여기서 이주는 생계 전략으로 간주된다(Nyberg-Sørensen et al., 2002). 이 새로운 접근 방식(Stark and Lucas, 1988)[6]은 위험을 최소화하고 가족 구성원에게 안정성을 제공하기 위해 송금은 가족 내부적으로 협력을 동원하는 계약적 배열의 부분을 구성한다. 이 접근법은 양방향 흐름을 고려하면서 이주자가 실업과 같은 외부적 환경을 극복하기 위해 재정적 지원을 받는 것으로 본다(Stark and Lucas, 1988: 467). 그러나 이주자의 주요한 역할은 가족의 사회경제적 상황을 개선하는 것이다. 멕시코의 사카테카스주의 가구 조사에 따르면 가구 소득이 평균적으로 낮은 시골 지역에서 한 명이나 그 이상의 이주자와 유대를 맺고 송금을 받은 가족은 전반적으로 그리고 상대적으로 도시에 거주하는 가족에 비해 더 높은 소득을 보인 것으로 나타났다(Jones, 1998).

이러한 관점에서 송금은 빈곤 가구와 저개발 국가에서 온 이주자들이 주변화된 지위에 대응하고 '현 글로벌 경제의 다른 국가들과 소득을 평등화'하는 방법으로 종종 간주된다(Jones, 1998: 8). 그러나 송금의 영향은 때때로 의존성이나 '이주자 증후군'으로 불리는 송금으로 이어질 수 있으므로 부정적일 수 있다(Reichert, 1981, '이주자 증후군' 내용 참조).

또한, 한 마을의 모든 가족이 이주자 친척을 갖고 있지 않기 때문에 모든 가족이 해외로부터 돈을 받지는 못한다. 재정 지원을 받는 사람들은 사회경제적 상황을 개선할 수 있는 반면, 받지 못하는 사람과의 격차는 커진다. 이주의 선택성 때문에 송금 또한 선택적이다(Jones, 1998). 이주자를 해외로 보내는 가족이 더 많기 때문에 사회적 불평등은 계속되고 심화될 수 있으며, 따라서 가난한 가정보다 이주자를 보낸 가족이 송금을 받을 가능성이 높다.

송금은 모국에 남겨진 이주자 가족이 심각한 위기에 처했을 때 증가하고(Kapur, 2004) 빈곤층의 취약성을 감소시키기 때문에 송금의 역할은 특히 두드러진다. 그러나 최근의 금융 및 경제 위기에서 관찰된 것처럼 전 지구적 규모의 위기가 정착국과 모국에 미치고 특히 이주자가 일하는 분야에 영향을 미치는 경우, 송금이 감소하는 경향이 있다(Fix et al, 2009). 빈곤 퇴치에 대한 송금의 기여는 복잡한 맥락적 요인에 달려 있다. 더욱이 그러한 관점은 경제성장뿐만 아니라 사회경제적 측면에서 정의된 개발 개념을 필요로 하며 인간 개발과 사람들의 생계에 초점을 둔다.

초국가적 투자와 비즈니스

송금이 국가 및 지역 경제 발전에 미치는 전반적인 영향은 불분명하지만 송금을 통한 투자의 경제는 지금까지 인정된 것보다 클 수 있다. 한편으로 식품, 의류, 소비재에 소비되는 돈은 특정 제품, 서비스, 직업에 대한 수요를 창출한다는 점에서 지역 경제와 국가 경제에 간접적인 영향을 미친다. 반면, 모든 송금 중 일부만이 기업 투자에 사용된다. 그러나 최근 여러 가지 정부가 주도하는 프로그램은 이주자의 지역 경제와 국가 경제에서 이주자의 생산적인 투자를 지원하기 위한 것이며, 이것이 성장과 효과성 모두에 기여할 가능성이 있다고 가정한다.

호르헤 두랑드Jorge Durand, 에밀리오 파라도Emilio A. Parrado, 더글라스 매시 Douglas S. Massey는 경제적 측면에서 송금의 생산적 사용을 연구하며 모국 지역의 소비 지출로 창출되는 수요의 효과를 제시했다(Durand, Parrado and Massey, 1996). 이 연구에 따르면 송금을 받아 구매한 음식과 의류는 주로 멕시코에서 현지 생산되었다. 새로 지어진 이주자 가족의 집을 위한 건축 자재도 대부분 멕시코에서 현지 생산된 것이다. 또한 멕시코 마을과 시내에서 '이주자 달러migradollars'를 사용할 수 있게 되면서 현지에 거주하는 의사, 약사, 교사 및 건축가에게 새로운 수요를 창출했다. 한 마을에서 이주자의 초국가성을 통해 지원받고 자금을 조달받는 수호신의 축제를 기념하는 일도 많은 양의 음식, 음료, 음악 및 불꽃놀이가 동반되기 때문에 현지 시장으로부터 생산과 서비스가 필요해진다. 또한 송금이 가구의 추가 소득으로 이용되면서 빈곤한 농촌 가구는 새로운 기술에 자본을 투자 할 수 있게 되어 더욱 효율적인 농업 생산이 가능해졌다. 멕시코 시골에서는 농민들이 펌프와 농기계를 사용해 1년에 두 번 수확을 하기 시작했고 생존에 필요한 양 이상을 수확할 수 있게 되면서 농산물을 지역 시장에 팔아 새로운 수입을 창출할 수 있었다. 이러한 지출 패턴을 통해 송금은 송금된 금액을 초과하는 배가 효과를 낸다. 이 연구는 직접 투자와 함께 소비 지출의 효과를 추정했고 소비 지출의 효과는 멕시코로 이전된 '이주자 달러'의 3.25배 비율이다.

또한 송금의 일정 부분이 사업에 투자되며 전 세계 많은 지역에서 중앙정부와 지방정부는 점점 더 많은 지원을 하고 있다. '멕시코에 투자하기Invest in Mexico'는 정부가 이주자의 초국가성에 관여하는 프로그램 중 하나이며, 멕시코 국립개발은행 Mexican National Development Bank에 의해 운영되고, 미주개발은행 Inter-American Development Bank으로부터 자금을 조달받는다(Goldring, 2004). 비슷한 맥락에서 터키의 공무원들과 지역 상공회의소의 대표들은 해외 투자의 중요한 원천으로 해외에 거주하는 터키 이주자들의 사업 벤처를 장려한다(Çağlar, 2006). 여전히 거의 주의를 기울이지 못하고 열거하기가 가장 어려운 경우는 훨씬 많은 수의 개인사업체이며 주로 모국의 가족 구성원이나 친구들이 함께 이주자에 의해 초국가적으로 유지된다. 개인사업체들은 종종 공식적으로 은행이나 금융기관을 통해 돈을 전달하지 않는다. 암스테르담에 거주하는 가나 이주자들 사이에서 관찰되는 방식 중 한 사례는 유럽에서 구입한 자동차를 가나로 보내 택시로 사용하고 택시 운전자와 이주자 가족을 위한 안정적인 수입을 제공한다. 다른 사례로는, 이주자가 친구에게 보낸 100유로가 가나의 수도인 아크라에 거주하는 젊은 여성이 소규모 사업 파트너가 되기에 충분한 액수가 되기도 한다. 어떤 경우에는 비즈니스를 위한 재정적 지원은 수익성 없는 상점을 단지 지탱시키는 역할만 하고 가족 내에서는 상호 호혜적인 약속을 지키게 한다(Smith, 2011). 다른 사례는 이주자와 비이주자가 초국가적 소규모 비즈니스에 종사하는 경우로, 독일에서 가나로 전자 제품을 수출하거나 소규모 서비스 회사를 해외에서 설립하고 관리한다(Bühlmeier et al., 2011).

재외 향우회: 지역개발에 대한 재외 향우회의 역할

가족 소득과 사업 투자를 제공하는 것 외에도 송금은 집합적 수준에서 또는 지역사회 수준에서 순환한다(Goldring, 2004). 마을과 재외 향우회Hometown associations: HTAs는 최근 개발에 중요한 역할로 등장한 비정부 행위자 부문을 구성한다(Faist, 2008). 재외 향우회는 이주자와 비이주자를 함께 연결하는 초국가적 공동체의 존재에 대한 구체적인 신호이다. 이러한 단체가 수행하는 기능은 사회적 교류와 정치적 영향에서부터 모국의 소규모 개발, 지역개발 목표에 이르기까지 다양하다(Orozco and Lapointe, 2004: 31). 미국의 멕시코 재외 향우회는 적어도 2000개에 달하는 엄청난 숫자로 인해 – 단순히 숫자만은 아니다 – 지금까지 가장 주목을 끌었다. 로스앤젤레스에서만 멕시코의 18개 주에서 온 170개 재외 향우회가 이미 10년 전에 멕시코 영사관에 공식적으로 등록되었다(Zahin and Escala, 2002). 마찬가지로 살바도르 정부는 10년 전에는 28개밖에 되지 않았던 재외 향우회가 2000년 중반에는 250개의 모국 단체에 달한다고 추정하고 있다(Waldinger et al., 2008).

세계 여러 다른 지역의 많은 이주자 공동체도 비슷한 형태의 조직을 발전시켰다. 그리고 현재까지 진행된 연구는 미국에 위치한 재외 향우회에 대한 것이지만 프랑스, 영국, 독일, 스페인, 그리고 이탈리아에도 이주자 공동체의 집합적인 국경을 가로지르는 활동이 존재하고 터키, 모로코, 라틴아메리카, 사하라이남 아프리카, 그리고 인도 아대륙 지역 출신의 이주자들이 관여하고 있다(Grillo and Riccio, 1004; Lacroix, 2005, Mercer et al., 2009; Fauser, 2011). 재외 향우회는 풀뿌리와 자선적 특징을 갖는 현상이고 초국가적 사회운동의 일부이며 초국가적 시민사회의 표현이다(제8장; Sassen, 2002; Orozco and Lapointe, 2004 참조).

그들은 해외에 거주하는 이주자를 가족과 친족을 넘어 모국으로 연결하는 유대와 네트워크를 구축한다. 이러한 재외 향우회는 모국 마을의 상황 개선을 목표로 한 프로젝트를 개발하기 위해 돈을 모으고 기금을 마련한다. 이러한 집단적 노력은 항상 존재했었지만, 재외 향우회의 수가 계속 증가하는 추세에 있고 현재는 더욱 강화되고 제도화되고 있다. 이주자의 재정적 기여는 일반적으로 자선 기부이며 종종 지역 인프라에 대한 투자를 지원하기도 한다.

재외 향우회가 지원하는 프로젝트는 일반적으로 아래의 영역 중 하나에 해당된다(Goldring, 2004).

- 도로, 교량, 식수, 전화 및 (오늘날의) 인터넷 카페와 같은 기본 인프라 시설과 통신 프로젝트: 마을 사람들이 해외 이주자와 연락을 유지할 수 있도록 한다.
- 교육, 건강, 사회보장과 관련된 공공 서비스 인프라와 자본화: 학교, 컴퓨터, 구급차 및 어린이 학교 급식 프로그램을 지원한다.
- 레크리에이션과 관련된 다른 프로젝트: 스포츠 경기장, 로데오 경기장이나 공동체 프로젝트와 관련된 회관, 공공장소, 벤치, 문화적 유산과 교회를 보존한다.

재외 향우회의 유형과 지역에 따라 일부 프로젝트는 농업이나 재배 또는 현지 상품생산에 중점을 둔다. 이러한 투자는 마을의 주변화된 집단(실업자, 장애인 또는 빈곤층 여성)에게 혜택을 주기 위한 것이지 이익 지향적인 것은 아니다. 이들 재외 향우회에 대한 지식을 유지하고 이들과 연락을 유지하는 일에 모국의 관심이 증가하고 있다. 정부는 이주자의 충성심을 요구하고, 국가 및 지방 차원의 대표자들이 이주자들의 집합적 투자를 장려한다. 다양한 기관과 개발 원조 기관은 전례를 따르고 이주자의 노력에 대한 지지와 지원을 제공한다(제2장과 제6장 참조).

재외 향우회는 국가의 경계를 넘어 다양한 지역에 걸친 초국가적 공동체의 제도화된 표현으로 간주될 수 있다(Goldring, 2004). 그러나 이것이 이상적인 이미지로 고려되는 것은 아니다. 한편, 학자들은 제한된 수의 이주자들만이 재외 향우회에 관여하고 있다고 지적했다. 다른 한편으로, 해외에 거주하는 사람들과 모국에 남겨진 사람들 사이의 협력은 비대칭적인 경향이 있으며, 이는 재외 향우회가 동질적인 초국가 공동체의 표현이라는 생각에 의문을 제기한다. 첫 번째 관심과 관련하여 재외 향우회에 관여하는 이민자의 비율에 대한 체계적인 증거는 거의 존재하지 않는다.

자료에 의하면, 초국가적 단체의 활발한 참여자들은 전체 이주자 중에서도 소수로 구성된다. 나머지 사람들은 예를 들어, 비정기적인 기부를 통해 간헐적으로 참여한다(Guarnizo et al., 2003: 〈표 3〉, 1227). 이에 대한 체계적인 연구는 없지만 참가자의 특성과 단체 구성원들의 특성을 고찰한 많은 연구는, 일상적으로 참여하는 사람 중에 남성이 지배적으로 많고 여성은 거의 드물다고 지적한다(Portes et al., 2007; Sieveking et al., 2008).

또한 활발하게 참여하는 구성원은 주로 1세대 이주자이고, 2세대나 젊은 층의 참여는 덜 빈번하다. 정착국에서 태어난 젊은 2세대들은 각기 다른 동기와 어떻게 재외 향우회를 운영할 것인가에 대한 다른 아이디어들을 갖고 있다. 프랑스에 위치한 말리인의 재외 향우회에 관한 시베킹(N. Sieveking)과 파우저(M. Fauser)의 연구는 다양한 재외 향우회 대표자들의 참여 동기와 전략에 대해 세대 간의 차이를 강조했다(Sieveking and Fauser, 2009). 1세대 이주자는 이주한 당사자이고 여전히 모국의 가족, 친척들과 가까우며, 많지 않은 급여에서 저축한 돈을 모국의 지역사회 프로젝트를 위해 보낸다. 2세대는 프로젝트 계획과 자금 조달에서 좀 더 전문적인 것으로 간주된다.

이들 조직은 효율성을 높이기 위해 프로젝트 시작 전에 타당성 조사를 준비하고 보다 정교하게 비용 계산을 한다. 이러한 조직에 참여하는 3세대는 더 이상 아프리카인이 아니라 유럽인으로 간주되며 조부모의 출신 지역사회와 새로운 개인적 관계를 맺게 된다. 이러한 활동가들은 프로젝트를 위해 자신의 돈을 기부하지는 않지만 프랑스의 다른 행위자들과 협력 관계를 구축하고 기금 모금 활동을 지원한다. 따라서 이들은 초국가적인 마을 공동체를 형성하는 대신

개발 협력의 파트너가 되고 있다.

이것은 재외 향우회의 공동체 특성에 의문을 제기하는 두 번째 관심사로 이어진다. 연구에 따르면 재외 향우회 간에는 상당히 긴장이 존재한다는 것이 밝혀졌다. 특히 모국 회원과 해외 회원 사이에 상당한 긴장이 존재한다. 기여의 목표, 지원하는 프로젝트의 유형 및 돈을 지출하는 방법, 참여·협력의 정도와 형태에 관해 종종 관점이 다르며 정부기관과 어떻게 집중적으로 협력하는가에 대한 문제를 둘러싼 빈번한 분쟁이 발생한다(Levitt, 1997; Waldinger et al., 2005). 또한 일부 연구는 협업 원칙에 대한 내부 갈등과 의견 불일치가 조직의 분열로 이어졌다고 기록한다. 시간이 지남에 따라 특히 이주자와 마을 사람들의 우선 순위가 서로 다를 때 긴장이 더욱 뚜렷해진다.

도미니카공화국의 미라플로레스와 미국의 보스턴 사이에서 운영되는 개발 위원회에 관한 페기 레빗(Peggy Levitt)의 연구에서 정착이 진행됨에 따라 부재 자에 대한 우려는 휴가와 퇴직으로 더 커졌고, 이들의 관심은 문화 프로그램과 전통적·민속적 측면으로 전환되었다(Levitt, 1997, 2001a). 미라플로레스에 머물렀던 사람들은 결국 일자리를 창출할 지역 경제 개발, 청소년 프로그램과 보다 좋은 스포츠 시설에 더욱 관심을 갖게 되었다. 다른 많은 경우와 마찬가지로, 이주자와 비이주자 사이의 관계는 파트너와 공동체의 동등한 구성원 간의 협력보다는 기부자-수혜자 관계로 특징지어진다.

지역사회의 개념은 때때로 이러한 노력에서 논쟁의 여지가 있지만 재외 향우회는 새로운 초국가적 형성을 알리고 모국에서의 이주자의 멤버십을 재확인한다(Goldring, 2004). 이는 재정적 기여를 통해서만 표현된 것은 아니다. 재외 향우회와 재외 향우회의 리더들은 특히 이들의 재정적 기여가 매우 중요하고 종종 공공예산을 초과하는 소규모 마을에서 상당한 정치적 영향력을 획득할 수 있다. 많은 소규모의 멕시코 농촌 지역사회에서 재외 향우회 기부금은 공공 사업에 할당된 지역 예산의 일곱 배였다(Orozco and Lapointe, 2004: 39)

이러한 마을의 시장, 지사, 공무원과 정치인들은 해외의 이주자 공동체를 방문하여 새로운 프로젝트를 논의하고 선거 기간에 캠페인을 펼친다. 이러한 맥락에서 정책 입안자들은 이주자의 요구에 좀 더 수용적이 되고, 결국 이주자의 재외 선거 투표권 확장으로 이어진다. 지역사회 참여, 재외 선거 투표권, 이중시민권은 전 세계적으로 확장되고 있고 더 나아가 개인의 국경 간 유대와 초국가적 공동체를 강화시킨다(제6장 참조).

모국 정부의 집합적 송금에 대한 관심은 재외 향우회의 역할에 대한 지원과 함께 시장 통합을 가능하게 하는 배열로서 시장과 공공-민간 파트너십public-private partnership 개발 모델의 공고화로 보인다(Goldring, 2004: 809). 이주자의 초국가적 네트워크는 지역사회, 시민사회, 정부와 시장을 포함하는 개발 사고의 전환의 일부를 구성한다(Faist, 2008). 다른 종류의 네트워크도 등장했는데, 과학자나 숙련된 이주자들의 네트워크가 그 예이며, 이 네트워크의 일차적인 목표는 다음 절에 나오는 지식의 순환에 있다.

지식의 초국가적 순환

국경을 가로지르는 지식의 흐름은 정보와 지식 기반의 시대에서 핵심적인 문제가 되었다. 따라서 저개발국의 고급 기술을 갖춘 전문가의 이주와 두뇌 유출은 저개발에 대한 종속 이론뿐만 아니라, 항상 국가의 정상들과 개발 경제학자들 사이에서 큰 관심을 끌고 있다. 영국 왕실 협회British Royal Society가 1950년대에 처음 주조한 용어인 '두뇌 유출'은 유럽의 과학자들이 미국으로 이주하는 흐름을 묘사하기 위한 용어였고, 오늘날에는 고숙련 이주자가 저개발 국가에서 선진국으로 이주하는 흐름을 일컫는다(Lowell et al., 2004).

이 개념은 인구 유출이 모국에 미치는 부정적인 영향과 특히 경제 발전 전망에 대한 우려를 표현한다. 숙련된 전문직의 이주는 다른 이주 흐름과 마찬가지로 정착과 함께 모국과 관계가 끊어지는 일방향의 과정으로 오랫동안 간주되었다. 정착국은 인적 자본을 얻지만 모국의 입장에서는 인적 자본의 손실과 두뇌 유출의 발생을 의미한다.

때로는 재정적 송금이 두뇌 유출의 부정적인 영향을 능가할 가능성이 있다고 제안되지만 이 가정은 입증되지 않았다(Jones, 1998; Kapur, 2004). 송금이 양방향으로 흐르고 선진국이 송금의 상당 부분을 받는다면 – 예를 들어, 개발도상국 출신 학생들의 고등교육에 대한 학비의 형태로 – 송금과 두뇌 유출의 균형은 덜 긍정적이다(Khadria, 2002). 오늘날에는 순환적인 이주와 그에 연관된 지식, 기술 및 아이디어의 양방향 흐름이 경제적 혁신에 상당한 기여를 함에 따라 점점 더 많은 관심을 끌고 있다(Findlay, 1995; Hunger, 2003; Lowell et al., 2004). 지식의 순환으로 인한 두뇌 유입은 개발도상국의 기회로 떠올랐다.

많은 연구에 따르면, 개발에 대한 숙련된 이주의 긍정적인 기여에 중요한 역할을 하는 두 가지 요소에는 모국 귀환과 디아스포라 네트워크가 있다(Meyer et al., 1997; Meyer, 2001; Hunger, 2003). 숙련되고 성공적인 이주자의 모국 귀환은 기술과 지식의 이전을 포함한다. 귀환 이주자의 많은 수가 모국에서 비즈니스를 개시한다. 특히 1990년대 이후로 귀환 이주자는 이동성이 상당히 높고, 지역적 조건을 잘 활용하며, 때로는 두 국가 사이를 왕복한다. 이러한 기업가들은 비즈니스 파트너들과 연결하기 위해 초국가적 네트워크를 활용한다. 비즈니스 파트너들은 수년의 시간을 보낸 정착국에 거주하는 사람들이나 출신 종족, 출신 국가, 이주 경험, 대학이나 전문 교육을 공유하는 다른 국가에 거주하는 사람들이 포함된다.

몇몇 국가에서 관찰된 성공 사례에서는 개발을 위해 두뇌 유입과 순환을 장려했다. 경제 발전과 관련하여 통신과 정보기술 분야의 고도로 숙련된 이주자의 역할은 특히 일부 아시아 국가인 중국, 대만 및 인도에서 잘 알려져 있다(Saxenian, 2004). 해외에 거주하는 중국인은 중국의 모든 외국인 투자의 60~65%에 기여하고 경제성장을 위해 필요한 자본을 지원한다. 보다 성공적인 사례는 대만과 선진국, 특히 미국과의 초국가적 네트워크에 기반해 있다. 대만의 초국가적 기업가들 중 다수는 대학원 진학을 위해 미국으로 이주했으며 그 곳에서 성공적인 엔지니어, 관리자 및 사업가가 되었다. 1980년대 후반 대만의 경제 상황이 개선되기 시작했을 때 많은 수의 이주자가 대만으로 돌아왔고 다른 사람들은 가용한 비즈니스 기회를 활용하기 위해 양국 사이를 오갔다.

따라서 한국의 경우처럼 두 가지 우호적인 조건이 – 정착국의 번영하는 경제 부문에 대한 이주자의 성공적인 참여와 모국의 상당한 경제 발전 – 이 함께 있을 수도 있다. 상당수의 이주자들은 새로운 조건이 주어지면 기꺼이 모국으로 다시 돌아가거나 투자하려고 한다. 사실 대만 기술자들은 중국과 인도 기술자와 함께 실리콘밸리의 성공에, 이후에는 미국의 정보기술 분야에서 중요한 역할을 했고 대만인과 중국인은 1990년대 후반 실리콘밸리 지역에 있는 전체 기업의 20%를 창업했다(Hunger, 2003). 미국에서 다시 모국으로 돌아간 귀환 이주자들은 모국에서 상당한 수의 신생 기업을 설립했다(Saxenian, 2004). 이러한 전략은 해외에 거주했던 국민들이 습득한 지식과 네트워크에서 혜택을 공유하기 위한 정부의 관대한 지원으로 이루어졌다.

이것은 초국가적 집단과 국가가 기술 개발과 경제성장에 공동으로 기여하고 초기의 두뇌 유출을 성공적으로 역전시킨 방법의 최상의 예다(Saxenian, 2004). 그러나 인도의 경우에는 그 역할이 덜 두드러졌다. 일부 연구자들은 재외 인도인이 해외에서 인도에 대한 긍정적인 이미지 제고에 기여했지만 경제 발전은 거의 촉진하지 못했다고 주장한다(Khadria, 2002). 무엇보다도 인도인은 대만인이나 중국인 이주자보다 훨씬 적게 모국으로 귀환했다(Saxenian, 2004). 그러나 인도로 귀환한 사람들의 역할은 비교적 컸다. 귀환 이주자에 의해 설립된 소프트웨어 회사의 20%가 시장 점유율의 40%을 차지했다. 이 부문의 모든 기업이 재외 인도인을 경영인으로 모셔갔다. 숙련된 기술자의 해외 이주는 다른 많은 국가에도 영향을 미쳤지만 연구사와 정책 입안자로부터 동일한 관심을 끌지는 못했다.

예를 들어, 미국에서 2000년에 고등교육을 받은 멕시코인은(최소 25세 이상) 전체 멕시코인의 14%를 차지했다. 해외 고숙련자의 비율은 대학교 학위를 소지한 전체 멕시코인의 10%이고, 이 수치는 대학교 학위를 소지한 인도인이나 중국인 이주자보다 상당히 높다(두 경우 모두 3%대이다; Hunger, 2003; Tejada Guerrero and Bolay, 2005). 초국가적 자원을 유인하는 것에 초점이 맞춰져 있는 멕시코 정부의 개발 이니셔티브 대부분은 송금에 집중되어 있다. 2005년 이래, 멕시코 정부는 멕시코 재능 네트워크Mexican Talent Network를 통해 비즈니스와 교육 부문에서 고숙련 해외 이주자와 멕시코 간의 유대 증진을 목표로 하고 있다(Newland and Tanaka, 2010).

특히 1990년대 이래 과학자들은 소위 디아스포라 지식 네트워크를 통해 기술의 교환 및 이전에 기여해 왔다(Meyer, 2001). 디아스포라 과학 네트워크의 출현에는 네 가지 요소가 관련된다. ① 특정 국가의 숙련된 이주자의 유의미한 증가로 상호작용과 네트워크 구축 촉진, ② 새로운 통신 기술과 무엇보다도 인터넷의 진화, ③ 현대사회에 대한 지식, 정보 및 교육의 사회적·경제적 역할을 표현한 지식 사회의 출현, ④ 해외 이주자들의 모국과 정착국에 대한 이중의 소속감, 초국가적 동일시와 형성의 존재(Meyer, 2001)가 있다. 널리 알려진 디아스포라 과학 네트워크의 두 가지 예는 콜롬비아 레드 칼다스Columbian Red Caldas와 남아프리카 기술 네트워크South African Network of Skills이다(Meyer, 2011). 이러한 네트워크의 강점은 정보 교환, 의사소통, 과학 모임 및 컨퍼런스 조직, 정책 자문을 기반으로 한다. 그러나 일부는 수명이 짧았고, 레드 칼다스와 같은 몇 가지 네트워크는 수년간의 활발한 운영을 하다 해산되었다.

지식 순환에 이주자들이 참여하는 여러 가지 성공적인 전략에도 불구하고 두뇌 유출은 여전히 많은 국가에서 중요한 관심사이다(Hamilton and Yau, 2004). 세계은행의 2011년 「이주와 송금실태 보고서Migration and Remittances Factbook」(2011)는 숙련 이주자에 관한 전 지구적인 지도의 인상적인 그림을 제공한다. 예를 들어, 2000년에 그레나다섬에서 훈련을 받은 의사의 97.5%와 소말리아와 에티오피아에서 훈련을 받은 사람들의 4분의 1이 해외로 이주했는데, 이로 인해 이 국가들의 의료 시스템에 심각한 영향을 미쳤다.

두뇌 유출 문제에 대한 다양한 해결책은 이미 제안되었다. 일부는 필리핀의 사례에서 해결책을 찾는다. 의료진에 대한 전 지구적 수요에 대응하여 국가 경제에 필요한 것보다 더 많은 간호사를 훈련시키는 것이다. 일부 국가는 출신국의 노동 수요에 따라 책임감 있게 행동하도록 하는 윤리적 코드에 동의했다. 이러한 코드에는 출신국이 투자한 훈련과 교육에 대해 보상하는 방법을 포함한다(Stilwell et al., 2004). 다른 해결책은 정착한 이주자가 일시적으로 귀환할 수 있도록 허용하는 시민권을 확장하는 방법으로, 이주자를 일시적으로 머물도록 하는 것이 아니라 영구히 귀국하도록 하는 것이다. 이는 남-북 협력의 초점이 될 수 있으며 모국의 발전에 이주자가 관여하도록 지원한다. 이중시민권은 선진국에 거주하는 남반구 국가 출신 이주자 간의 협력을 통해 남-남 협력을 조성하기 위한 수단이 될 수 있다. 인도계 미국인과 중국계 미국인 이주자의 협력이 그 예가 될 수 있다(Khadria, 2009).

사회적 송금과 그 효과

개발을 위한 초국가화의 의미는 재정적 송금을 중심으로 가장 자주 논의되며 좀 더 최근에는 경제성장을 위한 지식 순환의 잠재성이 논의되고 있다. 사회적 송금은 — 아이디어, 규범, 행동 — 이주자가 관여하는 국경 간 교류의 또 다른 형태이다. 사회적 송금은 가족이나 지역사회 내에서 사회적 변형에 기여할 수 있는 역량이 있고 좀 더 광범위한 수준에서 정치적 변화, 인권, 민주주의 및 평화 구축을 촉진할 수 있다(Levitt, 1998; Goldring, 2004). 예를 들어, 해외에서 위생이나 건강에 대한 높은 수준을 경험한 이주자들은 모국 고향에 새로운 관행을 도입하고 — 예를 들어, 안전한 식수나 동물을 주거 공간에서 분리하기 등 — 환경보호와 폐기물 관리의 새로운 아이디어를 가져온다(Levitt, 1998; UNDP, 2009). 가사 배분에 관한 규범과 아이디어의 국경 간 교환의 결과는 젠더 역할을 변화시키고, 전반적인 여성과 남성 간 평등을 요구한다(Levitt, 1998, 2001a). 우리는 이미 2장에서 이러한 사회 문화적 활동에 대해 논의했으며 현재 논의되고 있는 개발 논의를 위해 그 의미를 간략하게 검토한다.

사회적 송금을 이전한 결과는 더 이상 여성이 종속적인 역할을 받아들이지 않는 상황과 같이 가족 내에서 육아나 가사의 좀 더 동등한 분담으로 구성될 수 있다. 그러나 그러한 이전은 가족 내에서 갈등을 유발하고 가족제도 전체를 평가 절하할 수도 있다(Levitt, 2011). 소비재와 관련된 서구의 생활 방식에 관한 아이디어와 소비재를 구매할 수 있는 재정적 자원이 이전되면 광범위한 소비주의가 발생할 수 있다. 세계에서 덜 번영하는 지역의 젊은이들은 교육을 받고 일자리를 얻기 위해 노력하는 대신 해외에서 일하는 부모로부터 매달 수표를 받을 날과 자신도 곧 이주할 날을 기다린다면, 지역 경제 개발은 어려움을 겪을 것이다. 더욱이, 자원 이전이 모든 가족 구성원에게 똑같이 이익이 되는 것은 아니므로 예를 들면 아들과 딸 사이에서처럼 가족 내 불평등에 기여할 수 있다(Amelina, 2011).

이주자의 초국가적 활동은 또한 모국의 민주화와 정치적 변형을 겨냥한다(Smith and Bakker, 2005: 133). 정착국에서 경험한 표현의 자유와 민주적이고 자유주의적인 가치는 모국과 지역사회에서 이주자가 정치 엘리트와 기관 설립자에게 제안하도록 장려한다. 이주자는 모국 정부에 비해 지역사회 개발을 위한 재정적 헌신을 통해 종종 새로운 힘을 얻음으로써 영향력과 협상력을 가질 수 있다. 예를 들어 멕시코와 다른 라틴아메리카 국가에서는 민주적 규범의 이행 및 제도적 통제, 고객 관행에 대한 대중의 인식 및 투쟁, 원주민과 소수민족의 권리를 위한 주장이 이주자의 영향을 통한 정치적 논의에서 중요해졌다(Laguerre, 1998; Rivera-Salgado, 1999; Smith and Bakker, 2005; 제6장 참조).

정착국에서 습득한 태도는 모국 참여와 관련하여 다양한 관행에 관한 정보를 알려줄 수 있다. 여기서 인프라 개발을 돕고자 하는 바람과 사회 변화나 정치적 인식에 기여하고자 하는 바람은 병행하지 않을 수 있다. 예를 들어 덴마크의 쿠르드 재외 향우회에 대한 연구는 조사된 다양한 재외 향우회의 두 가지 다른 관점을 보여준다(Christiansen, 2008). 해외 이주자 공동체의 일부 지도자들은 모국 마을의 개발을 돕고 지원하며, 이 목표를 위해 기금을 모으고 '모국 귀환'의 지역사회 프로젝트에 참여하기를 열망했다. 그러나 다른 사람들은 좀더 불간섭의 입장을 취하고, 정부 앞에 합법적 요구를 제시하며, 투명성 관행에 대해 모국의 국민들에게 알리고 지원하고자 했다. 한 집단이 재정적 송금의 이전에 가치를 두고 모국에 투자하고 개발의 행위자로서 공개적으로 행동한 반면, 두 번째 집단은 사회적·정치적 송금에 적극적 입장을 표명하며, 정부로부터 도움을 받는 방법을 마을 사람들에게 가르치려는 의지를 보여주었다(Christiansen, 2008: 99).

그러나 정치적 변화를 위한 초국가적 공동체와 디아스포라 집단의 관여가 항상 긍정적인 것은 아니다(Shain, 1999; Van Hear, 2011). 디아스포라 집단은 모국과 지속적인 불일치감을 갖고 전투를 벌이는 집단에 자금을 조달하고 갈등을 부채질하는 데 기여한다. 1960년에서 1999년 사이에 발생한 전 세계 78건의 주요 민족 분쟁에 대한 비교 연구에 따르면 해외에 대규모 디아스포라가 존재할 경우 폭력 분쟁의 가능성이 높아지는 것으로 나타났다(Collier and Hoeffler, 2002). 그러나 최근 몇 년 동안 전후 사회에서 평화 증진과 재건, 민주주의를 지원하는 디아스포라 집단의 가능성을 더 자주 직면하고 있기에 디아스포라는 평화 구축자로 간주된다(Van Hear, 2011).

이는 '디아스포라'가 동질적인 단체로 간주될 수 없으며 모든 초국가적 활동이 평화와 민주주의로 이끄는 것은 아니라는 것을 의미한다. 실제로, 관련 연구들은 긍정적·부정적 결과를 포함하는 혼합적이고 모호한 그림을 제시하고, 이것은 행위자들이 원래 의도했던 것은 아니다(Van Hear, 2011). 일반적으로 사회적 송금과 같이(Levitt, 1995: 944) 초국가적 참여의 내용이나 영향이 반드시 '좋은' 것은 아니다. 따라서 국경 간 자원의 이전은 지속 가능한 소득을 제공하고 빈곤을 개선하며 더 나아가 경제성장에 기여할 수 있다. 또한 사회적 불평등을 심화시킬 수 있으며 폭력적인 갈등에 자금을 제공할 수 있다. '초국가화'는 '좋은지' 또는 '나쁜지'에 상관없이 경제적·사회적, 그리고 정치적 개발의 본질을 탐구할 때 고려해야 할 주요 과정 중 하나이다.

재정적 송금과 사회적 송금의 영향은 특히 이주자들에게 가용한 경험과 생활 조건에 달려 있다. 후자가 정착국에서 새로운 형태의 젠더 평등 또는 시민적·정치적 참여에 대해 배울 수 있는 기회가 있는지의 여부는 사회적 송금의 이전 가능성과 내용에 영향을 줄 것이다. 친족 네트워크, 비즈니스 단체 및 모국의 고향 마을 개발에 대한 이주자의 초국가적 역할은 정착국의 참여와 통합의 기회를 결정한다. 통합의 관점에서 볼 때 이주자들이 새로운 가정에 점진적으로 적응하는 것과 양립 가능하다면 초국가적 유대와 관행은 때때로 더 중요한 것으로 여겨진다. 다음 장에서 통합과 초국가성의 관계에 대해 더 배울 것이다.

Chapter 05

초국가성과 이주자 통합 모델

초국가화는 국제 이주 연구에 대한 새로운 시각과 새로운 연구 영역을 소개하
고, 그렇게 함으로써 기존의 이주 통합 모델에도 도전한다. 초국가적 접근은
초점을 전환하여 이주자가 새로운 국가에 적응하고 통합하는 것에 대한 관심
에서 이주의 역동성, 이주자의 모국, 그리고 국경을 가로질러 유지되는 모국과
정착국 사회의 연계에 관심을 둔다. 초국가적 관점은 첫 출발부터 이주자들이
정착국에 전적으로 통합된다는 이상, 그리고 결과적으로는 전통적인 동화 이
론classical assimilation theory에 대해 비판했다.

간단히 말해서, 동화는 종종 매우 멀리 떨어진 곳에서 (그리고 가끔 바다를 건
너지 않는 미국의 경우) 서로 다른 문화, 습관 및 언어를 가지고 새로운 나라에 도
착한 사람들이 새로운 사회의 일부가 되고, 정착국의 주요 기관에 통합된다고
본다. 로버트 박(Robert Park)과 다른 많은 저작에서 동화에 대한 개념과 고전적
공식화는 다음과 같다(Robert Park, 1928). 이주자는 초기에 새로운 사회관계를
수립할 때 새로운 갈등을 경험하고 적응 과정에서 심리적 어려움을 겪을 수도
있으며, 그리고 나서 곧 이들은 새로운 사회 구성원들과 접촉하면서 새로운 습

관, 상황과 사람들을 받아들인다. 만약 그들이 심한 차별에 직면하지 않는다면 궁극적으로 동화된다는 것이다(Warner and Srole, 1947; Gordon, 1964; Alba and Nee, 2003). 동화에서 점진적인 문화적·구조적 적응은 몇 세대를 거쳐야 하는 불가피한 과정으로 묘사되며, 그 결과는 궁극적으로 동화이다. 그 과정에서 이주자들은 모국 뿌리를 뒤로 남겨두는데 특히 2세대에 이르면 부모의 모국과 유대를 거의 갖지 않을 것으로 예상된다.

초국가적 관점을 옹호하는 학자들은 초점을 확대하여 정착국으로부터 모국의 측면을 포함하고, 이주자가 반드시 자신의 이전 사회로부터 뿌리 뽑힐 필요가 없다고 본다. 오히려 이주자는 동시적으로 새로운 사회와 이전 사회에 배태되어 있다. 이들은 새로운 국가에 정착하고 통합하면서도 모국의 행사에 영향을 받고 관심을 가지며 관여한다(Gilick Schiller et al., 1992b, 1994). 이주자의 초국가적 관여와 정착국 통합 간의 관계는 열띤 논의의 주제로 남아 있다. 이 접근법에 대한 비판은 이주자들이 두 사회와 정치에 동시에 진지하게 참여할 가능성에 의문을 제기했다. 실제로, 이 의심은 많은 국가에서 이중시민권을 허용하지 않는 주된 이유 중 하나였다. 국가의 시민권은 사람을 하나의 정치체에 묶는 것이다. 반대하는 논리는 일반적으로 다음과 같다.

이주자가 초국가적 또는 다중의 유대 관계를 누릴수록 이민 정치체에 대한 모호성이 더욱 커지고, 정착국에서의 뿌리는 더 약해지며, 초국가적 공동체를 형성하려는 동기는 더 강해지고, 디아스포라에 대한 주장이 더 강해지며, 내국민이 새로운 이주자들의 충성심에 의문을 갖는 경향이 커지고, 마침내 정착국에 적응하려는 성향은 더욱 약해진다(Faist, 2000a: 242).

이해 당사자뿐 아니라 많은 학자들도 일부의 사람들에게는 초국가적 유대와 성공적인 통합이 병행하여 존재할 수 있다고 본다. 사회 문화적인 엘리트 계층이나 이 목적을 위해 충분한 자원을 통제할 수 있는 이동성이 자유로운 계층의 일부 구성원들이 이에 해당된다. 그러나 이주자의 대다수는 하나의 사회에 성공적으로 통합될 것이라 예상되며, 한 사회에 전적으로 통합되거나 아니면 모든 측면에서 통합에 실패할 것으로 예상된다.

이 장에서는 초국가화와 이주자 초국가성이 이주자 통합의 개념과 모델에 도전하는 방식에 대해 자세히 설명하고 관련된 네 가지 이슈를 논의한다. 처음 두 개의 절은 초국가화와 통합이 상호 배타적인 과정인지, 아니면 상호 보완하는 연관된 과정인지를 고찰한다. 일부 학자들은 동화가 19세기 말과 20세기에 발생한 초기 물결에 적합한 개념이며 21세기의 역동적인 이주에 더 이상 적용되기 어렵다고 주장한다. 그러므로 다음 절에서는 초국가화와 초국가적 공동체의 형성으로 이전 모델을 대체하는 증가하는 이주자를 위한 새로운 통합 모델이 만들어졌다는 관점을 강조한다.

이 관점은 국경 간 유대의 존재와 그 결과로 발생하는 한 곳 이상의 장소에서 동시적 참여를 기반으로 한다. 다른 저자들은 초국가적 이주자 또는 초국가적 사회 공간과 연관된 이주자들도 이민수용국에 노출되어 있으므로 같은 방식으로 적응할 가능성이 있다고 지적한다. 이들은 통합과 초국가화의 과정이 상호 연관된 것으로 간주될 수 있다고 주장한다. 따라서 다음 절에서 초국가화와 통합이 개인과 집단에 따라 결과가 다른, 상이하지만 상호 관련된 두 가지 과정이라는 관점으로 전환한다.

초국가성이 새로운 통합 경험인지 아니면 현재 통합 과정의 일부인지에 관계없이 주로 1세대 이민자에 중점을 둔다. 통합 과정에 대한 이해의 핵심은 이러한 과정이 여러 세대를 거치는 경로라는 것이다. 따라서 이 장의 세 번째 절에서는 2세대 이주자 자녀가 부모의 모국에 강한 초국가적 유대를 보이는지 여부와 통합의 세대 간 과정이 여전히 초국가적 유대와 활동에 해가 되는지 여부를 묻는다.

마지막으로, 동화 이론과 통합 모델은 일반적으로 개인 이주자에 초점을 맞추고 있지만 관련 문헌에서는 이주자 협회의 형성도 주목을 받고 있다. 제4장에서 점점 많은 수의 협회가 모국의 경제와 정치 발전에 관여하고 있음을 보았다. 단순한 동화 관점으로 보면 초국가적으로 활발한 단체는 이주자가 정착국에서 통합하려는 노력을 분산시키는 것으로 보일 수도 있다.

그러나 초국가적 관점으로 본다면 이주자 단체는 다양한 성격을 띠고 종종 '여기'와 '저기' 둘 다에 동시적으로 관여하는 것으로 볼 수 있다. 그러므로 여기서 다시 통합과 초국가화의 관계는 상반되거나 서로 관련되어 있다. 이것이 이 장의 마지막 부분에서 살펴볼 내용이다.

통합 모델로서 초국가주의

'초국가주의' 용어가 등장할 때 '초국가주의'는 통합integration의 다른 모델로서 그리고 통합 이론에 대한 새로운 패러다임으로 개념화되었다. 이것은 고전적인 동화 이론과 종족적 다원주의ethnic pluralism에 대한 비판을 구체적으로 나타냈다. 동화 이론과 종족적 다원주의는 둘 다 국경 간 유대의 적절성을 소홀히 하거나 거부했기 때문에 연구자들은 이러한 이론들이 초국가화의 새로운 현상을 적절하게 묘사할 수 없다고 이의를 제기했다(Schiller et al., 1994; Faist, 2000a). 지금까지의 이미지는 사람들이 낡은 집을 떠나 새로운 나라에서 새로운 사회에 적응하면 이로써 자신들의 새로운 집이 될 것으로 여겨졌다. 경유transient 이주자들은 일시적인 부재 후에 자신의 고향으로 돌아갈 것이고 그렇기에 새로운 사회에 적응할 것으로 예상되지 않았다(Schiller et al., 994).

초국가적 관점은 많은 이주자가 새로운 사회에 정착하고 통합하면서 동시적으로 이들의 모국과 국경 간 유대와 네트워크를 유지한다고 본다. 이 동시성 simultaneity은 20세기 말의 기존의 통합 모델에 대한 중요한 비판이 되었다(Faist, 2000a). 이러한 배경에 비추어 이주 연구와 사회과학, 대중적 사고, 공적인 논쟁에서 훨씬 광범위하게 지배적으로 사용된 사회적 유대, 사회, 종족성, 민족주의와 같은 국민국가에 묶인 개념화에 의문을 제기했다. 이 비판의 결과로 인식론적 함의와 방법론적 도전을 제7장에서 논의한다. 여기서는 통합 모델들의 여러 의미에 집중한다.

논의를 지배한 이주자 통합의 두 가지 주요 모델은 동화와 종족적 다원주의이다. 동화의 고전적인 공식화는 동일시, 접촉 및 활동이 이주자들의 물리적 재위치와 함께 점차적으로 정착국을 향해 지향될 것이라고 가정한다. 동화 이론은 주류 사회의 문화와 언어에 적응하는 법을 배우고 종종 노동시장에 진입하여 차별에 직면하지만, 주류 사회와 그 사회의 주요 기관에 점차적으로 통합될 것이라고 기대한다.

밀턴 고든Milton Gordon의 매우 정교한 동화의 유형화(Gordon, 1964)에서 동화는 복잡한 단계들로 구성된 과정으로 문화적 적응cultural adaptation(문화 변용acculturation)으로 시작하여 구조적·혼인적·동일시적 동화, 그리고 궁극적으로 시민적 동화로 – 가치와 권력관계의 측면에서 갈등의 골이 사라지고, 주류 사회의 편견과 차별이 부재한 상태 – 이어진다. 새로운 이주자의 지배적인 문화에 온전히 적응하든(앵글로족 동조 모델Anglo-conformity model) 기존의 사회적 핵심과 결합하여 새로운 주류 문화(용광로 모델melting pot)로 이어지든 상대적인 동질성과 사회-문화적 참여의 배타성, 그리고 한 장소에 대한 고정이 이 과정의 결과물이다. 종족적 차이는 이민수용국에서 태어나 여러 세대를 거친 후에 사라지거나 적어도 사회적 접촉과 구조적 통합에서 사소해질 것이다(Warner and Srole, 1945; Gordon, 1964).

'동화'라는 용어는 19세기 말 미국으로의 이민의 커다란 물결과 함께 등장했고 이 이론적 개념은 이 물결을 묘사하기 위해 의도되었다(Kivisto, 2005). 사실 대다수의 이주자 후손들은 19세기와 20세기 초에 유럽에서 왔고 종족적 구분은 이제 약화되었다. 원칙적으로 이주자에게 개방된 직업 기회는 다른 미국인에게 개방된 직업 기회와 동일하다. 많은 사람은 특히 부모 세대가 하층 계층에 속해 있던 것에 비해 상향 이동을 실현했다. 1세대가 사용한 언어와 함께 문화적 차이도 감소했다. 다양한 종족이 같은 거주 지역에 살게 되고 종족 간 결혼도 세대를 거치면서 이루어졌다. 이들 이주자들은 압도적으로 미국인으로 동일시되었다(Abba and Nee, 2003). 이민 초기의 대규모 물결로 미국에 도착한 사람들 사이에서 동화가 지배적인 통치 경향이었다는 것은 널리 공유되는 관점이지만 새로운 이주자에게도 마찬가지인지는 논란의 여지가 있다. 20세기 후반의 새로운 이주는 일반적으로 이전의 이주 물결과는 다른 것으로 간주되며, 더욱 다양한 상황과 조건에 따른 영향을 받고 있다(Alba and Nee, 2003). 특히 20세기 초에 발생한 미국으로의 이주와 다른 점은 대부분의 새로운 이주자들이 유럽 출신이 아니므로 문화적으로나 인종적으로 미국의 주류와 덜 유사하다고 간주되었다. 일반적으로 피부색에서 확실하게 구분이 되므로 인종 차별이 동화의 장애물로 등장한다. 또 다른 주요한 차이점은 취업 기회와 노동시장으로의 진입 과정이 근본적으로 변화했다는 것이다. 초기 이주자들은 번성과 확장의 경제에 직면하여 대다수가 더 나은 삶에 대한 꿈을 실현할 수 있었지만 새로운 이주자들은 좀 더 파편화된 상황에 직면하고 있다. 이동성 패턴은 더욱 다양해졌고 일반적으로 직업 안정성은 낮아졌다. 이러한 상황에서 동화가 여전히 주요 경향인지에 대해 더욱 논란이 되었고, 두 번째 통합 모델이 논의의 중요한 주제가 되었다.

이 두 번째 통합 모델은 이주 이후의 과정을 개념화하는 종족적 다원주의, 또는 문화적 다원주의cultural-pluralism이다. 종족적 다원주의를 지지하는 학자들은 문화적 적응과 동질성을 전제로 하는 대신, 이주자 제도가 특징적 문화들을 기반으로 남아 있어야 한다고 제안했다(Kallen, 1996). 이주자 통합은 고전적인 동화에서 제안된 것보다 이질적인 유형이기는 하지만 이 모델에서 종족적 동일시와 유대로부터 혜택을 받는다. 이주자들은 조상의 유산을 배양하고 특정한 문화적 특성, 음식 습관 및 종교적 신념을 유지한다.

소수 종족의 집단 거주지ethnic enclaves와 소규모 종족 기업은 이주자에게 취업 기회와 상향 이동성을 위한 선택 사항을 제공한다. 차이나타운과 미국 도시에 있는 리틀 이탈리아는 이러한 관점의 실제적 발현이다. 이러한 이질성의 관찰에 근거하여 학자들은 '용광로 모델melting pot'(Glazer and Moynihan, 1963)을 넘어설 필요성을 주장했으며, 자기 기술self-description과 외부 귀인external attribution 모두에서 종족 집단이 여전히 존재한다는 사실을 지적했다. 그러나 정적인 문화와 융통성 없는 종족적 정체성을 유지하는 대신 이들의 문화, 습관, 관심은 미국 사회와의 상호작용을 통해 변형되었다. 이 경우에 제기되는 논리적 질문은 '현대 미국에서 새로운 이주자는 무엇에 동화되는가?'이다(Glazer and Moynihan, 1963).

1970년대 종족적 다원주의 모델과 그것이 만든 논쟁은 동화의 개념을 재개념화하고, '직선적 동화straight-line assimilation'를 획일적이고 선형적인 세대 간 과정이라고 비판하는 데 기여했다. 종족 유지와 종족 정체성의 부흥은 '상징적 종족성symbolic ethnicity'(Gans, 1979)으로 묘사되었다. 이 유형의 종족성, 특히 이주 3세대, 4세대와 관련이 있는 유형은 주로 음식 습관, 상징의 소비, '전통적인' 복장과 축제일의 기념에서 표현되는 동시에 주류 사회의 중요한 기관에 통합된다. 또한 저자들은 이 과정의 비선형적 특성을 이주의 적응 과정의 변이를 인식하는 동화에 대한 '굴곡적 접근bumpy-line approach'(Gans, 1992)으로서 강조했다. 그러나 동화 모델도 종족적 다원주의 모델도 이주자의 삶과 활동에서 국경을 가로지르는 연계의 지속적인 관련성은 고려하지 않았다. 1990년대에 등장한 초국가적 관점은 이주의 결과로서 사회적 유대와 공간의 국경을 가로지르는 확장을 강조했다. 이 관점에서 이주자들은 정착국과 연결되어 있을 뿐만 아니라 정착국에서 주류 기관, 종족 기관과 접촉하면서 모국에도 관여한다. 따라서 이들은 동시에 두 장소에 연결되어 있으며 두 세계를 연결하는 사회적 공간 안에서 삶을 유지한다. 초국가적 문헌의 대부분은 오늘날 이주자들이 장거리를 넘어서 국경 양쪽의 가족이나 친족 네트워크를 통해 이중생활을 영위하고 있다고 제안한다. 이들은 둘 이상의 정치에 참여하고 문화적으로 여러 장소에 연결되어 있으며 국경을 가로지르는 경제적 활동에 적극적이다(Faist, 2000a).

따라서 초국가화는 이전의 두 모델과는 뚜렷하게 다른 새로운 통합의 형식으로 보인다. 특히 초국가화는 참여의 동시성에 의해 특징지어진다.

지금까지 동화와 초국가화에 관한 학술적 논의는 연구의 측면에서는 분리되어 논의해 왔으며, 각각의 통합 모델은 평행적으로 나란히 존재하고 여전히 따로따로 다뤄진다. 그러나 최근의 문헌들은 두 과정을 함께 다루는 연구가 점차 많이 증가하고 있다. 최근 연구는 정착국에서의 통합이나 동화와 더불어 이주자의 모국 또는 조상의 국가에 있는 공동체와 사람을 연결하는 초국가적 과정이나 현상의 관계를 함께 탐구한다(Morawska, 2003; Kivisto, 2003).

통합과 초국가성의 관계

이주자의 통합과 초국가성 간의 관계를 논의하는 관련 문헌은 새로운 탐구 영역을 열었다. 새로운 탐구 영역은 한편으로는 현상의 중요성에 관심이 있으며 정착국에서 적응하는 과정에서 초국가성에 의해 얼마나 많은 이주자가 영향을 받는지, 그리고 이들이 초국가적 활동에 참여하지 않는 사람들과 차이나는 특성을 보이는지 질문한다. 다른 한편으로는 경험 연구들은 이주자에 대한 긍정적이고 부정적인 결과를 보여주는 통합과 초국가화 과정의 다양한 조합과 변이를 제시한다.

초국가적 이주자 특징짓기

따라서 첫 번째 연구는 초국가화가 많은 이주자에게 영향을 미치는 현상인지에 관한 질문과 그러한 이주자와 다른 이주자 간에 차이가 있는지의 여부에 대한 질문을 기술하기 위해 '초국가적 이주자'의 특성을 조사한다. 초국가적 활동에 참여하는 '이민자의 특징적인 부류'(Portes et al., 2002: 284)가 있는가? 이주자의 이동성과 이주 이후의 과정에 대한 초국가적 연구는 주로 질적 연구에 기반하고, 종종 민족지학적 방법을 사용한다. 그러나 결과적으로, 현상의 정도를 결정하기 위해서는 정량적 연구가 필요했다. 또한 앞 절에서 자세히 설명한 것처럼 많은 학자는 초국가성이 좌절과 실패로 인해 아직 성공하지 못한 통합 과정을 나타내는 표시라고 가정했다. 그러므로 이들이 다른 이주자들보다 정착국 사회에 덜 통합되어 있는지 질문하는 것은 중요했다.

이러한 질문을 기술하는 데 이민자 기업가 비교 프로젝트CIEP는 초국가성의 정도, 미국에 거주하는 이민자들의 특유한 특성과의 연관성, 통합 과정과의 관계에 관한 정량적 데이터를 제공한 미국의 첫 프로젝트이다(Portes, 2001; 제2장과 주 4 참조). 유럽의 맥락에서도 처음 실시한 설문 조사가 존재한다(Snel et al., 2006). 설문 조사에는 성별, 결혼 여부, 자녀 수, 교육 수준과 같은 인구 사회학적 지표뿐 아니라 통합과 관련된 요소, 정착국에서의 거주 기간과 시민권 여부가 포함되었다. 고전적 동화 이론이라면 정착 과정에서 정착국에 대한 동일시와 지향성이 증가하는 반면, '모국'에 대한 동일시는 줄어든다고 예측할 것이다.

그러므로 새로운 국가에서의 거주 기간은 중요한 변수가 된다. 정착국에 도착한 지 얼마 되지 않은 이주자들 사이에서 초국가성은 특별한 강도를 나타내야 하며, 거주 기간이 좀 더 긴 이주자들의 경우에는 초국가적 지향성과 활동이 거의 나타나지 않아야 한다. 통합과 관련된 다른 변수로는 정착국의 시민권을 획득했는지 여부와 이주하기 전과 비교해 볼 때 사회 이동성을 경험했는지의 여부이다. 심각한 하향 이동성을 경험하는 이주자는 초국가적 활동을 더욱 적극적으로 참여할 가능성이 높을 것이다. 왜냐하면 이들에게는 동화가 가능한 선택이 아니기 때문이다.

이민자 기업가 비교 프로젝트CIEP 자료는 국경을 가로지르는 기업가의 경제적 활동과 정치적·사회-문화적 활동을 설명하고 다음과 같은 결과를 제공했다(Portes et al., 2002). 첫째, 초국가적 이주자는 존재한다. 이 연구에서 집중했던 초국가적 기업가는 자영업자이거나 사업체 소유주로 구성된다. 이들의 비즈니스 활동은 해외로 여행하는 것을 포함하고, 기업의 성공 여부는 국경을 가로지르는 정기적인 접촉에 달려 있다. 개인은 임금노동자나 국내에서 활동적인 자영업자와 공존하면서도 별개의 범주로 구성된다. 둘째, 이 집단의 규모는 비교적 작으며 전체를 대표하는 표본의 단 5%로 구성된다. 그럼에도 자영업자 중에서 초국가적 기업가는 58%를 차지한다. 셋째, 정착국에 도착한 지 얼마 되지 않은 이주자이거나 직업적인 실패를 경험한 이주자 중의 어느 부류도 초국가적 활동과 긍정적인 관계에 있지 않다. 오히려 거주 기간이 길고 사회적·경제적으로 좀 더 안정적인 상황에 놓여 있는 사람들이 초국가적 기업가의 범주에 있을 가능성이 높다. 이 결과는 고전적인 동화 이론의 가장 핵심적인 예측을 거스르는데, 고전적인 동화 이론에서 정착국에서의 성공적인 통합은 종족 시장이나 초국가적 틈새시장에서의 활동이 아닌 정착국의 주류 노동시장에서의 구조적 동화를 의미하는 것이다. 따라서

이 자료는 초국가적 기업가가 국내 자영업자와 임금노동자보다 훨씬 교육 수준이 높고 경제적으로도 더 성공적이라는 것을 보여준다. 게다가 기존의 동화 이론이 예상하는 것과 달리 초국가적 기업가는 미국 시민권을 획득한 사람일 가능성이 높으며 표본의 평균적인 거주 기간보다 더 오랜 기간 미국에 거주했을 가능성이 크다(Portes, 2001: 188).

이 연구는 이주자들의 초국가성 정도와 형태에 영향을 미치는 상황적 요인을 확인한다. 이러한 요인들은 주로 떠남과 받아들임의 맥락과 관련 있다. 출신국 맥락의 구체적인 역사적 상황이 이주자들 사이에 강한 유대를 장려하는 경우, 이주자들은 초국가적 활동에 더욱 집중적으로 참여한다. 이민자 기업가 비교 프로젝트CIEP 연구에서 이 사례는 살바도르 출신의 이주자로 대표되는데, 이들은 살바도르 내전 이후 살바도르 사회와 강한 유대를 맺고 있다.

평화와 민주주의를 회복한 후에도 이들의 초국가적인 사회적 네트워크는 계속 해서 존재했고 이 네트워크로부터 비즈니스 활동이 성공적으로 발전되었다.

이와는 반대로, 출신국이 같은 동족 집단 사이에 강한 불신이 특징적으로 보이는 종족 집단은 결과적으로 정착국에서도 초국가적 기업 활동이 더 적게 나타났다. 이와 같은 이민자들은 급여를 받는 직장에서 발견된다. 콜롬비아 출신의 인터뷰 사례에서 이들은 모국과 거리 두기를 하는 관계를 공유하며 결과적으로 광범위한 폭력과 마약을 거래한다는 의혹을 받고 있다.

다른 세 가지 설명도 초국가성과 통합 간의 관계에 관해 제공되었다(Itzigsohn and Saucedo, 2002). 초국가적 활동들은 이주자를 단순히 모국의 가족과 친족을 연결하는 유대 관계의 연속일 수 있다. 이주자들은 모국에 남아 있는 사람들과 연락을 유지하고 송금을 보내며 가족들을 자주 방문할 수 있다. 이와 같은 형태를 '선형적 초국가주의linear trasnationalism'라고 부른다. 이러한 사례는 시간이 지남에 따라 이주자가 적응 과정을 거쳐 정착국에 통합되면서 그러한 유대가 약화될 것으로 예상된다. 이 시나리오는 동화 이론의 전통적인 예측과 동일선 상에 있는 것이다.

두 번째 형태는 이주자들이 연락을 유지하고 싶더라도 국경을 가로지르는 집중적인 교류에 참여할 수 있는 자원이 부족하기 때문에 초국가적 활동이 존재한다. 새로 정착국에 도착한 이주자는 종종 직장을 구하고 일상생활을 영위하는 데 어려움을 겪기 때문에 집에 가거나 돈을 보낼 재정적 수단이 없을 수 있다. 경제적인 상황이 개선되면 다양한 초국가적 활동에 참여하기가 더 쉬워 질 수 있다. 이들이 충분한 경제적 독립을 이루면 이주자는 초국가적 기업가가 될 수도 있다. 이것이 바로 '자원 의존적resource dependent 초국가주의'다. 이 경우 통합은 초국가적 활동보다 우선하거나 병행한다.

세 번째 형태는 사회적 지위를 발전시키고 향상시키기 위한 노력이 좌절됨 으로써 나온다. 초국가성은 적어도 모국에서 금전적 기여를 통해 자신의 명성 을 높이고, 그러한 결과로 친족과 공동체에게 인정받을 수 있는 선택 사항이 된다. 이런 점에서 이주자들은 정착국의 차별에 직면하여 초국가적 참여를 할 수밖에 없을 수도 있다. 이러한 형태의 초국가주의는 '반동적reactive'으로 여겨진다. 이 형태와 통합과의 관계는 주변화와 차별로 인한 부정적인 경험에 대한 반응에 놓여 있다.

이치그손과 소세도S. Saucedo는 CIEP 자료를 사용하여 위의 설명들을 검증했고, 이주자의 소속감을 조사하기 위해 사회-문화적 활동에 초점에 맞췄다(Itzigsohn and Saucedo, 2002). 각 지표에는 모국 협회 참여, 집합적 프로젝트를 위한 자금 송금, 모국 축제와 다른 유사한 사회-문화적 활동의 참여가 포함되었다. 연구자들이 발견한 결과는 초국가적 기업가에 대한 발견과 유사하다. 미국에 더 오래 거주한 사람들이 초국가적 문화 활동에 참여할 가능성이 더욱 높다. 또한 모국 귀환 지향성은 이주자가 귀국하고 싶은 장소와의 연락을 유지하도록 하기 때문에 초국가적 사회-문화 활동에 긍정적인 영향을 미치게 되어 선형적 초국가주의의 가설이 지지된다. 이것은 동화 이론과 일치한다.

자원 의존적 초국가주의에 깔려 있는 가설은 거의 지지되지 않는데, 그 이유는 자원이 거의 없는 사람들도 초국가적 공간에 참여하기 때문이다. 여기서 실업자 관련 자료만이 어느 정도의 통합이 이루어진 후에야 초국가적 참여가 따른다는 가설을 확인하는 것으로 보인다. 정착국에서의 차별과 부정적인 인식의 경험은 반동적 초국가주의 가설에 기초한 초국가적 활동과 긍정적으로 관련된다.

네덜란드의 이주자를 대상으로 한 초국가성과 통합 관계에 대한 연구도 CIEP의 주요 결과를 뒷받침하며 개인적인 관계를 포함한다. 개인적인 수준에서 '교육 수준, 사회적 지위나 체류 기간에 관계없이 모든 이주자 사이에 초국가적 활동이 발생한다'(Snel et al., 2006a 29). 유럽 국가에서는 초국가적 기업가는 드문 편이지만 대다수 이주자는 가족과 친구와 관련된 사적인 종류의 초국가적 활동에 참여한다.

그러나 초국가적 기업가는 교육 수준이 높을수록 더욱 빈번히 발견되므로,

초국가적 활동에 참여하기 위해서는 최소한 국경을 가로지르는 경제활동을 위해 일정 수준의 통합이 필요하다는 자원 의존적 설명을 지지하게 된다. 다른 한편으로, 노동시장에 통합되지 않은 사람들은 통합된 사람들보다 초국가적 활동에 더 집중적으로 참여하지는 않지만 모국과 더욱 높은 수준으로 동일시를 보인다. 이 같은 결과는 이주자가 초국가적으로 활발하게 참여하기 위해서는 특정 수준 이상의 자원이 필요하다는 발견을 다시 지지하는 것으로 볼 수 있다.

이러한 결과는 CIEP의 자료 분석에서 도출된 다른 많은 결과와 함께 초국가성이 현대 이주의 중요한 특성임을 보여준다. 그럼에도 이주자들이 초국가적이 되는 정도는 상당히 다양하며 이주자의 일부는 전혀 초국가적 활동에 관여하지 않는다. 또한 초국가적 참여는 영역에 따라서도 차이를 보인다. 적은 수만이 초국가적 기업가로 활동하는 것과는 다르게 사회-문화적 영역에 참여하는 수준은, 특히 가족 유대에 관해서는, 많은 수의 이주자들이 명백하게 초국가적이 될 자격을 갖추고 있다. 거주 기간이 길고 점진적으로 통합될수록 초국가적 유대는 사라지지 않는다. 중요한 것은 초국가화와 통합이 양립된다는 것이다.

두 가지 과정이 동시에 나란히 진행될 수 있고, 정착국에서 더 안정적으로 자리를 잡은 거주 기간이 긴 이주자가 특히 경제적 활동에서 초국가적일 가능성이 높다. 여전히 반동적인 형태의 초국가화가 존재한다. 주변화된 이주자들은 제한된 통합 기회와 차별의 경험에 직면하여 모국 공동체와 모국으로 자신의 관심과 동일시의 방향을 전환한다. 이러한 복잡한 연구 결과를 보면, 통합과 초국가화가 전적으로 상호 배타적이지 않다는 결론을 내릴 수 있다. 오히려 이 둘은 서로 다른 방식, 다양한 정도의 성공과 관련된 두 가지 다른 측면을 반영한다. 그러나 이러한 역동성을 파악하려면 통합에 대해 좀 더 개방적이고 덜 선형적이며 덜 정적인 이해가 필요하다.

통합과 초국가주의 간의 조합과 변이

초국가성과 통합을 국면의 차이에 따라 분리하는 선행 연구는 이 두 과정의 선택적인 결합을 드러내준다. 학자들은 특히 관련된 영역(경제적·정치적·사회-문화적)에 걸쳐 다르게 결합되는 변형에 주목했다. 여기서 통합은 반드시 선형일 필요가 없는(Levitt, 2003; Morawska, 2003; Kivisto, 2005) 다차원적이고 복잡하며, '굴곡 이론'(Gans, 1992)을 따르는 경향으로서 개념화된다. 마찬가지로 초국가화는 동질적인 과정이 아니며 초국가적 활동의 여러 측면이 하나의 패키지처럼 함께 변화하지 않는다(Levitt, 2003: 180).

결과적으로 통합과 초국가화의 관계는 단일하지 않으며 각기 다른 사회적 영역에서 각기 다른 결과를 초래할 수도 있다. 예를 들어 레빗P. Levitt는 이동, 제도화 정도, 범위, 유형, 활동 목표(정치, 경제, 종교)와 사회경제적 특성(계층과 단계)과 관련한 초국가성의 다양한 변이를 제안한다. 이러한 다양한 측면은 이주자들 사이에서 수많은 방식으로 결합된다.

> 장거리에서 연로한 부모와 자녀를 보살피는 이주자나 자신의 농장이나 상점의 관리자로부터 보고서를 받는 이주 투자자는 비록 자신의 이동성은 제한적이지만 빈번하게 국경을 가로지르는 접촉에 관여한다. 종교기관의 신자인 이주자는 일년에 단 한 번 모국으로 돌아가지만 매주 종교 지도자와 상의하는 정기적이고 패턴화된 초국가적 활동에 참여한다(Levitt, 2003: 180).

이주자들은 자신의 삶에 의미 있는 방식으로 초국가적 활동에 참여하는 동시에 정착국에도 중요한 방식으로 배태되어 있어서 문화 변용, 즉 문화 교류와 적응, 잠재적으로는 동화를 경험하게 되어 있다. 개인 이주자는 상향 이동, 하향 이동과 관련하여 모국 참여와 새로운 국가에서의 통합을 각기 다른 방식과 각기 다른 수준에서 성공을 결합한다(Levitt, 2003; Morawska, 2003 참조).

레빗은 다양한 조합과 성공을 세 가지 이념형을 묘사하는 전형적인 이야기들과 관련시켰다.

1. 첫 번째 이야기: 에두아르도Eduardo는 여러 해 동안 가족과 함께 미국과 도미니카공화국 양 국가에 살고 있지만, 어느 사회에도 적응할 수 없었으며 두 사회 모두 익숙하지 않은 느낌이 들었다. 그는 전반적으로 두 환경 속에서 사회적·경제적으로 주변화되었다.

2. 두 번째 이야기: 토마스Thomas는 미국으로 이주한 부모에게서 태어나 성공한 전형적인 사례로 상당한 상향 이동을 실현했다. 토마스는 인생의 어느 시점부터 부모의 모국인 아일랜드에 관심을 가지면서 점점 더 매료되었다. 이 시점에서 그는 정기적으로 아일랜드를 방문했고, 현재는 아일랜드의 여러 지역사회 프로젝트에 참여하고 있다.

3. 세 번째 이야기: 프라티카Pratika와 디파Deepa는 인도에서 태어나 미국에서 거주하는 부부이다. 이들 부부는 미국과 인도에서 얻은 자원을 통해 경제적 성공을 거두었다. 가족의 유대와 종교적 신념과 습관은 이들을 인도와 연결시켰다.

세 가지 이야기에서 개인 이주자는 모두 각기 다른 길을 따른다. 초국가화와 통합을 결합하고 정착국의 다른 부문에 동화되면서 다른 수준의 성공을 거두었다. 따라서 이들 연구에서 분명하게 보여주는 것은 통합(또는 동화)과 초국가성의 개념이 동일한 것을 의미하지는 않는다는 것이다. 동화는 정착국으로의 통합에 초점을 맞추고, 초국가화는 일반적으로 이주자의 국경을 가로지르는 유대와 관련된다. 두 가지 조합은 다양하며 그 결과물의 차이는 크다.

이주 2세대의 초국가성

초국가성의 타당성에 대한 동화 이론가들의 주요 비판 중의 하나는 초국가성은 항상 존재해 왔으며, 이는 1세대 현상일 뿐이라는 것이다. 그래서 시간이 지남에 따라 모국과의 관계는 특히 정착국에서 태어난 이민자 자녀에게서 사라진다는 것이다(Fouron and Schiller, 2001: 64; Alba and Nee, 2003). 따라서 온전한 동화가 여러 세대에 걸쳐 이루어질 것으로 예상되므로 초국가성의 중요성에 대한 '진짜' 질문은 2세대나 3세대에게로 초점을 맞추는 것이다. '2세대Second Generation 초국가주의'라고 할 만한 것이 존재하는가?(Jones-Correa, 2002)

그러나 2세대와 관련해서 여러 가지 문제가 제기되며 초국가적 관점에서 보았을 때 이러한 문제들은 증가된다(Fouron and Schiller, 2001; King and Christen, 2010b). 2세대는 일반적으로 이주수용국에서 출생하거나 특정 연령, 일반적으로는 6세에 이주한 어린이로, 다시 말해 취학연령 이전에 이주한 이주자 자녀로 정의된다(Thomson and Crul, 2007). 때로는 기준 연령이 12세가 되기도 하고(Portes and Rumbaut, 2001), 다른 기준을 적용한 정의에 의하면 외국에서 태어난 부모와 동반하여 이주한 자녀는 1.5세대로 간주된다(제3장 참조).

부모의 국적이나 출신국이 서로 다르면, 예를 들어 부모 중의 한 명은 정착국에서 태어났고, 다른 한 명은 이민 1세대일 경우 상황은 더욱 복잡해진다. 게다가 이주자의 자녀들은 부모가 새로운 나라에서 삶을 진전하려고 노력하는 동안 종종 모국으로 보내져 모국에 남겨진 가족, 친척과 함께 살게 된다.

예를 들어, 에두아르도(Levitt, 2003)의 경우, 그의 아버지 디오메데스Diómedes는 그가 태어나기 전에 임신한 아내 마르셀라Marcela를 남겨두고 도미니카공화국을 떠나 보스턴으로 향했다. 에두아르도가 생후 몇 달밖에 되지 않았을 때, 마르셀라는 보스턴으로 갈 수 있는 비자를 받았다. 그러나 그녀가 받은 비자에 자녀는 포함되지 않았기 때문에 그녀는 에두아르도를 남기고 어머니와 함께 남편이 있는 보스턴으로 갔다. 5년 후 에두아르도가 미국에 도착했을 때 그의 부모는 이미 이혼을 한 후였고, 어머니는 다른 남자와 재혼해 있었다. 에두아르도는 보스턴의 새로운 환경에 적응하는 데 어려움을 겪었으며, 특히 영어 실력이 부족하여 미국 학교에 적응할 수 없었다. 몇 년 동안 적응하는 데 진전을 보지 못하자 그의 부모는 그를 할머니와 함께 살게 하기 위해 다시 도미니카공화국으로 보내기로 결정했다. 몇 년 후, 할머니는 손자 양육이 점차 힘에 부친다고 느꼈고, 그는 다시 보스턴으로 돌아왔다. 18세가 될 때까지 에두아르도는 이미 다섯 번이나 도미니카공화국과 보스턴 사이를 왕복했다.

다른 사례의 경우, 이주자 자녀는 끝까지 부모한테 가지 못하고 부모가 곧 돌아올 것이라는 희망 속에서 모국에 남겨진 다른 가족 구성원과 함께 살아간다. 이 사례와 같이 오늘날의 현실을 분석한 초국가적 가족 연구(Hondagneu-Sotelo and Avila, 1997)에서 국경을 가로지르는 새로운 형태의 육아가 관찰될 수 있다(제2장 참조). 결과적으로, 2세대는 매우 다양한 경험을 겪고 있다. 예를 들어, 미국의 아이티 출신 부모 중에는 아이티에서 태어난 자녀의 연령이 10대가 되면 미국으로 데려오거나, 아니면 미국에서 태어난 자녀를 다시 아이티로 보내 아이티에서 성장하도록 한다. 미국에서 태어나고 자란 자녀들의 경우도 있다. 결과적으로, 자녀들은 아이티에 대한 지식 정도가 매우 다르고, 미국 사회에 대한 경험도 큰 차이를 보인다(Fouron and Schiller, 2001: 64).

또한, 오늘날과 같이 국경을 가로지르는 밀집된 공간이 증가하면서 반드시 이주자의 자녀만이 아닌, 조카와 같은 다른 어린이와 청소년들도 초국가적 사회 공간에 포함된다. 이들은 해외에 있는 가족과 의미 있는 연락을 유지하기 위해 일상생활에서 국경을 가로지르는 의사소통에 참여하고, 모국 마을로 돌아와서 장기간의 여름휴가를 보내는 부모님의 사촌과 여가 시간을 함께 보낸다. 이들은 '초국가적 2세대transnational second generation'의 일부로 간주되어 왔다(Schiller and Fouron, 1999).

이것은 2세대 자녀가 이주자 부모와 같은 방식으로 그리고 같은 수준으로 초국가적이라는 것을 의미하는가? 이 질문에 대한 명확한 대답은 아직 없지만, 대답을 한다면 그럴 것 같지는 않다는 것이다. 이주수용국에서 태어나고 자란 2세대는 분명히 다른 경험을 가지고 있고, 이민 사회에 더 많이 노출되어 있으며, 일반적으로 어떤 방식으로든 그 사회의 문화에 익숙해져 있다. 그러나 이주자 자녀의 초국가적 경험과 정체성이 뚜렷하게 나타나는 것이 오늘날의 현실이며, 때로는 고전적 동화 이론에서 개념화된 것보다 더 세분화된 동화 경로와 엮여 있다(Portes and Zhou, 1993).

2세대의 모국 귀환, 다시 말해 부모의 출신국으로 향하는 자녀 세대의 독립적인 모국 귀환 이주도 경험 연구의 사회적 현실이 되었다. 이것은 비단 이주 송출국이 이주자의 송금과 투자를 통해 모국 발전을 지원하도록 해외 공동체의 충성심과 기술을 요구하기 때문만은 아니며 이주 노동자채용제도에서 우호적인 대우를 제공해 주기 때문만도 아니다.

일본의 예를 보면, 20세기 전반에 일본 노동시장의 일손 부족을 메꾸기 위해 일본 정부는 특히 1980년대와 1990년대에 브라질 및 다른 라틴아메리카 국가로 이주한 일본인 이주자의 2세대, 3세대 후손을 겨냥했다(Tsuda, 2003). 이 모국 귀환의 기회에 약 25만 명의 일본계 브라질인이 응했다. 그러나 결국 일본으로 귀환한 후에 일본계 브라질인들은 자신이 일본의 문화적 기준에 순응할 수 없다는 것을 깨달았고, 그에 대한 대응으로 브라질인의 정체성과 라이프스타일을 더욱 강하게 재형성하기 시작했다.

2세대의 '귀환' 이주는 초국가화와 밀접하게 연결되어 있다. 이주 전과 후에 이루어지는 유대와 방문을 통해, 그리고 양방향에서 흐르는 지속적인 국경 간 유대를 통해 초국가화와 연결된다. 그러나 이들의 귀환은 초국가적 유대를 종식시키고 이주의 고리를 닫을 수도 있다(King and Christou, 2010a). 따라서 2세대는 정착국의 사회에 통합되어 초국가적 유대 관계를 매우 약하게 유지하거나 전혀 유지하지 못할 수도 있다. 이것이 대다수의 2세대가 처한 상황일 수도 있다.

또한 이주자의 자녀는 부모의 모국으로 돌아와 모국 고향에 통합되어 자신이 출생한 국가에 계속 관여되기를 원하지 않을 수도 있다. 선행 연구에 의하면 이러한 현상은 매우 적은 수의 사람들만이 관련된다는 결론을 내릴 수 있다. 일부 이주자 자녀들은 초국가적 유대 관계와 활동을 유지할 수 있지만, 그 의미와 내용은 1세대가 맺었던 유대 관계와 활동과는 다를 수 있다. 또한 초국가적 사회 공간(관계 및 네트워크)에는 초국가적으로 활동적이지 않은 사람들도 참여하기 때문에 한 장소에 전적으로 통합된 이주자의 자녀는 적어도 잠재적으로만 초국가적이라고 할 수 있다(Jones-Correa, 2002). 이들 중 일부는 자신의 생애 주기나 위기의 시기에서 개인적으로든 정치적으로든 초국가적 유대를 다시 활성화할 수 있다. 그런 의미에서 이주자의 자녀는 비이주자와는 차이가 있다.

동시에 비이주자, 심지어 이주자와 연결되지 않은 사람 중의 일부도 오늘날 초국가적일 수 있으며(Man, 2007) 이주자와 비이주자의 자녀들 사이에도 유사성이 존재할 수 있다. 국경을 가로지르는 접촉을 유지하거나 먼 거리의 장소들에 부착된 애착의 감정에서 유사성이 존재할 가능성이 있다. 그러나 중요한 차이점은 남아 있다. 첫 번째 집단의 경우 초국가적 애착은 부모의 이주 경험과 출신국의 장소에 의해 유발되는 반면, 두 번째 집단의 경우 초국가성은 다른 유형의 경험, 글로벌 미디어, 전 지구적 위기, 진화하는 세계시민적cosmopolitan 사고에 배태되어 있으며, 이에 대해 잘 알려져 있지 않다.

이주자 협회: 통합과 초국가화의 수단

이주자에 의해 형성된 여러 종류의 협회들은 통합과 초국가화에 관한 문헌에서 다루는 또 다른 중요한 초점이다. 이주자 협회migrant associations는 시민사회의 초국가화에서 중요한 역할을 하며 시민사회의 초국가화는 제8장에서 논의될 것이다. 이주자 협회는 또한 이주자의 정착국에서의 통합을 위한 적절한 수단으로도 간주되기도 한다. 오늘날에는 좀 더 포괄적인 의미로 이주자 단체 migrant organizations로 일컬어지는 이민자 종족 협회immigrant and ethnic associations는 통합을 용이하게 한다. 왜냐하면 새로운 사회에서 정착을 위한 사회적 지원과 기초적인 예비교육과 같은 관련 기능을 수행하고 자문을 제공하며 네트워크를 통해 일자리를 찾거나 여가 활동이나 종교 서비스를 조직하는 데 도움을 주기 때문이다(Moya, 2005).

일부 학자들은 이주자 단체의 역할을 이주수용국의 주류 사회가 아닌 종족 공동체 내에서 통합과 응집에 기여하는 종족 기관으로 강조했다(Breton, 1964). 이러한 연구의 대부분은 일반적으로 이주자 협회가 종족 정체성을 형성하는 표현이라는 사실보다는 협회가 수행하는 교량 기능을 강조한다. 종족적 다원주의나 다문화주의 관점에서 볼 때 이주자 단체는 문화적 다양성이 제도화된 형태로서 환영받고 있으며, 오늘날에는 종종 복지를 수행하는 행위자로서 지원을 받는다(Jenkins, 1988; Fauser, 2012). 이주자에 의해 설립되는 협회는 외견상 증가하고 있고, 이 협회들은 이주자의 고향 마을에 초국가적으로 관여한다(제4장과 제8장 참조). 이 단체들은 이주자의 모국에 대한 애착을 이끌어 내면서도 본래는 정착국에 대한 애착을 조성할 것으로 기대되었다. 왜냐하면 단체를 운영하려면 필연적으로 정착국 기관들과의 교류를 끌어들이기 때문이다(Layton-Henry, 1990).

그러나 많은 이주자 단체는 사실상 다중적 측면과 초점을 갖는다(Cordero-Guzmán, 2005; Fauser, 2012). 비교 연구를 위해 선택된 미국 도시에서 지역적으로 운영되는 단체와 초국가적 이주자 단체를 비교한 결과 후자도 전자처럼 거의 비슷하게 정착국의 기관과 연관되는 것으로 나타났다(Portes et al., 2008). 따라서 이들 이주자 단체에서 출신국의 개발을 위한 계획뿐 아니라 정착국 사회의 통합을 위한 의제도 찾아볼 수 있다. 게다가 이주자 집단과 협회는 국경의 양 측면에서 인권과 소수 종족 권리를 위한 로비를 벌인다. 이러한 로비 활동에는 미국과 멕시코 사이에서 운영되는 원주민 권리나(Rivera-Saigado, 1999), 독일과 터키에서 벌어지는 유럽적 규모의 쿠르드 운동(Østergaard-Nielsen, 2003b)과 같이 다양한 사례가 포함된다.

초국가적 관점을 취하는 학자들은 통합과 초국가화는 개인 수준뿐만 아니라 협회 차원에서도 상호 관련이 있다고 주장했다(Østergaard-Nielsen, 2003b; Smith, 2007; Portes et al., 2008). 세계화 시대에 여러 형태의 통합과 함께 가족, 문화적 정체성, 정치적 참여 또는 사회적 불평등과 사회화 같은 핵심적인 사회학적 개념을 이해하기 위해서는 한 장소에서만 발생하는 것에 초점을 둔 단일한 측면의 관점은 시야가 너무나 좁다. 고전적 동화 개념은 오래된 뿌리에 대한 애착이 약화되는 것과 병행하여, 새로운 사회에 대한 문화적 적응에서 관련 주류 기관으로 구조적 통합에 이르는 과정을 묘사한다.

그러나 이 개념은 초국가적 관점에 의해 도전받아 왔다. 이러한 관점으로부터 사회적 공간이 국경을 넘어 확장한다는 것이 밝혀졌고 통합과 초국가화의 과정은 공존할 뿐만 아니라 종종 밀접하게 얽혀 있는 것으로 나타났다. 말할 필요도 없이 모든 이주자가 이 두 가지 과정에 모두 관여하는 것은 아니며, 이주자마다 각 과정에 참여하는 정도에서 차이를 보이고 참여 형태를 결합하는 방식도 각기 다르다. 일부 개인과 집단의 경우 어떤 조합은 성공적인 결과를 가져오는 반면 다른 조합의 경우 주변화를 초래한다. 두 결과에 영향을 주는 조건과 기제를 좀 더 정확하고 심층적으로 파악하려면 추가적인 연구가 필요하다. 조합의 다양성은 초국가성이 생애 주기와 사건의 복수화의 단 하나의 요소가 아니라는 것을 보여주며, 초국가성 그 자체가 복수의 형태로 존재한다. 초국가적 관점의 기여는 이전의 관점을 대신하는 새로운 통합 모델을 도입하는 데 있지 않다.

오히려 초국가화를 고려하면 동화 이론이나 문화적·종족적 다원주의 모델에서 고려된 것보다 훨씬 복잡한 역학을 드러내고 새로운 통찰을 창출한다. 초국가적 관점은 1960년대 중반에 제기된 '무엇으로 통합되는가?'라는 질문을 다시 이어간다. 오늘날의 통합 경로는 상향 이동이나 하향 이동, 그리고 주변

화를 포함하며 더욱 다양해졌다. 현대사회는 그 어느 때보다 문화와 생활양식
이 훨씬 복수적이고, 많은 사람이 여러 가지 정체성을 의도적으로 사용한다.
국경을 가로지르는 참여는 심지어 이들을 여러 위치에 연결할 수도 있다. 이러
한 과정과 그 상호작용을 이해하는 것은 21세기 사람들의 삶과 사회적 변화를
이해하는 데 중요하다.

Chapter 06

국가와 시민

초국가적 정치 활동과 제도

시장과 가족은 국경을 가로지르는 방식으로 매우 쉽게 생각할 수 있지만 국가와 시민은 그렇지 않다. 규범적인 정치 이론과 경험적 사회 조사의 대부분은 국가와 시민 사이의 관계가 마치 시민의 정치 활동이 반드시 하나의 국민국가의 영토적 경계 내로 한정되어야 하는 것처럼 개념화된다. 정치 영역에서의 국경 가로지르기의 거래는 종종 디아스포라 연구와 같은 특정 이론이나 연구 분야로 밀려나 있다. 그러나 이주자들의 국경을 가로지르는 관행은 1세기 이상 된 정치적 생활의 규칙적인 특징이었으며 정착국과 출신국 양쪽 국가에서 멤버십에 관한 중요한 의문을 제기했다. 두 국가 모두에서 이해관계를 갖는 이주자를 고려해 보자. 지난 수십 년 동안 국민국가들은 이주자가 출신국의 여권과 정착국의 여권을 모두 소지할 수 있는 권리에 점차 관용적이 되었다. 이주자는 이중시민권dual citizenship을 가지고 있다.

그러나 이런 상황은 다음과 같은 질문으로 연결된다. 이중시민권자는 정착국과 출신국의 양쪽 국가에 모두 충성하는가? 두 국가 모두에서 투표권과 같은 권리를 행사할 수 있는가? 이주송출국은 해외에 거주하는 (이전) 시민들과의 연계를 유지하기 위해 어떤 정책을 사용하는가? 그러한 정책은 이주자의 초국가성에 어떤 기여를 하는가? 따라서 이중시민권은 국경을 넘어 개인, 집단 및 단체의 사회적이며 정치적인 활동을 탐구하고, 다른 한편으로는 이주수용국, 이주송출국, 연속적 이주국의 변화하는 멤버십과 정치 제도를 탐색하기에 이상적인 연구 지점이다.

정치 제도와 정치적 활동에는 이중성이 있다. 정치 제도는 초국가적 정치 활동의 기회를 제공하는 한편, 정치적 활동은 정치 제도의 변화에 기여한다. 시민권은 현대 정치의 기본 제도 중의 하나이다. 국가적으로 경계 지어진 정치체의 국경을 가로지르는 정치적 활동은 하나의 영토적 국가, 하나의 국민, 하나의 국가 주권의 삼위체가 제공하는 온전한 구성원권의 일치성에 도전한다 (Faist, 2004b: 331~332). 정치 제도는 일반적으로 영토와 구성원권의 경계를 표시한다. 초국가적 활동이 국가의 컨테이너를 가로지르는 네트워크와 사회 공간에서 일어나기 때문에 정치적 활동들은 병치될 수 있다.

초국가적 관점은 국민국가의 국경을 가로지르는 거래망을 살펴본다. 분석적 관점에서 초국가적 접근은 하나의 분야에만 치우침 없이 국경을 초월하는 내셔널리즘과 초월적 국민 개념의 정치적 공동체 둘 다를 설명한다. 초국가적 활동에는 정착국과 출신국의 양국 정치 모두에 대한 국경을 가로지르는 참여의 형식을 포함한다. 국경을 가로지르는 정치적 거래에는 세 가지 유형이 있다.

첫째, 이주자들은 모국의 정치에 직접 관여할 수 있다.

둘째, 이주자들은 정착국의 정치 제도를 통해 모국의 일에 관여할 수 있다 (Østergaard-Nielsen, 2003a: 765).

셋째, 이주자들은 영사관을 통해 모국에 호소함으로써 정착국에서 정치에 참여할 수 있다. 이러한 모든 경우에 투표나 로비와 같은 정치적 참여는 다른 국가의 정치적 사건의 영향을 받는다.

다음의 분석은 이중시민권과 국경을 가로지르는 정치적 활동에 대한 관용의 증가로 표현되는 시민권의 경계 변화가 어떻게 영토적 경계와 그러한 경계 내의 하나의 국가 주권과 하나의 국민에 의해 더 이상 제한되지 않는 국가의 멤버십에 도전하는지 제시한다. 첫째, 이 장에서는 시민권의 개념과 세 가지 주요 측면, 즉 정치적 자유와 민주주의, 시민과 국가의 권리와 의무, 그리고 종종 국민으로 개념화되는 집합적 소속을 검토한다. 둘째, 좀 더 높은 수준의 관용을 향한 이중시민권의 정책 변화를 살펴보면서 논의를 계속한다. 이 부분은 변화를 이끌어온 이주수용국과 국제기구에 초점을 맞춘다. 물론 이주송출국이 이중시민권 정책 변화에서 중요한 역할을 하지 않는다는 것을 말하는 것은 아니다. 그러나 이주송출국은 주로 이주수용국의 법적 변화를 따르는 경향이 있다. 셋째, 시민권 정치와 초국가성 분석에 관한 논의를 다룬다. 여기서의 초점은 디아스포라와 같은 집합적 행위자의 정치적 활동을 민주화와 국민국가 건설의 측면에서 다룰 것이다.

시민권: 개념적 스케치

시민권은 논쟁의 여지가 있고 규범적인 개념이며(Walzer, 1989), 오늘날에는 국민국가의 구성원권을 종종 지칭한다. 시민권에 대한 권위 있는 정의는 없다. 아리스토텔레스적인 전통에 따르면, 시민권은 통치 여부와 상관없이 동등한 정치적 자유를 목적으로 하는 정치적 공동체에 속한 사람들의 온전한 구성원권의 표현으로 구성된다(Aristotle, 1962: III.1274b32~1275b21 참조). 시민권은 법적 개념, 즉 법적 시민권이나 국적, 그리고 정치적 개념으로서 중요하다.

정치적 개념으로서 시민권은 동등한 정치적 자유, 권리와 의무, 집합적 소속의 세 가지 주요 요소를 갖는다. 법적 개념으로서 시민권은 한 국가에 대한 온전한 구성원권과 그에 따라 수반되는 국가의 법과 권력에 대한 복종을 나타낸다. 국적의 국가 간 기능은 명확하게 경계 지어진 영토 내에 있는 사람을 정의하고, 때때로 적대적인 시기에 외부 세계로부터 이들을 보호하는 것이다. 국적의 국가 내 기능은 구성원의 권리와 의무를 정의하는 것이다. 국내 관할 사항 domaine reservé, 독점적 역량의 원칙에 따라 각 국가는 시민권에 요구되는 기준을 자기 결정권 내에서 결정한다. 구성원 자격에 대한 일반적인 조건 중 하나는 국민이 해당 국가와 '진정한 유대genuine link'인 일정한 종류의 밀접한 관계를 갖는 것이다.

반면, 시민권을 논쟁의 여지가 있는 정치적 개념으로 볼 때 국가와 민주주의 관계에 관한 것이 된다. '국가 없이는 시민권이 없고, 시민권 없이는 민주주의가 있을 수 없다'(Linz and Stepan, 1996: 28). 본질적으로 시민권은 집합적 자기 결정, 즉 민주주의 위에서 구축되고, 본질적으로 세 가지 상호적인 자격 요소 ― ① 동등한 정치적 자유와 자기 결정이 법적으로 보장된 지위, ② 모든 구성원의 동등한 권리와 의무, ③ 정치 공동체의 소속 ― 로 구성된다.

1. **동등한 정치적 자유**: 시민권은 규칙의 수용과 규칙 결정 과정의 측면에서 민주적 적법성 원칙과 관련된다. 이 첫 번째 기본적 차원에서 흘러나오는 시민권 관행은 시민과 정치 공동체 간의 관계가 시간이 지남에 따라 전개되는 방식, 특히 시민이 시민권을 협상하고 형성하는 방법이다. 이상적으로는 동등한 정치적 자유를 부여받은 시민들은 자신들이 제정하고 정당성에 동의한 법률을 준수한다. 정치적 자결을 유도하는 그러한 민주적 절차가 없다면 시민은 국가 주권의 대상에 지나지 않을 것이다.

첫 번째 요소인 민주주의에 대한 특정한 도전은 국경을 가로지르는 상황에서 발생할 수 있다. 해외에서 투표하거나 집합적인 로비를 하는 정치 영역의 초국가적 활동은 국가의 경계를 넘어가지만 시민권은 경계가 있다. 민주주의에 대한 실질적인 도전은 이중시민권과 같은 복수적 멤버십, 그리고 한 국가의 시민권을 갖고 있으면서 동시에 다른 국가의 외국인(임시 거주자)이나 데니즌 denizen(영주권자) 신분을 갖는 복수의 지위에 있다. 데니즌은 길 위의 이주자이다. 이들은 한편으로는 해외 이주자로서 출신국의 시민으로 남아 있고, 다른 한편으로는 이민자로서 정착국에서 온전한 정치적 권리가 없는 영주권자로 있다. 이중시민권자는 원칙적으로 두 국가에서 투표권을 갖지만 이것이 '1인 1표 one person, one vote'의 기본적인 민주주의 원칙에 위배된다. 그리고 투표권을 부여받지 않은 채 새로운 정착 국가에서 거주하는 것은 규범적으로 용인된다. 출신국의 관점에서 보다 경험적 차원에서의 질문은 초국가적 정치 활동이 어떤 방식으로 출신국의 민주화에 기여하는지, 그리고 권위주의 통치를 강화시키는지와 그 여부에 있다.

2. 권리와 의무: 시민권의 법적 측면은 국적에 관한 권리와 이와 관련된 기타 권리를 보장한다. 일반적으로 시민의 권리는 다양한 영역에 속한다. 적법 절차(공정한 법적 소송 절차에 대한 권리) 같은 자유에 대한 시민권, 투표권과 결사권과 같은 정치적 참여권, 질병, 실업 및 노령의 경우에 사회적 혜택에 대한 권리 및 교육에 대한 권리를 포함하는 사회권(Marshall, (1950), 1964)이 있다. 이 고전적인 세 가지 권리에 대한 다양한 확대가 논의되어 왔고, 그 논의 중에서 소수 종족의 문화적 권리가 두드러졌다(Kymlicka, 1995). 권리에 상응하는 의무 중에는 군대에서 복무하고, 세금을 납부하며, 타인의 권리와 자유를 인정하고, 민주적으로 합법적인 다수에 의한 결정을 받아들이는 것 등이 있다.

비거주 시민이 출신 국가의 지방선거나 대통령 선거에서 투표할 수 있어야 하는가? 반대로, 비시민권자가 정착국 선거에서 투표할 수 있어야 하는가? 최근 수십 년 동안 이 두 가지 측면에서 엄청난 변화가 일어났다. 점점 더 많은 수의 이주송출국이 해외 이주자에게 투표권을 제공했다. 두 번째 질문에 관해서는 원칙적으로 두 가지 대답을 할 수 있다. 하나의 대답은 유럽연합에 속하지 않는 국가 출신의 비시민권 주민에게 지역 투표권을 허용하는 것으로, 많은 유럽 국가가 해오고 있다. 다른 하나는 영주권자의 귀화를 촉진하는 것이다. 국경을 가로지르는 정치적 참여에 영향을 미치는 한 가지 도구는 이민자가 정착국에서 시민권 취득 의지를 높이는 이중시민권 제도이다(Faist, 2007). 그러나 이민자들이 출신국에 충성을 유지해야 하는지에 대한 문제는 여전히 남아 있다.

3. 집합적 소속: 시민권은 종종 '국민nation'으로 이해되는 정치적 공동체의 소속을 의미한다. 시민권은 특정 정치 공동체와 자치단체에 대한 충성심을 가진 시민의 소속과 관련된다. 그러한 집합체는 한편으로는 개인과 공동의 이익 간의 균형과, 다른 한편으로는 정치적 공동체 내부의 권리와 책임 간의 균형을 주장한다. 국민이 서로 간에 알려지지 않은 사람들 사이에서 비교적 연속적이고 사회적이며 상징적인 관계로 표현되는지 여부에 관계없이 집합적 소속은 시민권의 두 번째 요소와 연결된다. 왜냐하면 사회계획과 유사하게 정치적 공동체에는 구성원 간의 상호 호혜적인 의무가 존재하기 때문이다.

이러한 맥락에서 몇 가지 질문이 제기된다. 스리랑카의 타밀 호랑이Tamil Tigers 단체의 경우, 많은 관찰자가 보아온 것처럼 정권 변화를 위해 여러 나라에서 로비를 벌인 디아스포라 공동체는 폭력적인 갈등을 더 빈번하게 일으키고 있는가? 아니면, 남아프리카공화국의 해외 거주자의 경우처럼 인종차별 정권 apartheid regime을 종식하기 위해 민주화를 위한 행위자 역할을 하는가? 결국 우리는 시민권 논의에서 집합적 행위자를 고려해야 한다. 디아스포라, 초국가적 공동체, 초국가적으로 활발한 이주자 단체, 국민국가와 같은 집합적 행위자 활동이 입증하는 것처럼 정치 제도와 활동은 개인 차원뿐만 아니라 집단 차원에서도 중요하다.

시민권 정책: 이중시민권 사례

지난 2세기 동안 전 세계적으로 구성원권의 포함과 배제 같은 경계를 설정하는 데 시민권이 근본적인 위치를 차지했다. 이제 우리는 많은 국가의 다양한 정책이 어떻게, 그리고 왜 이중시민권에 대해 더 관용적으로 변화되는지 살펴볼 것이다. 초국가적 관점은 국가 구성원권의 경계가 (다시) 그려지는 기제에 대한 이해를 추구함으로써 중첩되는 다중의 멤버십을 지지한다. 이 절에서 우리는 독일과 터키의 사례를 통해 관련 국가들 간의 거래에서 시민권의 정치를 살펴본다. 우리 시야에 등장하는 것은 국민국가의 시민권을 넘어서는 새로운 형태의 초국가적 시민권이 아니라 이중시민권과 같은 다중적 멤버십multiple membership이다. 이것은 더욱 적절히 표현하면, (국가적) 시민권의 초국가화, 즉 국가적 시민권이 초국가적 궤도 위로 올라타는 것이다.

독일과 터키는 초국가적 사회 공간을 통해 서로 연결되어 있고 서로의 시민권 정책과 변화에 반응하는 국가의 예이다. 1990년대 초 독일의 묄른과 졸링겐에서 방화 공격으로 터키 여성과 어린이 여덟 명이 사망했다. 독일에 거주하는 터키인들은 독일 시민권을 보유한 경우에만 자신들이 온전히 보호될 것이라는 믿음을 갖게 되었고 터키 정부는 독일 귀화를 억제하는 정책을 변경함으로써 이 방화 사건에 대응했다. 동시에 터키 정부는 독일에 있는 최대 규모의 해외 이주자 공동체와의 연계를 강화하기를 원했다. 1995년 터키 정부는 해외 이주자들에게 선거권은 주지 않았지만 이들에게 과거에 터키 국민으로 누렸던 대부분의 권리를 보장함으로써 터키 시민권의 포기를 용이하게 하는 핑크 카드를 도입했다. 그러나 터키 이주자들은 이와 같은 재외 시민권의 가치를 믿지 않았다. 따라서 상당수의 이주자들은 독일에서 귀화하기 위해 일시적으로 터키 시민권을 포기했지만 다시 터키 영사관을 통해 재취득했다.

2000년 이전 시기에는 터키 당국도 공모하여 터키 이주자가 독일에 거주하는 동안에는 독일 국적을 박탈하지 못하도록 하는 독일 정부의 법적 허점을 이용했다. 1999년 독일의 사회민주당과 녹색당으로 구성된 새로운 적-녹 연합정부new red-green coalition government는 이중시민권을 장려하기 위한 개혁을 도입하겠다고 약속했지만 이 개혁을 위한 약속에서 중요한 부분이었던 이중시민권은 시행하지 못했다. 독일에서 2000년에 발효된 새로운 시민권법은, 귀화 신청자는 기존 국적을 포기해야 한다고 명시하고 있다. 이에 따라 2005년 실시된 지방선거와 연방선거 직전에 독일 당국은 거의 2만 명의 터키 출신 이주자들의 독일 시민권을 박탈했고, 터키 이주자들이 독일 시민권법을 위반하면서 터키

국적을 다시 취득했다고 주장했다.

이 에피소드는 한 국가가 정치적 목표를 추구하기 위해 국가는 독립적으로 행동할 수 있지만 시민권 제도처럼 밀집된 초국가적 공간에 얽혀 있을 때 여전히 다른 국가의 정책적 선택에 노출된다는 것을 분명하게 보여준다. 결국 독일 정부는 터키 정부의 반대에 부딪혀 원칙적으로 제한적 포기 조항을 인정하기로 결정했다. 이와 같은 결정은 같은 시기에 시민권에 관한 다른 법률이 자유화되었음에도 불구하고 발생했다.

독일-터키의 사례는 행위성의 역학을 보여준다. 이중시민권에 대한 보다 큰 역사적 맥락은 방금 설명한 정치적 역학의 주요 기제를 확인하는 데 도움이 된다. 과거에는, 비교적 최근까지도 정책 입안가들은 이중시민권을 하나의 문제로 간주했다. 한 세기 전의 주요 정치인들은 이중시민권이 자연 질서에 위배되는 것으로서 중혼과 동등한 것으로 보았다. 국가에 대한 시민권과 정치적 충성은 분리할 수 없는 것으로 간주되었으므로 복수의 충성은 생각할 수도 없었다. 국적에 관한 헤이그 협약Hague Convention on Nationality(1930)은 '모든 사람은 하나의 국적, 오로지 하나의 국적만 가져야 한다Every person should have a nationality and one nationality only'고 규정했다(Faist, 2007에서 인용).

정책 입안자들은 이중시민권을 가진 사람은 정착국에 통합되지 않을 것이며 원래 출신국에 대한 전적인 충성을 유지할 것이라고 우려했다. 그리고 19세기와 20세기 초에 일어난 전쟁에서 이들은 적국에 속한 시민들에 의한 외국 간섭을 두려워했다. 게다가 민주주의 정당성도 위태로워졌다. 이중시민권에 대해 정책 입안자들은 '1인 1표' 원칙을 위반할 것이라고 우려했고 외교관들은 출신국에서 새로 귀화한 시민을 보호할 수 없을 것이라고 지적했다.

그러나 지난 수십 년 동안 놀라운 변화가 일어났다. 점점 더 많은 정부가 이중시민권을 통합, 외교 정책, 외교적 보호에 대한 극복할 수 없는 문제로 간주하지 않고, 대부분의 정부는 실용적 관용으로부터 적극적인 격려의 입장으로 변화했고, 이중시민권을 협상해야 할 과제로 받아들였다. 지금은 전 세계 모든

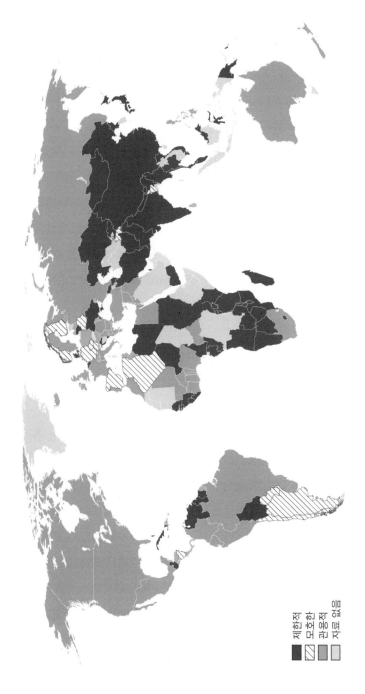

〈그림 6.1〉 전 세계 이중시민권의 허용 정도

제한적
묵종한
관용적
자료 없음

자료: Faist(2010a).

국가의 절반 이상이 이중시민권의 일정한 형태나 요소를 허용한다(〈그림 6.1〉 참조). 독일, 덴마크, 아이슬란드와 같이 이중시민권을 원칙적으로 허용하지 않는 국가에서도 예외적 허용 조항으로 인해 이중시민의 수와 비율이 꾸준히 증가하고 있다.

이중시민권에 대한 관용의 증가는 무엇보다도 가족과 젠더 관련법의 변화로 초래되었다. 그러나 일반적으로 변화는 느리다. 국제법의 경로 의존적 발전이 스며들어 포용적이면서도 때때로 국민국가들에 의해 저항을 받기도 한다. 무국적과 성평등에 관한 법적 규범은 자유민주주의 국가를 보편적 규범에 묶는 잠금 기제로 작용했으며, 1961년 무국적자 감소에 관한 협약Convention on the Reduction of Statelessness은 모든 자유민주주의 국가에 의해 준수된다. 성평등과 관련하여 1957년 기혼 여성 국적에 관한 협약Convention on the Nationality of Married Women, 1979년 여성에 대한 모든 형태의 차별 철폐에 관한 유엔 협약UN Convention on the Elimination of All Forms of Discrimination Against Women 및 1997년 국적에 관한 유럽 협약European Convention on Nationality이 국가법에 통합되었다. 국가적 수준에서 국제 협약을 이행시키기 위해 로비 단체들은 열심히 노력해 왔다.

독일의 예를 보면, '외국인 남성과 결혼한 여성 협회Association of Women Married to Foreign Men'는 1970년대와 1980년대에 효과적으로 압력단체 정치에 참여했다. 궁극적으로 국제 협약, 압력단체 활동 그리고 국가법의 결과로, 여성은 다른 국적의 남자와 결혼할 때 시민권을 잃지 않게 되었고 국제결혼으로 낳은 자녀는 이중시민권을 가질 수 있게 되었다. 경로 의존적 기제의 두 번째 유형도 존재해 왔는데, 말하자면 저해 효과로 작용했다. 1960년대 이래 많은 유럽 국가의 대법원은 시민권이 없는 거주민의 권리를 강화해 왔다. 초국가적 수준에서 유럽연합 내 EU 회원국들 사이의 상호 호혜성 원칙은 다른 회원국에서 시민이 귀화할 때 많은 국가가 국적 포기 조항을 폐기하도록 이끌었다. 이주송출국은 이주수용국의 선례를 따랐고, 오늘날 종종 디아스포라라고 불리는 해외에 거주하는 시민을 연결하는 수단으로 이중시민권을 점차 사용해 왔다. 그럼에도 이중시민권에 대한 관용의 증가는 굴곡진 길에 놓여 있으며 때로는 새로운 제한도 뒤따른다(Faist, 2007).

일반적으로 국민국가의 정부는 시민권을 구성원과 비구성원을 구별하기 위한 사회적 폐쇄 기제로 사용했다. 소위 데니즌이라고 불리는 준구성원 권리를 가진 외국인의 등장은 이중시민권에 새로운 도전을 제기했다. 온전한 구성원으로 허락한다는 것은 접근을 쉽게 만들거나, 온전한 법적 구성원 자격에는 못 미치는 권리를 증가시키는 것이기 때문이다. 이중시민권을 허용하는 것은 이주수용국이 출신국의 시민권 유지를 쉽게 만드는 것으로, 즉 포기 없는 귀화 신청은 분명히 전자의 예이다. 이런 종류의 자유화를 합리화하는 잘 알려진 주장은 거주 인구와 투표 인구의 일치를 확실하게 보장함으로써 이민자의 사회 통합을 증진시키는 것이다. 이것의 핵심 논쟁은 시민과 국가 사이의 '진정한 연결genuine link'이 미약한 지점인 이민자 시민의 권리에 불편하게 놓여 있다. 네덜란드와 스웨덴 같은 이주수용국은 내부의 이민자와 외부의 해외 이주자를 상호적으로 비교해 왔다. 예를 들어 해외 이주자가 이중시민권을 누리는 나라일 경우, 이민자의 다중적 시민권을 옹호하는 사람들은 공정성을 주장하며 해외에 거주하는 시민과 유입된 이민자 모두 이중 지위를 누려야 한다고 요구했다. 해외에 거주하는 이민자가 상당한 비율로 존재하는 국가들은 이중시민권에 대해 좀 더 관용적인 방향으로 시민권에 관한 법안을 채택해 왔다. 디아스포라의 이중시민권에 대한 사례는 흥미로운 사례이다. 이주는 일반적으로 단지 지리적인 떠남을 의미하는 것이지 친족 제도나 국가와 같은 조직 구성원의 자격을 영구적으로 상실하는 것을 의미하는 것은 아니다. 이 아이디어는 지난 수십 년간 더욱 영향력이 커졌고, 이민자를 '배신자'로 간주하는 것에서 '영웅'으로 보는 인식의 전환에 기여했다. 대표적인 예로 1970년대 후반부터 정책을 변경한 중화인민공화국을 들 수 있다. '국가에 봉사하다serve the country'라는 구호가 '봉사하기 위해 돌아온다return to serve'라는 구호로 바뀌었다.

이주수용국의 법안에 따라 이주송출국emigration state의 입법과 관행이 채택되는 경향은 이중시민권에 대한 관용의 확산을 강화시켰다. 이것은 해외 이주자와 정부 간의 일상적인 상호작용을 용이하게 한다. 비록 정부가 여전히 일부 해외 이주자의 충성심을 불신할 수는 있지만, 2000년대 초반에 국제 이주에 관한 글로벌위원회Global Commission on International Migration와 세계은행에 의해 입증된 바와 같이, 관용은 발전의 자원으로서 이동성에 대해 계속적으로 증가하는 국제적 신뢰를 연결하는 이점을 갖고 있다. 국제기구들에 대한 이러한 관점에서 이주는 저개발을 알리는 문제로 취급되다가 소위 발전에 대한 해결책의 부분으로 변형되었다(제4장 참조).

상징적 인식에 대한 인지적 기제는 초국가적 유대와 정치 제도 사이의 긴장이 어떻게 다루어져왔는지를 보여주는 좋은 예이다.

첫째, 많은 이주자는 보통 국경을 가로지르는 두 개 혹은 그 이상의 장소에 대해 애착을 느끼고 관여하며, 결과적으로 이들은 복수의 동일시와 충성심을 갖는다. 이중시민이 시민권을 자아 정체성의 필수적 요소로 간주하는 상황에서 만약 시민권 중의 하나를 포기해야 하는 경우, 이들은 어떤 시민권을 유지할지 결정하는 데 감정적 어려움을 표현한다. 이중시민권에 대한 관용은 이민자들이 가지고 있는 특정한 상징적이고 감정적인 국경을 가로지르는 유대를 인정하는 것이다(제2장 참조). 이민자들의 사회-문화적 영역의 초국가적 활동은 자아 이미지와 집단적 연대를 강화시킬 수 있다. 이들 사례에서 이주자들은 각국의 이중시민권 허용이 이주자의 복수-문화적 정체성에 대한 공식적인 합법화라고 간주한다(Pitkänen and Kalekin-Fishman, 2007).

둘째, 이주수용국에 대한 이주자 자녀의 애착이나 충성심은 각 국가가 이중시민권을 허용하거나 수용할 경우 촉진된다. 이것은 주로 이중 언어 구사나 문화 간 역할 수행과 같은 초국가적 배경과 관련된 특정한 역량 계발에 대한 자신감이 결과적으로 장려되기 때문이다. 독일을 예로 들면, 출생으로 이중시민권자가 된 사람들, 이를테면 국제결혼으로 태어난 자녀는 자신의 사회통합 과정을 위해서는 이중시민권이 중요하다고 간주한다(Schröter and Jäger, 2007).

여기에서 이중시민권은 궁극적으로 초국가적 유대와 양립 가능성을 허용할 수 있도록 정치적 구성원권의 경계가 보다 침투 가능해진 국가 제도의 예로서 논의되어 왔다. 이중시민권에 대한 관용의 증가와 함께 국가적 시민권은 초국가적 시민권이 되어왔다(Bauböck, 1994). 원칙적으로 사회적 폐쇄 기제로서 시민권의 성격은 변하지 않았지만 그 경계는 수정되고 초국가적 유대와 국가 제도 간의 긴장은 완화되었다. 물론 이것은 이와 같은 자유화를 국가 간 전쟁이나 갈등의 시기에 되돌릴 수 없다는 것을 의미하는 것은 아니다.

시민권 정치: 시민, 디아스포라, 국가

시민권에 대한 접근과 관행은 민주주의 국가에서 목소리를 내기 위한 중요한 필요조건이다. 앞 절에서는 그러한 접근을 가능하게 하는 시민권 정책의 변화를 다루었다. 이제 국가기관으로서 시민권의 실체가 초국가적 활동에 의해 어떻게 영향을 받는지, 그리고 결과적으로 (국가의) 정치 제도가 어떻게 이주자와 같은 국경을 가로지르는 행위자의 초국가적 활동을 형성하는지 살펴볼 차례이다. 그러므로 초점은 국경을 가로지르는 시민권 관행이 정부와 정치적으로 활동적인 비정부단체에 의해 상호적으로 어떻게 구성되는가이다. 시민권은 단순히 국가-시민 관계뿐만 아니라 시민 간의 상호 호혜성과 연대에 관한 것이기 때문에 분석은 집합적 행위성의 문제, 예를 들어 디아스포라 내의 사회적 관계를 고찰한다.

　초국가적 정치와 제도를 분석하기 전에 주요 용어 하나를 반영할 필요가 있는데 그 용어는 초국가적 행위자로서 다시 부흥한 디아스포라이다(제3장 참조). '디아스포라diaspora'라는 용어는 매우 파란만장한 역사를 가지고 있다. 원래 이 용어는 예루살렘에서 두 번째 성전이 멸망된 후 유대인의 분산을 묘사하는 데 사용된 개념으로 나중에 종교 공동체의 소수 종족의 상황을 지칭하다가 대부분의 소수 종족(종족-종교적ethno-religious)과 한 국가 내의 소수 종족 집단을 묘사하는 용어에 이르렀다. 이런 방식으로 볼 때 디아스포라는 초국가적 네트워크 같은 관념과는 결정적으로 다르다. 디아스포라는 정치 활동가들이 사용하고 사회과학자들이 분석을 위한 개념으로 주로 규범적 종족성이나 국민성같은 특정한 표식을 중심으로 사용된다. 종족성과 국민성을 강조함으로써 정치 활동가들은 사회적 관행에 포함되는 다른 표식들, 예를 들어 초국가성, 젠더, 성적 취향이나 법적 지위를 가려버린다.

우리의 목적에 적합한 질문은 어떻게 연구자들이 이 과정을 다루는가이다. 연구자들이 정치적 활동가의 주장을 단순히 따른다면 이주자를 일차원적으로 특성화하는 함정에 빠지게 된다. 이주자가 종교적 공동체, 스포츠 클럽, 전문직 협회를 지지한다면 모든 것이 잠재적으로 정치와 관련된다. 우리는 경계 지어진 정치적 문화적 공동체로서가 아니라 더욱 유용한 정치적인 주장으로서 디아스포라를 생각할 수 있다(Brubaker, 2005: 12). 그럼에도 이러한 통찰력은 디아스포라 용어의 두서없는 사용을 해체하는 것뿐 아니라(Dufoix, 2008 참조) 시민권에 관한 성공적인 주장들이 미치는 영향과 국경을 가로지르는 동원의 조건을 연구하는 것으로 이어져야 한다.

최근에 디아스포라라는 용어는 (조상의 또는 상상적) 모국으로부터 멀리 떨어져 살고 있는 사람으로 자신을 인식하거나, 분산된 민족이나 해외 이주 집단으로 인식하는 사람들을 묘사하기 위해 재등장했다. 요즘 이 용어는 민족주의 집단에 의해 상상된 집합체로서 국민 만들기를 추진하기 위해, '그들의' 해외 이주자의 자원을 활용하기 위해 종종 언급된다. 최근에는 이주송출국이 경제적으로 성공한 해외 이주자들의 정치적 충성심과 금융 투자를 장려하기 위해 '디아스포라'라는 용어를 사용한다. 일반적으로 초국가적 사회 공간 내에서 이루어지는 정치적 동원의 우발적인 결과물로 디아스포라를 이해하는 것이 도움이 된다. 앞서 언급한 시민권의 3요소 – ① 동등한 정치적 자유, ② 민주화, 권리와 의무, ③ 집합적 소속 – 에 관여하는 관련된 중앙 정치 기관에 대한 디아스포라 주장의 결과를 깨닫는 것은 중요하다.

동등한 정치적 자유

모든 이민자는 동시에 해외로 이주한 사람들이다. 1980년대와 1990년대에 수행된 연구는 모국에서 갈등을 유발시키는 해외 이주자의 역할, 특히 디아스포라의 역할에 중점을 두었지만 오늘날의 연구와 정책적 논의는 해외 이주자를 폭력적 갈등의 중재자, 갈등 이후의 개발업자, 민주화를 실현시키는 행위자로서의 역할을 강조한다. 이러한 강조의 변화는 지정학적 배치 변화와 평행적으로 이루어졌다. 냉전이 끝날 때까지 이주송출국의 내부 문제를 간섭하기 위해 디아스포라와 초강대국은 서로서로를 활용했다. 따라서 남-북 간 배치는 동서 갈등과 탈식민지 여파의 필수적인 부분이었고, 이는 과거의 유럽 식민지 국가들의 국민국가 건설 프로젝트와 관련되어 있다. 냉전이 끝났을 때 디아스포라는 새로운 활동 영역을 찾아야 했고 개발 협력이 그중 하나로 부상했다(제4장).

개발은 경제 발전을 우선하면서도 법과 민주주의 규칙의 제도화로 보완되는 것을 의미하며 주요한 국제 개발 공여국과 기관에 의해 폭넓게 이해되어 왔다. 이러한 기준틀에서 설정된 디아스포라에 대한 논의는 재정적 송금뿐만 아니라 사회적 송금의 행위자로서 이주자에 초점을 맞추었다. 따라서 이용어는 정착국에 적응하고 참여하는 동시에 모국과의 정서적이며 전략적인 관계를 유지하는 이주자를 지칭한다. 이러한 이주자는 자신이 이주송출국에서 관찰하고 실행한 시민의 권리와 책임에 대한 아이디어와 정치적 관행의 다른 역사들을 통해 모국의 정치를 변형시킬 잠재력을 가진 사람으로 생각되었다 (Levitt, 1997: 517) 이 사회적 송금은 집으로 보내져 의미 있는 타인들과 공유된다. 이 연계는 시민권의 첫 번째 차원, 동등한 정치적 자유에 대한 관심을 유도하는 데 도움이 된다. 이 차원은 이주자 개인 수준과 집합적 수준에서 조사될 수 있다.

멕시코-미국을 가로지르는 초국가적 공간에서 개인 수준의 이주자는 모국의 민주화를 강화하는 민주화 확산의 행위자로 참여한다는 경험적 증거로 볼 수 있다(Pérez-Armendáriz and Crow, 2010: 120). 모국 귀환 이주자는 비선거 분야에서 높은 정치 참여율을 보이고, 정치적·사회적 차이에 대해서는 좀 더 관용적이며, 멕시코의 민주주의와 권리 준수에 대해서는 더 비판적인 평가를 보여주었다. 구체적으로 이 경험적 증거는 평균적으로 귀환 이주자의 태도가 이주 경험이 없는 시민들보다 더 민주적이라는 것을 시사한다. 그러나 이들의 모국에서의 정치적 참여는 제한적이다. 왜냐하면 이들에게는 해외에서 실패한 사람이라는 낙인이 찍혀 있기 때문이다. 모국에 머무는 사람들은 해외에 머무는 가족이나 친구들로부터 직접적으로 정보를 받으며 가장 강하게 이주로 인한 확산 효과를 얻는다(Pérez-Armendáriz and Crow, 2010: 141). 이 연구가 주는 시사점이 유용한 이유는 국민들이 정치체제를 변형하려고 시도하는 경우에도 이주는 단지 탈출밸브로 기능함으로써 민주화를 차단한다는 주장에 도전하기 때문이다. 만약 해외로의 일시적인 탈출이 안전한 밸브로서 기능한다 하더라도 적어도 이주자는 해외에서도 모국의 변화를 위해 동원될 수 있고 권위주의 통치자에 도전할 수 있다.

일단 분석 수준이 개인 (귀환) 이주자와 이주자 가족의 태도를 넘어 개인에서 집합으로 이동하게 되면 축적된 경험적 증거는 좀 더 혼합된 그림을 제시한다. 도미니카공화국과 엘살바도르 이주자의 초국가적 정치와 민주화 과정에 대한 연구에서 이치그손과 빌라크레(Itzigsohn and Villacrés, 2008)는 이 두 나라 이주자의 초국가적 정치 활동이 정치적 경쟁을 조직하는 형식적인 민주 규칙을 강화해 왔음을 발견했다. 그럼에도 민주화를 공고히 하는 데 이주자의 초국가적 정치의 공헌은 사실상 제한적이라는 것을 보여준다. 연구자들은 구체적으로 두 국가를 탈출하는 이주는 사실상 권위주의 체제, 정치적 압제, 사회경제적 기회 부재 등의 결과로 시작되었다는 것을 보여준다. 이주라는 탈출구를 통해 이주자는 출신국의 통치자들이 손짓할 새로운 선거구를 형성했다. 그럼에도 이주자의 초국가적 정치가 민주주의를 심화하는 데 기여하는 방법에는 분명한 한계가 있다.

도미니카인의 경우 (귀환) 이주자들의 낮은 참여율과 투표권이 대부분 상징적 권리로 받아들여지는 사실로 인해 이주자 투표의 영향은 약화되고 설립된 정당 기구 안에서 일하는 사람들에게만 국한되었다. 살바도르인의 경우 재외 향우회는 참여적 제도의 출현과 정치적 참여의 지역적 역학에 기여해 왔다. 이러한 채널들을 초월하여 이주자는 설명하기 어려운 새로운 하나의 권력 집단이 되었다. 이들은 개발 프로젝트의 결과와 함께 살아야 하는 사람들인 비이주자에게 자신의 의제를 부과하기 위해 자신의 자원을 사용할 수도 있다(Waldinger et al., 2008 참조). 그러므로 이주자에게 심오한 정치적·사회적 변형의 행위자 역할을 맡기는 것에 주의해야 한다. 비록 디아스포라 집단이 현존하는 정치체제에 급진적인 도전을 하지만 어떤 경우 이주자는 그 자신이 지역 엘리트의 구성원이기도 한다. 또한 이주자의 이해관계가 정착국의 정치 참여에 가장 강하게 집중된다는 사실을 잊지 말아야 한다.

그럼에도 디아스포라가 특히 동유럽과 남동유럽의 구공산주의 지역에서 '민주화의 행위자agents of democratization' 역할을 했다는 증거를 볼 수 있다(Koinova, 2010). 디아스포라가 민족주의 의제보다는 민주화 노력에 관여하는 경우가 여기에 해당한다. 예를 들어 만약 우크라이나, 세르비아, 알바니아, 아르메니아의 디아스포라가 국내외 주권을 누리는 국가와 연결되어 있는 경우 그들은 시민의 확장적인 정치 참여와 같이 민주주의의 실질적 요소에 초점을 맞출 수 있다. 비록 디아스포라가 구공산주의 지역에서 민주화 실현을 위한 가장 주요한 행위자는 아니었지만 그럼에도 그들은 민주화에 기여했다.

흥미롭게도 이주자가 정착국의 민주주의에 미친 효과에 대한 문헌은 부재하다. 반면에 서구 민주주의를 위협하는 이민자에 대해 다루는 규범적인 영감을 주는 일부 문헌은 존재한다[미국에 거주하는 멕시코계 미국인에 관한 헌팅턴(Huntington)의 연구(Huntington, 2003)]. 이 결과를 지지하는 체계적인 증거는 없으며, 담론의 대부분은 미국에 거주하는 멕시코 출신 이주자와 유럽에 거주하는 무슬림 집단의 가시성과 존재에 연관된 두려움에 관한 묘사이다(Faist and Ulbricht, 2013 참조).

디아스포라 단체는 여전히 지역적 담론에 배태되어 있으면서도 '각 사람을 위한 국민a nation for each people', 민주주의, 인권, 남녀평등 등의 지구적 메타 규범으로부터도 확실히 영향을 받고 이를 능숙하게 사용한다. 이 모든 것은 또한 디아스포라 정치와 국민국가의 국경을 가로지르는 시민권의 확대가 얼마나 현실적으로 중요한지, 그리고 어떤 방식으로 시민권의 지속적인 변화에 기여할 수 있는지를 질문한다. 민주화에 대한 논의에서 제시된 것처럼 이주송출국에서는 초국가적으로 활동하는 협회와 네트워크가 얼마나 많은 영향을 미칠 수 있는지 측정하는 것이 매우 어렵다(Østergaard-Nielsen, 2003b). 또한 전체로서의 디아스포라뿐만 아니라 개인 이주자 협회에 대한 대표성의 주장을 평가하기 어렵다. 우리가 최대한 확인할 수 있는 것은 어쨌든 이들이 정착국에서 모국으로 영향력을 행사하려는 이민자들을 대표한다는 것이다. 책임에 대한 공식 기제는 없고, 그보다 더욱 중요한 것은 정치적 실체나 내용에 근거한 정당성의 증거를 얻기 어렵다는 점이다.

정착국에 대한 중요한 질문 중의 하나는 모국에서의 참여가 이민자의 정치적 통합과 양립할 수 없는지의 여부이다. 간단히 말해, 비록 여러 지역에서 정도의 다양함이 있겠지만 문제는 '사이에' 라는 뜻이 '여기도 없고 거기도 없다neither here nor there'이거나 '여기와 거기here and there 둘 다'를 의미하느냐에 달려 있다. 과거에는 일부 학자들이 정착국에서 정치적 통합을 촉진하는 데 이주자 단체가 결정적이라고 주장했다(Rex et al., 1987). 그러나 '여기와 거기 둘 다'의 동시적 기획으로서 — 동시성은 초국가성의 주요한 특성 중의 하나다 — 정치적 행동을 유지하는 이중 과정을 촉진하는 데 있어 이주자 단체의 역할을 체계적으로 분석한 연구는 거의 없다(제2장 참조).

스페인의 바르셀로나, 마드리드, 그리고 무르시아의 이주자 단체에 관한 연구 결과에 따르면 스페인 도시 이주자 단체 사이에서는 초국가적 참여가 결코 보편적인 것은 아니지만 대다수가 일정한 형태의 초국가적 연계에 관여하고 있다(Morales and Jorba, 2010). 초국가적 활동은 전반적으로 스페인 정치체 속으로 정치적인 통합을 조성하는 것처럼 보이며, 특히 좀 더 정치 지향적 유형의 초국가적 연계의 경우에 해당한다(제5장 참조). 요약하면 두 가지 지향성 – 이주자의 정착국 통합과 모국 참여 – 은 제로섬게임은 아니지만 상호적으로 서로를 강화시킬 수 있을 것이다.

권리와 의무: 해외 이주자에게 손을 내미는 국가들

우리가 알고 있는 민주주의는 일정 형태의 국가들에서 제도화되었고 국민국가는 시민권 구축에 지배적인 제도가 되었다. 국민국가는 때때로 해외 이주자들의 이익을 충족시키고, 국가 목적을 위해 이들을 활용한다. 이주송출국은 최근 수십 년 동안 '지구적'을 '국민'에 연결하고 이주자를 '배신자traitors'에서 '영웅heroes'으로 끌어올릴 수 있는 수단으로 디아스포라 정치와 정책을 재발견했다. 그러므로 '이주송출국'(Gamlen, 2008)은 다양한 기제를 통해 영토 외부에 거주하는 집단의 사회적 구성에 필수적인 부분이다.

따라서 해외 이주자들의 권리와 의무에 대한 규제는 다양한 공공 정책을 통해 이들을 출신국으로 재통합하려는 이주송출국의 노력으로 볼 수 있다. 일부 국가에서는 해외 이주자를 법률 조항에 포함했다. 슬로베니아의 예를 들면, 해외에 거주하는 시민이 모국에 대한 '관심을 유지하고' 모국과의 접촉을 조성한다. 영사관의 확장된 서비스에서 표현된 것처럼 디아스포라를 인식하는 것이 무엇보다 중요하다.

미국의 경우, 약 50개의 멕시코 영사관과 멕시코계 미국인을 위한 기관이 있다. 일부 국가에서는 모국의 텔레비전 채널을 방영하고 모국이 지원하는 웹 포털의 배포를 통해 모국의 문화적 활동들을 지탱하려고 노력함으로써 보완한다. 좀 더 실질적인 방식으로 국가는 종종 새로운 이주자 협회를 설립하기도 한다. 모로코의 경우에는 '아미칼Amicales'이 설립되었고, 남아프리카와 콜롬비아의 경우 '디아스포라 지식 네트워크Diaspora Knowledge Networks'가 설립되었다(Meyer, 2011). 이러한 정책의 목적 중 하나는 충성스러운 디아스포라로 관리하고 국가 공동체 안으로 해외 시민을 포함시키고자 하는 것이다(Bauböck, 2003 참조). 모국에서 해외 이주자에게 확장시켜주는 권리의 형식은 여러 가지가 있다.

- 시민권에 대한 접근과 갱신: 이 권리의 형식에는 시민의 본국 송환, 시민권 회복, 우대적 귀화와 (비)제한적 이중시민권이 포함된다. 후자와 연관하여 어떤 국가들은 해외 이주자에게 제한 조항('시민권 빛citizenship light')을 둔 이중시민권을 제공한다. 해외에 거주하는 시민의 투표권을 제한하거나 재산 소유권이나 공직에 참여할 기회를 제한한다. 다른 국가들의 경우에는 좀 더 확장적인 시민권을 제공한다. 해외에서도 모든 선거에 투표할 수 있는 권리를 제공한다. 그럼에도 실질적으로 모든 국가는 시민권에 대한 접근을 차단하는 일정한 구분 지점이 있어서 해외 이주자의 자녀 중에 부모나 조부모의 모국과 진정한 연결을 갖지 않는 해외 이주자의 자녀에게는 시민권을 부여하지 않는다.
- 정치적 권리: 해외 이주자의 정치적 권리는 이탈리아의 예처럼 재외 선거나 국회에서의 정치적 대표성를 포함한다(Lafleur, 2011). 사실상 대부분의 국가는 해외 이주자의 선거 참여를 어떤 형태로든 허용한다. 비록 많은 국가가 해외 이주자들이 해외에서 투표할 수 있도록 허용하지만 가장 만연한 규칙은 모국의 선거 구역으로 돌아와 투표해야 한다는 것이다. 여기에는 다른 비정치적인 이해관계는 관련이 없는 것처럼 보인다. 높은 비율의 디아스포라 인구와 송금의 흐름이 있는 국가들이 그렇지 않은 국가들보다 재외 투표를 더 허용하지는 않기 때문이다.

- 사회적 권리와 시민적 권리: 해외 이주자의 시민권과 인권을 보호하고 사회 보장 혜택의 이전을 보장하기 위해 각 국가의 영사 서비스를 이용할 수 있다. 후자는 양자 협정을 필요로 하며, 아프리카나 아시아 국가들보다 유럽 국가들 사이에서 더 일반적이다. 이러한 상태는 유럽 시민들이 사회적 권리의 이동성을 보다 잘 누릴 수 있다는 것을 분명하게 나타낸다. 영사관은 비거주민을 위한 특별 신분증을 제공한다. 예를 들어 멕시코 영사관이 발행하는 신분증matricular consular은 미국에 거주하는 멕시코인이 은행 계좌를 개설하고 운전면허를 취득하는 데 도움이 된다. 아르헨티나, 콜롬비아, 엘살바도르, 온두라스, 페루, 인도, 모로코 그리고 파키스탄도 비슷한 신분증을 사용한다. 필리핀의 경우에는 해외 이주 노동자의 복지를 보호하고 노동자 모집부터 귀국까지 그리고 노동 분쟁에도 개입한다.

해외 이주자의 정치적·사회적·시민적 권리를 뒷받침하는 것은 충성심을 유지하고 이들의 의무를 강화하기 위해 이주송출국이 취하는 특별 조치이다. 특별 조치 중에서도 두드러진 예는 경제적 인센티브, 애국심 장려, 마케팅 전략이 혼합된 가나의 '뿌리 관광roots tourism'이다. 또한 멕시코의 매칭 기금 프로그램인 쓰리포원Treo por Uno(영문명: Three for one)도 적절한 예이다. 좀 더 구체적으로 다음과 같은 측면에서 구분될 수 있다.

- 재정적 자원: 일부 국가에서는 해외 이주자들을 위한 특별 인센티브를 제공하고 이주자와 연계를 유지하여 이주자를 통한 가용한 특정 자원을 활용할 수 있도록 한다. 이러한 정책에는 해외 이주자를 위한 투자 및 세금 규제 완화도 포함된다(인도의 경우 Kapur, 2010 참조). 다른 정책들은 아일랜드와 독일의 예와 마찬가지로 출국하기 전, 귀국과 통합 프로그램으로 확대된다. 중국의 경우에는 해외 중국인에 대해 디아스포라 투자 유치가

특히 두드러진다. 중국에 유입된 외국인 직접 투자의 대부분은 해외에 거주하는 중국인들의 투자를 통해 이루어졌다. 유사하게 아일랜드의 해외 이주자들은 덜 극적인 방식으로 1990년대의 '켈트족 호랑이Celtic Tiger' 붐에 기여했다. 터키는 해외 이주자 종잣돈으로 마련된 벤처 자금을 제공한다(Dişbudak, 2004). 이러한 프로그램에는 또 다른 측면이 있다. 몇몇 국가에서는 해외 이주자에게 세금을 부과하고자 시도해 왔고, 미국과 스위스는 모든 해외 거주자에게 세금을 부과하는 국가에 속한다. 때로는 기부금을 추출하는 방식은 덜 공식적인 채널을 통해서도 발생한다. 예를 들면 에리트레아에서 전쟁 시기에 해외 이주자에게 부과한 '치유 세금 healing tax'이 있다(Koser, 2003). 그러나 국가들은 자주 이중 세금을 피하기 위해 다른 국가들과 조약을 맺는다.

- 인적 자원: 이주송출국이 추구하는 자원은 금전적 자금뿐 아니라 고도로 숙련된 전문가와 과학자들이 체현하고 있는 인적 자원이다. 해외 이주자들은 출신국으로 귀환하도록 유인될 수도 있고, 또는 앞서 언급한 디아스포라 지식 네트워크를 통해 출신국에 연결되어 있을 수도 있다.

- 정책 옹호: 정부는 해외 이주자들을 각 정착국에서 외교 정책 옹호자로 본다. 역사적으로 볼 때 성공적인 사례로는 이스라엘과 아일랜드 출신 이주자의 로비 활동을, 오늘날에는 워싱턴DC의 아랍 출신 이주자들의 로비 활동을 들 수 있다. 일부 이주송출국의 시각에서는 해외 이주자들이 외교관 역할을 해주기를 기대한다. 그러나 모든 국가가 해외에 거주하는 이주자를 모국의 일에 참여시키는 데 성공적인 것은 아니다.

이주송출국의 정책은 부여된 권리 유형의 범주에 따라 나열할 수 있지만 정부는 주로 모국에 대한 소속감과 투자, 귀환 또는 유통에 대한 인센티브 등으로 충성심의 강화를 모색하는 프로그램들을 혼합하는 방식으로 돌아간다. 이와 같은 방식으로 이주송출국이 바라는 형태의 초국가성을 증가시키고자 한다. 해외 이주자를 대중에 포함시키는 것을 통해 참여를 후원하고 이들을 로비 집단으로 활용하는 것이 종종 목표가 된다.

그러나 해외 이주자의 목소리가 모국 정부에 의해 엄격하게 통제될 수 없는 경우도 있다. 디아스포라가 분리주의나 민족통일주의뿐 아니라 정치적으로 야당에 속하는 단체에서 활동하는 것이 입증된 것처럼 말이다. 모국 정부가 해외 이주자들의 재정적·정치적 자원을 활용하는 것이 해외 이주자들을 '모국으로 돌아오도록' 하는 지렛대가 되는 의도하지 않은 결과를 낳을 수도 있다. 요약하면 시민권 권리, 위협이나 감시와 같은 공공 정책을 확장하는 일방통행로의 국가는 결코 없다. 해외 이주자 집단도 모국의 국가 제도 만들기를 겨냥하며 자신의 활동을 통해 적극적으로 참여한다.

집합적 정체성과 국민 만들기

시민권 관행을 이해하기 위해서는 국가와 시민 사이의 거래만이 아니라 해외로 이주한 사람, 국내로 이주하여 시민이 된 사람, 그리고 나머지 시민들 간의 거래를 살펴볼 필요가 있다. 다음에 이어지는 분석은 해외 이주자 시민에서 시작하며 정착국에서 구성원의 온전한 지위를 획득한 이주자뿐 아니라 영주권자, 임시 체류허가 소지자 그리고 불법 이주자도 포함한다. 집합적인 비정부 행위자와 정부 행위자 간의 거래는 시민 집합체 사이에서 상호 호혜성, 연대와 신뢰 같은 사회-도덕적 자원에 대한 좋은 그림을 제공할 뿐만 아니라 구성원권이 갖는 의미도 드러내준다.

자신을 종족적-국민 공동체ethno-national communities로 대표하는 디아스포라 집단은 집합적 초국가적 행위자로서 두드러진 유형이다. 이들은 자신이 민주화, 성평등, 인권 증대와 같은 사회적 송금을 제공한다고 종종 주장한다. 디아스포라 집단은 또한 종족 자결에 대한 주장을 추구할 수도 있다. 종족적 국민 집단으로부터 나온 주장들은 특히 논쟁적 현상이다. 특히 초국가적 집단 중에서 세 가지 범주의 집단인 난민과 망명자, 무국적 디아스포라, 그리고 국가에 기반한 디아스포라는 이주송출국에 잠재적 도전을 가한다. 이들의 역할은 확실하게 금융자본의 흐름을 초월한다. 예를 들어 반란군에게 자금을 대 주거나 (Collier anal Hoeffler, 2000) 정치 공동체의 정체성과 이해관계를 정의하는 것과 관련된다.

국가는 조직 인프라와 합법적으로 규칙을 만들고 실행하는 다양한 기제에 기반하여 구축된다. 또한 국민과 같이 정치 공동체를 뒷받침하는 정체성의 공통 요소에 의존한다. 이러한 공동체에서 구성원권은 국가와 시민 사이의 공식적인 유대뿐만 아니라 시민들 사이의 신뢰를 바탕으로 한다. 정치 공동체 구성원 사이의 신뢰는 하향식 과정으로 단순하게 국가에 의해 창출될 수 없다.

난민, 이민자, 무국적 디아스포라의 구성원들은 종종 자신을 새로운 국가, 개혁이나 혁명을 일으킬 선봉으로 생각한다. 언뜻 보기에 이들은 현존하는 이주송출국에 대한 도전자나 경쟁자로 보인다. 정치-문화적 자본의 이전은 출신국의 인권 개선을 위한 망명 활동부터 새로운 국민국가를 형성하기 위해 노력하는 장거리 민족주의에 이르기까지 다양한 형태를 취한다. 비평가 중의 한 명인 액턴 경Lord Acton은 디아스포라를 '국적 탁아소nursery of nationality'(Hockenos, 2003; 262에서 인용)라고 칭했다. 해외에서 출신국 갈등을 부채질하는 난민과 망명자 공동체가 해온 역할이 두드러진 예로 코소보의 알바니아인, 이란의 이슬람 전사Mujahedin, 체첸족의 자유의 전사 등이 있다.

높은 수준의 정치-문화적 일관성은 '무국적stateless' 디아스포라에서 발견되며 이들이 표명하는 의도는 새로운 국민국가를 건설하거나 적어도 공표된 모국 안에서 높은 수준의 자치권을 얻는 것이다. 쿠르드와 타밀 공동체의 사례에서 입증된 것처럼 이러한 공동체는 과거에 모국이었던 국가와 명백하게 충돌하는 조직이나 해방운동으로 대표된다(Van Hear, 2011).

그러나 난민들과 망명자들은 경쟁하는 집단 사이에서 중재하거나 화해와 재건을 위한 자원을 제공함으로써 정치적 발전에 중대한 영향을 미쳤다. 남아

프리카공화국의 인종격리 반대운동에 참여한 디아스포라의 역할과 최근에는 우간다와 나이지리아 디아스포라의 참여가 그 대표적인 예이다. 이러한 사례에서 초국가적 노력을 둘러싼 정치적 동원을 가능하게 했던 수사적 표현들은 좋은 협치, 법치, 인권과 민주화 이행이다. 주목을 덜 받았지만 모국의 갈등을 해결하는 이주자와 이주자 자녀의 잠재적 역할에 관한 예도 아프가니스탄의 사례에서 알 수 있다.

해외에 거주하는 고숙련 중국인에 대한 중국 정부의 관점에서 볼 수 있듯, 미국과 유럽에 있는 아르메니아, 중국, 팔레스타인 출신의 디아스포라와 같이 국가를 기반으로 구축된 디아스포라는 모국에 의해 전략적 자산으로 간주된다. 모국과 디아스포라가 '하나의 국민'을 구성한다는 관념은 특히 상대적으로 약하고 신생이거나 재구성된 국가, 다른 국가나 집단과 갈등을 겪는 국가에 대해 강력하다(Shain and Barth, 2003, 아르메니아-아제리 종족 집단들이 그 예이다). 물론 자신이 거주하는 국가의 외교 문제에 참여하는 디아스포라가 선거권이 없는 상태에서 벗어나 주류 사회와 정치로 들어가는 입장권을 갖는 집단으로 바뀔 수 있다고 주장할 수도 있다(Shain, 1999 참조: 디아스포라에 관한 미국 외교 정책). 그러나 강한 디아스포라와 신생국가는 국제 정치와 초국가적 정치에서 복잡한 배열을 만들어낸다. 안정적으로 자리 잡은 디아스포라는 국가적 이해관계와 정체성을 정의하는 데 결정적인 역할을 할 수 있으며, 국가적 이해관계와 정체성 모두 정적이기보다는 유연한 구성물로서 볼 수 있다. 초국가적 정체성의 형식들은 모국과 정착국을 연결시킬 수 있다.

디아스포라의 이익과 모국의 이익은 유의미하게 갈라질 수 있는 하나의 통일된 전체가 아니다. 폴란드와 아일랜드의 경우처럼 19세기와 20세기 초에 미국에서 형성된 디아스포라와 같은 국민주의적 초국가적 정체성이 존재한다. 예외적인 경우로 초국가적 정체성에 대한 해석의 일부는 국민 정체성에서 분리될 수 있고, 국가 주도적인 초국가주의와 경쟁할 수 있다. 유대인 디아스포라는 유대인 디아스포라에 대한 관념처럼 지구적 디아스포라이지 이스라엘 국가가 중심이 되는 것은 아니다(Boyarin, 1994). 이 모든 것은 국가적 이해를 둘러싼 초국가적 관행이 한 국가 내의 국민, 영토, 주권을 지지하거나 또는 경쟁하거나 심지어 도전할 수도 있다는 것을 보여준다. 이러한 도전 중의 하나는 국민, 영토, 주권의 삼위체를 초월하는 것이다.

만약 초국가적 집단이 1990년대 후반의 코소보 알바니아인처럼 자신을 국가 건설 프로젝트에 연결된 디아스포라로 생각한다면, 디아스포라는 일반적으로 자신을 종족적으로 동질적인 집단으로 묘사한다. 한마디로 국민Volk이란 국가와 헌법에 대해 시민들의 주관적인 성향이 아닌 공통적인 문화유산에 좀 더 기반을 둔다. 현존하는 (이주송출) 국가의 분열을 향한 디아스포라 활동의 결과는 디아스포라가 종족 지향성을 추구할 때, 다른 형태의 연대에 대한 대가로 이데올로기로서 민족주의를 우선시할 때 가장 높아진다. 이런 경우를 민족주의적인 초국가성의 형태라고 말할 수 있을 것이다.

초국가적 시민권?

시민권의 변화하는 얼굴, 특히 시민권의 초국가화는 이주자의 초국가적 활동과 국경을 가로지르는 활동 – 초국가성 – 의 강도와 규모와 밀접한 관련이 있다. 이중시민권은 국민국가들의 중첩되는 구성원 자격의 복수화를 의미한다. 이주자와 이주자 자녀의 전형적인 예처럼 이것은 생활 세계의 초국가화에 대한 법적 표현이다. 이주자의 초국가적 활동이 시민권의 변화하는 형태에 대한 일차적 원인은 아니지만 초국가적인 사회적 활동, 상징적 활동, 다중의 시민권, 이 경우에는 이중시민권과 강한 관련성이 있어왔다.

초국가적 시민권에 대해 어느 정도까지 이야기할 수 있을까? 회의론자들은 근본적인 의미에서 시민권은 초국가화 될 수 없다고 주장할 것이다(Turner, 2001). 이 관점에서 보면 '초국가적 시민권'이라는 용어는 개념적으로 지나치게 확장적이다. 이 비판이 법적으로 제도화되지 않은 세계 시민권에는 적용될 수 있겠지만 유럽연합의 시민권과 같이 국민국가의 시민권을 넘어서는 시민권의 형태들도 존재한다(Faist, 2004). 그러나 이중시민권은 여전히 초국가적 시민권의 한 형태로 (다중적) 국가 시민권과 여전히 관련 있으므로 국가 시민권을 대체하지 않는다. 이렇게 보면 초국가화의 결과로 우리가 보는 것은 국가 시민권의 소멸이 아니라 광범위한 영향을 미치면서 작동되는 미묘한 변화다. 이중시민권은 '둘 다both/그리고and'의 예이며 '둘 중 하나either/or'가 되는 배제적인 구성원 자격이 아니다.

| Chapter 07 |

초국가적 연구 방법론

국경을 가로지르는 이주와 그 결과에 관한 초국가적 관점은 이주수용국을 넘어 출발 지역과 도착 지역뿐 아니라 사람, 집단, 단체의 유대와 관행에 의해 교차되는 다른 많은 장소도 포함하는 것으로 확장된다. 앞 장에서 제시된 많은 연구 결과와 통찰은 잘 알려진 연구 방법론과 방법을 초국가적 관점의 필요에 맞게 조정함으로써 도출되었다. 초국가적 연구에 의해 생성된 이주에 관한 방대한 지식에 기초하여, 우리는 이제 이러한 결과가 어떻게 생성되었는지 탐구할 수 있다. 이를 위해서는 초국가적 현상을 경험적으로 연구하기 위한 방법론적 도구 상자가 필요하다. 여기서는 선택된 사례를 통해 관련 연구 기법이 어떻게 적용되는지에 대해 논의한다.

일반적으로 연구 방법론은 특정 학문 분야나 확립된 연구 분야와 관련하여 논의된다. 여기서는 초국가적 관점으로 보는 이주 연구 분야를 다룬다. 방법론에 대한 고려는 관심 있는 연구 주제와 관련하여 체계적인 방식과 실질적인 결과에 도달하기 위해 사용되는 방법을 이해하는 데 중요하다. 연구 주제의 예로 생애 기회를 위한 초국가성의 의미, 국경을 가로지르는 사회 공간의 발생과 재생산, 모국과 정착국의 개발에 대한 초국가화의 의미, 이주자의 사회적 통합, 변화하는 정치적 관행, 국가의 구성원 자격 정책과 공공 정책 등이 있다. 요컨대, 방법론은 연구를 수행하는 데 사용되는 일련의 절차나 방법을 의미한다. 즉, 특정 연구 질문에 대답하는 데 필요한 지식 유형을 제공할 수 있는 방법을 결정하기 위한 체계적인 기반을 제공한다.

초국가적 분석을 위한 세 가지 방법론적 도전

이 장은 초국가적 연구를 위한 방법론적 도전을 보다 구체적으로 정의하고 그에 적절한 방법론적 용어를 제시한다. 이와 관련된 세 가지 도전을 해결하고 초국가적 사회 공간에서 초국가성과 과정을 분석하는 데 사용되는 방법들에 대한 개요를 제공한다. 이들 방법에는 첫째, 다중현장 민족지학multiple-sited ethnography — 여러 국가나 지역을 가로지르는 다양한 현장이나 장소에서 현지조사를 수행하는 방법, 둘째, 이동 민족지학Mobile ethnography — 이주자의 이동성을 따르는 길 위에서 연구자에 의해 수행되는 방법, 셋째, 확장된 사례연구extended case method — 연구 시작부터 이론적 가정이 정의되고 경험적 분석이 뒤따르는 방법, 넷째, 네트워크 방법론network methodolgy — 개인과 집단의 국경을 가로지르는 유대를 찾거나 웹에서의 가상 네트워크를 식별하는 데 도움이 되는 네트워크 방법, 다섯째, 정량적 조사quantitative surveys와 종단 패널longitudinal panel 방법이 있다.

초국가적 시각으로 연구하는 대부분의 학자들은 위의 방법들 중 다중현장 민족지학을 사용했다. 확장된 사례연구 방법, 정량적 조사, 네트워크 방법은 빈번하게 사용되지 않았고, 이동 민족지학(가장 최근의 방법이다)과 종단 연구(시간과 자금의 측면에서 높은 비용이 소요된다)는 거의 사용되지 않았다. 따라서 앞 장에서 언급된 연구 결과는 대부분 다중현장 민족지학에서 얻은 것이며, 네트워크 방법론과 정량적 조사를 통한 연구 결과는 적었다. 일반적으로 현대적 이주 연구에서 특히 초국가적 관점의 연구에는 세 가지 방법론적 도전이 있다(더 많은 설명은 Amelina et al., 2012; Amelina and Faist, 2012 참조).

첫 번째 도전: 방법론적 민족주의

이민 연구자들은 마치 국가를 하나의 컨테이너인 것처럼 간주하여 종종 국민 국가를 국경을 가로지르는 이주에 관한 경험 연구의 (유일한) 중심이 되는 사회 적 맥락이라고 가정한다. 국가와 사회가 경계는 똑같이 접하고 영토적으로 동 일하다고 간주한다. 여기에는 국민국가로 한정된 경계 내에서 사회적 관행, 국 민국가, 자료 수집이 일치한다는 가정이 존재한다. 이러한 방법론적 민족주의 methodological nationalism는 일반적으로 사회과학에서 국민국가라는 컨테이너를 유사-자연적·사회적·정치적 구성물로 취급하는 경향을 나타낸다(Martins, 1974: 276에 기반한 Wimmer and Schiller, 2003 참조).

이 가정의 주요한 예들은 무엇보다도 이주 통제와 이민자의 사회적 통합에 관한 연구에서 찾아볼 수 있다. 이들 연구 대부분은 하나의 단일한 국민국가 안에서 이루어지는 이민 규제와 이민 통합을 다룬다. 기껏해야 다양한 국가 규 제와 사회적 과정을 비교한다. 결과적으로 경험 연구의 구성은 일반적으로 이 민자를 받아들이는 국민국가의 영토적 컨테이너로 제한된다. 이와 같은 컨테 이너적 사고container thinking는 오래된 동화 이론(Gordon, 1964)뿐만 아니라 좀 더 최근에 이루어진 개념화에서도 발견한다. 간단히 말해, 대부분의 연구는 의심 할 여지 없이 사회, 국민국가의 제도적 배열, 그리고 관련된 영토적 틀의 일치 ― 다른 말로 표현하면 사람, 국가 권한, 영토의 일치 ― 를 전제한다.

이주 연구에서 방법론적 민족주의의 부정적인 결과에 대해 다양한 저자가 개괄해 왔다. 윔머A. Wimmer와 쉴러는 특히 세 가지 유형의 방법론적 내셔널리 즘을 구별한다.

첫째, 이들은 주류의 이민 연구가 국민 만들기 과정nation-building processes에 대한 민족주의와 그 효과를 주목하지 않는다고 주장한다. 이들에 따르면, 사회학은 '사회의 경계를 국민국가 개념과 일치하는 것으로 정의하고, 그러한 기반이 되는 전제에 내재된 민족주의자 이데올로기를 의심하는 경우는 거의 없다'(Wimmer and Schiller, 2003: 579). 이러한 가정에 충돌하는 관련 예는 과거 오스트리아-헝가리 또는 러시아 제국과 같은 다국적 제국에 대항하여 투쟁했던 민족주의자 디아스포라가 국가를 건립하려고 했던 모든 노력을 들 수 있다. 팔레스타인과 타밀 종족의 경우도 마찬가지 사례다. 이것은 이데올로기로서 민족주의가 집단적 행위자들의 관행을 어떻게 안내하는지를 보여주는 사례이다.

둘째, 이들은 국민국가가 어떻게 사회적 관계를 구조화하는지 경시하는 유사-자연적 실체로서 국민국가를 이해하는 것에 대해 비판한다. 그러한 이해는 이주 연구에 연구비를 제공하는 국가 지원 프로그램뿐 아니라 정주하지 않는 인구를 모두 배제하는 연구에 의해서도 국민국가의 정부와 사회과학 사이의 밀접한 관계로 이어지게 한다. 이것은 양적 연구, 예를 들면 계절 근로자나 불법 이주자와 같은 이동하는 개인을 그림에서 누락시키는 효과가 있다.

셋째, 이들은 경험적 사회 분석이 주로 국민국가의 영토적 경계에 초점을 맞추고 있다고 주장한다. 그러나 권력관계의 '영토적 제한'은 국민-국가 설립 과정에서 나타난 역사적으로 새로운 현상으로 국민-국가의 형성 그 자체는 국경을 가로지르는 힘의 역학과 활동에 의해 결정된다. 결과적으로 국경 간 현상과 통계 수집 사이에는 불일치가 존재해 왔다. '국제 이주의 주제는 그 범위가 국민-국가를 가로지르지만 국제 이주의 통계는 국민국가의 정부 부처, 행정과 통계 기관의 결과물이다(Singleton, 1999: 156).

요컨대 국민-국가는 이주가 발생하는 주요한 사회적 맥락이고, 경험적 이주 연구의 영토적 틀은 연구 설계, 자료 수집 및 분석 방법의 전략을 결정한다(예: Eonifazi et al., 2008). 물론, 국민국가가 분석에서 중요하지 않다고 주장하는 것은 아니다. 특정한 연구 목표를 위해, 예를 들어 출입국 관리를 이해하는 데 정부 당국과 영토 사이의 관계에 초점을 두는 것은 도움이 된다. 지난 수십 년 동안 많은 이주수용국이 국경 통제의 효율성을 높여 이주자를 통제했다(Faist and Ette, 2007).

그러나 만약 연구자가 초국가적 사회 공간이 어떻게 출현하고 재생산되는지 그리고 이주자와 비이주자의 활동이 어떻게 관련되는지를 이해해야 한다면 국가 주권, 영토, 사회의 일치성에 대한 유일한 강조는 부적절하다. 방법론적 민족주의에 대한 비판이 국민-국가 역할의 경시로 연결되어서는 안 된다. 요점은 국가적 수준의 자료 수집에 관한 것이 아니라 국경을 가로지르는 유대와 그 결과에 대한 관심이 누락되었다는 점에 있다. 그러므로 국민국가를 대신하여 가구나 도시, 또는 세계를 분석의 주요한 단위로 단순히 대체하는 것은 시기상조다.

국민국가에 대한 다양한 대안이 유사-자연적 분석 단위로서 제안되었다. 이러한 대안들은 지구적 네트워크 접근global network approach과 세계 이론world theories과 가장 특징적으로 관련되어 왔다. 여전히 사전에 주요 분석 단위를 정의한다는 점에서 주요 결함이 있다. 대안 중 첫 번째는 국경을 가로지르는 네트워크를 우선하는 것이다. 지구화에 대한 네트워크 접근(Castells, 1996)은 영토적으로 한계 지어진 틀 - 주로 국민국가의 영토적 제한 - 로 인해 어떻게 그리고 왜 사회생활의 연결이 끊어지는지를 묘사하고 설명한다. 이 관점은 사회가 국민국가와 제도와 일치한다는 주장을 거부하고, 지구를 가로지르는 사회적 네트워크로 구성되어 있다고 주장한다. 두 번째 대안은 세계 체제 접근world systems approach(Wallerstein, 1974)으로 전 세계를 하나의 단일한 포괄적 체제로 본다. 두 대안 사이에는 상당한 차이가 있음에도 - 예를 들어, 국민국가의 역할과 관련하여 - 두 대안 모두 위에서 아래로 내려다보는 조감도를 취한다. 이들은 세계를 내려다보는 조망이 유리한 위치라고 주장한다. 특히, 네트워크 접근은 고정된 범주화를 피하고 끊임없이 운동하는 세계에서 혼성의 참신함을 강조하지만, 과거에는 종족적·국가적 정체성이 고정되었다는 관념에 도전하지 않고 남겨두었다. 또한 탈영토화de-territorialization를 과도하게 일반화하는 과정에서 공간화된 자본 축적의 과정(Massey, 2008)과 사회적 공간이 강도, 밀도, 속도나 흐름에 따라 지구적으로 재구조화되는 것을 간과한다(Held et al., 1999).

세계 체제 이론에 따르면 국민국가는 위계적으로 구성된 정치·경제적 세계 체제의 중심, 반주변, 주변을 구성하는 주요한 요소이다. 세계 체제 이론은 국민 만들기를 하나의 역사적이며 구체적인 과정으로 반영하지만 공간성과 지리적 이동성, 사회적 관행들을 분석할 때 고려될 필요가 없는, 전적으로 불변하는 물리적 속성으로 간주한다.

따라서 우리는 주의해서 분석 단위를 재정의해야 한다. 경험에 근거한 방법 중 하나는 경험 분석의 범위와 각 집합체에 대한 참조를 매우 정확히 하는 것이다. 예를 들어 디아스포라와 관련된 공공정책에서는 국가가 분석 단위일 수도 있지만 연구 질문에 따라서는 친족 집단, 지역 공동체와 단체 또는 초국가적 사회 공간과 같은 다른 분석 단위들이 가능하다. 국민국가에 대안적인 사회적 맥락으로, 초국가적 사회 공간은 출발점 역할을 할 수 있는 개념적 도구를 형성한다. 이것은 경험 분석에서 종종 암묵적으로 적용되어 온 공간적 개념을 학자들이 반영할 것을 요구한다. 그런 후에 비록 국민국가가 여러 부분 중의 하나일지라도 국민국가는 통합적인 한 부분인 것이 자명한 것처럼, 우리는 유대와 관행을 살펴볼 때에 각 사회적 맥락에 관계적으로 조직된 공간적 틀을 할당한다. 국민국가는 국경을 가로지르는 흐름을 규제하고, 누가 온전한 구성원권을 부여받을 수 있는지 결정하고, 디아스포라 정책에 관여함으로써 자신의 영토에 대한 접근성을 통제한다.

요약하면, 분석 단위는 분석된 수준에 따라 선택되어야 한다. 가구, 개인과 단체의 네트워크, 국제기관, 국가나 유럽연합처럼 국가와 유사한 구조이다. 따라서 국민국가나 국민국가의 제도, 아니면 국경 없는 네트워크 세계에서 출발하는 대신, 사회 공간과 같은 개념을 사용하여 주제 영역과 관련된 사회적 형성을 기술하는 것이 더 유익할 수 있다. 간단히 말하면, 초국가적 관점에서 특권적인 분석 단위나 장소는 없다. 초국가적 방법론은 국민국가의 경계를 가로지르는 흐름의 형태로 탈영토화된 요소와 영토적 요소 모두를 고려해야 한다. 탈영토화된 요소는 국가의 경계를 가로지르는 흐름의 형태이고 영토적 요소는 그러한 흐름을 통제하고 개인들의 구성원권에 대한 기준을 설정하는 국가와 기관들의 노력이다. 그러므로 적절한 출발점은 초국가적 사회 공간의 개념이 며, 여기에는 '흐름의 공간space of flows'과 '장소의 공간space of places'이 포함되고, 전자는 탈영토화된 요소를 의미하고 후자는 영토적 요소를 의미한다(Faist and Nergiz, 2012).

두 번째 도전: 본질주의

종족성ethnicity이나 국적nationality은 의심할 여지 없이 매우 종종 '연구에 관련된 지배적 범주'로 사용되었고 이주자들은 무엇보다도 터키인, 멕시코인, 필리 핀인 같이 종족 집단의 구성원으로 구분되었으며 이주자의 다른 역할, 예를 들면 노동자, 전문직, 부모, 자녀, 연인, 협회와 지역 공동체의 구성원 등의 역할은 충분히 고려되지 않았다. 따라서 본질주의 접근은 집단을 유사-동질 적quasi-homogeneous으로 취급하고 이주자 집단 내부의 이질성을 고려하지 않는 다. 따라서 국민이나 종족을 우선시하는 시각을 재생산하게 된다. 좀 더 정확 하게, 이런 유형의 연구는 특정 종족이나 국민 집단이 어떻게 국가 정책에 통 합되는가에서 출발한다. 또한 이러한 접근법은 초국가적 관행에 관한 연구에 서도 찾아볼 수 있다. 결과적으로 많은 질적 연구는 초국가적 지향성을 갖는 연구에 지배적으로 사용되는데 인터뷰 대상자를 선정할 때 이주자의 종족성이 나 국적에 따라 선택하게 한다.

물론 연구 현장에 진입하는 수단으로 종족 범주나 국민 범주의 사용을 전면 적으로 거부하는 것은 잘못된 것일 수 있다. 오히려 적절하고 가능하다면 이런 범주 사용을 반영하고 대안적인 범주를 선택할 필요가 있다. 예를 들어 '멕시 코인', '미국인', '터키인', '독일인'과 같은 범주는 과학적·비과학적 담론에 의해 형성되는 방식에 상관없이 그리고 이주자와 비이주자의 사회적 관행이 발생하는 조건에서 이러한 범주가 적절한지를 고려하지 않고 연구를 설계할 때 중심 기준으로 자주 사용된다. 이러한 이유로 연구자들은 연구 디자인, 자료 수집 방법과 자료 해석 방법에 대해 종족적 범주를 반영함으로써 이점을 얻을 수 있다(Schiller et al., 2006). 본질주의essentialism를 다루는 한 가지 방법은 경험 연구를 설계할 때 자기 성찰의 절차를 포함하는 것이다.

이주자를 형성하는 것은 종족이나 인종뿐 아니라 성별, 학력, 전문 훈련, 정치적 소속 그리고 성적 취향과 같이 다양한 범주적 구분에 둘러싸여 구축된다. 초국가적 렌즈를 사용할 때 특히 종족성은 신경 써야 할 문제이다.

첫째, 우선 많은 이주 연구에 내재된 종족적 편견을 극복할 수 있어야 한다. 종족 범주나 국민 범주로 이주자를 구분할 때 오류가 나타난다. 종종 학자들은 그러한 범주가 공적인 담론에서 그런 것처럼 모든 목적에서 상당히 중요하다고 성급하게 주장한다. 둘째, 예를 들어 종족적 표식을 중심으로 구축되는 상호 호혜성의 네트워크가 송금의 비공식적 이체 방식에서 매우 중요한 것처럼 연구자는 적합한 방법을 사용함으로써 실제로 존재하는 사회적 형성을 추적할 수 있어야 한다. 그러기 위해서는 종족성의 중요성을 하나의 경험적인 질문으로서 다루어야 한다.

경험 연구에서 종족 렌즈를 사용하면 종족성을 당연시하는 관점을 종종 취하게 된다. 공통된 문화적 각본으로 인해 연구자들은 종족과 국민을 자연적으로 주어진 범주로 정의하고, '집단 형성'의 구성주의적 성질이나 종족 범주와 국민 범주가 사회적으로 발달·전파·적용되는 과정에 대해 고려하지 않는다(Brubaker, 2004). 연구자는 이러한 함정에 쉽게 빠지는데 만약 연구자가 다른 집단과 상호작용하는 과정에서 공동체가 어떻게 사회적으로 구성되는지 살펴보지 않는다면, 특히 디아스포라와 초국가적 공동체와 관련된 연구라면 더욱 그렇다. 연구자는 이와 같은 실수를 하면서 시간이 지남에 따라 공동체가 안정적이 된다는 것, 공동체 구성원들의 개인적 정체성과 사회적 관행을 위해 무엇보다도 공동체가 가장 중요하다는 것을 받아들인다. 그러면 연구자는 종족성과 국민성 이외의 다른 차이의 표식들은 고려하지 않게 된다.

초국가성, 젠더, 계급, 종교나 생활 방식 같은 표식은 집단 구성원에게 동등하게 혹은 심지어 더욱 중요할 수도 있다. 만약 연구자가 이 문제를 깨닫지 못한다면 디아스포라와 정부에 의해 고취되는 민족주의적 선전에 말려드는 쉬운 미끼가 된다. 방법론적 민족주의와 종족적 본질주의의 두 가지 도전은 밀접하게 연관되어 있다. 본질주의를 극복하지 않으면, 민족주의를 초국가주의로 단순히 교체하는, 다시 말해 하나의 – 주의를 다른 – 주의로 교체하게 된다.

초국가화 조건 아래 사람들은 여러 사회적 영역에서 다중의 멤버십을 가질 수 있다. 좀 더 정확하게는 이들은 종족적·국민적 또는 종교적인 여러 소속을 동시에 가질 수 있다. 심지어 법적 영역으로 확장될 수도 있다. 다중 시민권의 예를 들어 보자. 전 세계적으로 하나 이상의 국가에서 시민인 사람들이 점점 더 많아지고 있다. 그에 따라 점점 더 많은 수의 국가가 이전 국적을 포기하라고 요구하지 않는다(제6장 참조). 다중적 멤버십, 다중적 애착, 다중적 역할에 대한 이러한 사고방식은 새로운 것이 아니다. 오히려 다양하면서도 종종 충돌하는 사회적 역할에 사람들이 참여할 수 있다는 근본적인 사회학적 통찰을 적용하는 것을 포함한다. 초국가적 방법론은 이와 같이 역할과 소속이 국가의 경계를 가로질러 확장될 수 있다고 – 상당히 그렇게 보인다고 – 간단하게 추가한다. 왜냐하면 사회는 국가의 영토적 범위에 의해 경계가 그어지지 않기 때문이다. 일반적으로 이러한 사고방식은 분석 단위를 그려내기 위해 다중적 멤버십의 '둘 다/그리고'의 논리를 고려한다. 이러한 관점에서 연구자들은 방법론적 민족주의의 '둘 중 하나/또는'의 논리를 거부함으로써 경험적 절차들을 넓혀놓는다.

이러한 자기 성찰적 자세는 탈종족화 de-ethnicization(Fenton, 2004)에서와 같이 경험 연구의 전략들을 자극시킬 수 있다. 탈종족화는 구성주의와 종족성에 대한 과정적 이해(Barth, 1969)를 바탕으로 한다. 종족이나 국민적 소속을 제외한 다른 이질성들은 특정 질문을 답변하는 데 적절할 수 있다. 각 경우에서 다음과 같은 질문을 제기할 필요가 있다. '무엇에 관한 사례인가?' 다시 말해, 이질성의 의미는 질문에 의해 결정되며 단지 이주자를 다룬다는 이유 때문에 무조건적으로 종족성에 초점을 맞춰서는 안 된다. 특정 종족 집단의 이민자에 대한 경험적 연구를 수행할 때, 연구자는 이민자 범주에 해당되는 문화적 공통성과 다른 공통된 특성들을 미리 정하지 않음으로써 종족적으로 초점을 맞추는 것에서 초월할 수 있다. 예를 들어, 연구자는 연구의 진입 지점을 종교와 같은 다른 이질적 특성에 초점을 맞추는 것으로서 시작할 수 있다(Schiller et al., 2005).

세 번째 도전: 다중현장 연구의 위치성

초국가적 분석은 연구자의 위치성 문제를 매우 긴급하고 명백한 방식으로 제기한다. 특히 연구가 국가들을 가로지르면서 수행되는 경우, 그리고 이주수용국과 이주송출국 양쪽 국가의 연구자들과 협력하는 연구라면 연구자의 위치성 positionality은 더욱 적절한 문제이다. 여기서 위치성이란 정치화되거나 종족화된 연구자의 위치를 지칭하는 것이 아니라 사용된 방법론이 위치한 맥락을 살펴보는 것이다. 다중현장 연구는 단지 여러 국가의 다양한 장소의 연구를 수행하는 것뿐 아니라 연구 설계, 자료 수집과 해석의 측면에서 연구자들의 협력도 요구한다. 초국가적으로 짜인 연구팀에서 연구자들 간의 관계에 영향을 미치는 사회과학적 개념과 연구비 통제에 대한 비대칭성 문제가 발생할 수도 있다. 예를 들어 연구자가 출신국이나 유럽연합과 같은 국제기구로부터 연구비를 제공받는 경우, 이주수용국의 연구자가 연구비를 통제하는 사람이 되는 경우가 많다. 이로 인해 비OECD 국가나 비유럽연합 국가 출신의 연구자는 매우 불리한 위치에 놓이게 되는데 왜냐하면 서구나 북반구 동료들에 의해 설계된 연구를 수행해야 하기 때문이다.

이보다 더 큰 문제는 과학적 개념과 세계관에 대한 지배에 있다. 지난 수십 년 동안 사회학 발달의 역사가 보여주는 것처럼 대부분의 연구, 출판, 이론의 발달은 서구 지역 대도시에서 생산되었고 그 외 지역의 연구자들은 특정한 접근 방식을 도입하기도 어려웠다. 아프리카, 라틴아메리카, 인도와 아시아의 다른 많은 지역에서 '남반구 이론southern theory'(Connell, 2009)의 오랜 전통이 있지만 대부분의 초국가적 연구 프로젝트는 서구의 학자들에 의해 지배적으로 수행되었다. 이것은 잘 알려진 문제를 발생시킨다. 예를 들어, 협력은 때때로 협력하는 연구자들 간에 상호적인 종족화로 이어진다. 요컨대, 개인과 기관은 각각의 초국가적 사회 공간의 부분이고 그곳은 연구를 수행하기로 선택한 곳이다. 더 일반적으로 말하면 북반구와 서구, 그리고 남반구와 동구 사이의 자원들과 권력 비대칭성은 국경을 가로지르는 경험연구의 설계, 개념화, 조작화, 실행, 그리고 해석에 반영된다.

위치성은 또한 연구 대상에 대한 연구자의 위치와도 관련된다. 연구자 대 노동자의 예와 같이 상황적 '경계 그리기boundary drawing'와 '다시 경계 그리기boundary redrawing'로서 정체성을 중심으로 경계가 구성되는 것을 볼 수 있다. 일반적으로 국민 정체성을 계급과 성별 같은 이질성들의 시선에서 표현할 때 연구자의 위치성은 복잡한 배열의 형태를 갖는다. 특히 연구자와 연구 대상 간의 권력 위계 구조를 성별, 계급이나 종족성에 따라 반영하는 것은 유용하다. 이러한 위계는 두 상대방이 다양한 이질적 특성을 따른 용어를 사용하면서 자신들의 상호작용을 정의하고 서로에게 다소 영향력 있는 사회적 위치를 부과하는 상황으로부터 출현한다. 민족지학적 연구에서 오랫동안 인식되어 온 것처럼 위계 구조는 항상 명쾌하게 구분되지는 않는다. 어떤 저자들은 연구 대상에 대해 정의 내릴 수 있는 권력을 가진 사람을 대부분 연구자라고 주장한다. 왜냐하면 연구자가 경험적 관찰, 연구 질문과 결과를 선택할 권력을 갖고 있기 때문이다. 연구 과정 안에서의 관계는 관계저이고 변할 수 있다(Coffey, 1996).

본질적으로 다학제적인 초국가적 관점은 20세기가 시작되는 처음 20년 동안의 초창기 이주 연구에서 제기된 도전을 해결하고 확장하는 데 도움이 된다.

역사적으로 적합한 예는 윌리엄 토마스William Thomas와 플로리언 즈나니에츠키 Florian Znaniecki가 쓴 다섯 권의 걸작인 『유럽과 미국의 폴란드 농민Polish Peasant in Europe and America, 1918-20』이다. 저자들은 미국 이주자 단체의 역할과 미국과 폴란드 사이의 국경을 가로지르는 연계를 다루기 위해 『영토 초월적인 조직 super-territorial organization』(제5권)과 같은 개념을 고안했다. 오늘날에는 이 경우뿐 만 아니라 다른 경우에도 초국가적 연계와 협회들의 양과 질은 증가했을 것이 다. 사실 토마스와 즈나니에츠키는 스스로를 초국가적 연구팀으로 간주할 수 도 있다. 두 학자 모두 시카고에서 연구를 수행했을 뿐 아니라 유럽에서도 상 당한 시간을 보냈다. 플로리언 즈나니에츠키는 폴란드에서 자료를 수집했으 며 윌리엄 토마스는 유럽을 오고가며 약 10여 년 동안 연구를 수행했다.

오늘날 연구 프로젝트에서는 연구자 사이의 협력은 두 명 이상의 연구자가 종종 참여한다. 그러므로 우리는 보다 큰 규모의 연구팀에의 협력을 위한 전제 조건에 대해 신중하게 생각해야 한다(Faist, 2004a: 30~32).

세 가지 도전을 기술하는 방법

초국가적 방법론은 초국가적 사회 공간에서 세 가지 분명한 도전 – 방법론적 민족주의, 본질주의, 연구자의 위치성 – 을 다루기 위해 진화하고 있다. 우리는 방 법상의 혁신이 요구되며, 어떻게 혁신을 가장 잘 성취할 수 있을지 지속적인 토론의 한가운데에 있다. 기존에 확립된 방법론에 대한 비판은 이제는 널리 퍼 져 있지만 세 가지 도전을 극복하는 방법들은 아직 합의에 이르지 못했다. 가 장 중요한 과제는 연구 질문에 적합할 수 있도록 방법을 고안하는 것이다. 다 시 말해 연구하고 있는 사례에 방법을 맞추는 것이다.

연구 질문 자체가 어떻게 방법을 선택하도록 안내하는지 실례를 들어 기 술하기 위해 다시 폴란드 농민의 예로 돌아간다. 저자들이 사용한 방법론은 저자인 윌리엄 토마스가 제기한 연구 질문에 달려 있었다. 연구 질문은 근대화에 의해 초래된 사회적 해체disorganization가 어떻게 사회적 질서의 재조직화 reorganization로 이어졌는가였다. 다시 말해 '사람들은 어떻게 사회적 변화에 노출되는가?' 그리고 '그러한 변화는 어떻게 미국과 폴란드의 두 국가에서 이민자의 이주와 정착에 반영되는가?'와 같은 질문에 그는 몰두해 있었다. 초국가적 유대를 고려함에도 불구하고 토마스는 이주자의 이미지를 '뿌리 뽑힌' 이미지로 묶어두었다. '뿌리 뽑힌' 이미지는 이후의 연구자들에 의해 사용된 이주자에 대한 은유인 '이식된transplanted' 이민자의 네트워크나 '번역translations'에 참여하는 사람들인 '둘 다/그리고' 문화의 혼성 형태의 결과로 묘사되는 표현들과는 상당히 달랐다(제1장 참조).

토마스는 그가 사회적 탈조직화라고 인식한 것에 대한 영향을 연구하기 위해 참여자 관찰과 같은 고전적인 민족지학적 방법에 의존할 수는 없었다. 연구 질문을 생각하면서 시카고의 거리를 걷는 동안 그는 우연히 쓰레기 봉지에 부딪혔고 쓰레기봉지에서 폴란드 농민이 시카고의 친척에게 쓴 편지가 흘러나왔다. 그러자 토마스는 편지를 분석하는 아이디어를 떠올렸고 이것은 나중에 사회학의 생애사 방법이 된 연구 방법을 개발하기 위한 것이었다. 여기서 핵심적인 요점은 이론과 개념, 주요 연구 질문, 방법론과 현장에서 사용된 방법 사이에는 '선택적 친화성elective affinity'[Weber, (1904), 1959],이 있다는 것이다.

거의 100년이 지난 오늘날에는 국경을 가로지르는 관행과 사회 공간에 관한 연구에서 폭넓은 범위의 다양한 방법이 사용 가능하다. 정성적 연구 방법과 정량적 방법을 연결하려는 노력들도 있다. 그럼에도 우리는 두 가지 유형의 방법에 의한 예에서 보듯, 두 가지 다른 연구 논리가 있다는 것을 고려해야 한다. 종종 통계 절차를 사용하는 정량적 접근 방식은 다양한 수준(개인, 국가 등)에서 변수의 영향을 추정한다. 예를 들어, 연구자들은 이주자의 초국가성이나 가구 수준에서 이주자 자녀의 교육 기회에 미치는 영향을 질문할 수 있다. 분석을 위한 자료는 외국 방문, 외국 체류, 물품 교환이나 정보 교환과 같은 초국가성을 지칭하는 변수들의 범위에서 자료가 수집되고 부모의 교육 수준과 직업 배경, 교육 제도의 전환 빈도에 관한 자료도 수집된다. 이와 같은 정보를 바탕으로 확인된 여러 변수에 의해 얼마나 많은 분산이 설명되는지 추정할 수 있다. 본질적으로 정량적 분석을 지향하는 연구는 변수의 평균 효과를 측정한다. 대조적으로, 정성적 접근의 목적은 사례의 속성에 대해 질문하고 특정 사례에서의 특정 결과를 설명한다. 위에서 언급한 예로 돌아가서, 유사한 사회경제적 배경을 가진 부모가 자녀 교육을 위해 한 국가에서 다른 국가로 이주한 결과가 이주자에 따라 다른 이유에 대해 관심을 가질 수 있다. 정성적 연구에서는 차이를 설명하는 변수를 확인하는 대신에 '어떻게'라는 질문을 한다. 행위자는 자신의 경험을 어떻게 해석하는가? 어떤 방식으로 과정이 다른 결과를 가져왔는가?

정량적 접근과 정성적 접근의 연구 모두 초기 조건부터 결과에 이르기까지 기제에 대한 설명을 모색할 수 있다는 것을 강조하는 것은 중요하다. 이 예에서 초기 조건은 유사한 사회경제적 배경을 지닌 부모가 자녀 교육을 위해 한 이주이고, 결과는 학업적 성공에서의 차이이다. 그러나 정량과 정성을 혼합한 방법이 특히 설문 조사에서 점점 중요한 역할을 수행하고 있지만, 논리 자체는 혼합될 수 없다는 것을 인식해야만 한다.

다중현장 민족지학, 이동 민족지학, 지구적 민족지학

초국가적 형성에 관한 연구에서 가장 초창기 방법이자 가장 광범위한 방법 중의 하나는 국가 경계를 넘어 여러 지역에서 실시하는 민족지학ethnography이다. 민족지학의 출발점은 국경을 가로지르는 유대와 관행을 추적함으로써 실제 경험적 장을 확인하는 것이다. 마커스G. Marcus가 제안한 것처럼 다중현장 민족지학의 기본 원칙은 행위자, 사물, 문화 각본과 인공물의 움직임을 따르는 것이다(Marcus, 1995). 민족지학 연구자는 둘 또는 그 이상의 장소에서 체류하며 공간적으로 다양하고 분산된 장을 이동한다. 다양한 지리적 지역성을 표시함으로써 경험적 장을 구성하는 것을 포함한다. 좀 더 정확하게는 연구 설계, 자료 수집 방법 및 데이터 해석 방법을 조직할 수 있다.

학자들이 다중현장 민족지학을 점점 더 많이 사용하는 이유는 여러 지역의 지리적 지역성과 사회적 현장에서 동시 연구를 정당화할 뿐만 아니라 초국가적 현상의 복잡성에 대한 통찰력을 제공하기 때문이다(Falzon, 2009). 다중현장 민족지학은 단일한 컨테이너에서 사회적 생활을 보는 대신 다양한 현장에서 사회적이고 상징적인 관계의 확장에 관심이 있다. 초기 이론가들은 세계 체제 안에 사례연구를 위치시키고 그 틀에서 현장들을 비교했지만, 다중현장 민족지학을 사용하는 사람들은 분석되는 현장에 세계 체제가 배태되어 있다는 가정에서 출발한다. 다중현장 민족지학이 이주 연구에 적합한 것은 경험적 장이 되는 현장을 사회-문화적 실체와 영토적 실체의 두 가지로 이해하기 때문이다.

다중현장 민족지학의 인기가 높아지는 것이 실용적인 이유로 설명될 수도 있다. 최근의 연구는 현장에서의 체류가 점점 짧아지고 다양한 장소에서의 체류도 점점 짧아지는 경향이 있어왔다. 연구의 깊이를 얻기 위해 동일한 현장을 반복적·단기적으로 체류하는 일이 더욱 빈번해졌다. 또한, 다중현장 민족지학은 경험적 연구를 이끌어주는 강한 이론적 지향성에 의존하지 않는다. 오히려 민족지학을 사용하는 학자는 현장 연구를 통해 연구 틀을 개발한다.

다중현장 민족지학 접근법의 예는 케냐 북동쪽에 있는 소말리아 출신 난민에 대한 신디 호르스트Cindy Horst의 연구에서 볼 수 있다. 그녀는 자신이 '대화적 지식창출dialogical knowledge creation'(Horst, 2006: 27)이라고 부르는 접근법을 추구하면서 연구에 초국가적 관점을 명확히 제시했다. 호르스트에 따르면, 연구 방법은 '난민, 기관 및 학자들 간의 대화를 포함해야 하고 아이디어, 개념 그리고 이론의 교환과 토론을 이끌어 내야 한다'(Horst, 2006: 25). 그리고 난민 생활의 다중현장적 특성을 추적해야 한다. 호르스트의 연구 절차에는 자료 수집과 분석 모두에서 소말리아 난민, 정책 입안자 그리고 실무자를 적극적으로 참여시키는 참여적 접근 방식이 포함된다. 예를 들어, 그녀는 연구 질문과 방법을 난민과 함께 논의하고, 인터뷰 보고서와 현장 조사 보고서를 공유하고, 이후에는 논문과 예비 서적의 내용을 공유했다.

이 대화는 호르스트가 난민캠프를 떠나 여러 나라에서 연구에 참여한 후에도 계속되었다. 그녀는 서구에 사는 난민들에게 연락을 취하고 디아스포라 인터넷 사이트에 기사를 게시하여 피드백과 제안을 해줄 것을 요청했다. 그녀는 또한 자신의 연구 결과를 유엔UN에 보냈고 정책 입안자, 유엔과 비정부 단체 직원들과 연구원들로부터 피드백을 받았다. 이렇게 호르스트는 참여적 접근 방식을 다중현장의 현지조사와 연결시켰다. 이 연구는 다른 측면에서도 주목할 만한 초국가적 차원이 있다. 소말리아 난민들이 난민캠프 외부에 있는 친척들과 연락을 유지하는 것은 매일의 생존에 필수적이다. 인터뷰, 문서 분석과 참여관찰을 통해 호르스트가 추적한 연락들은 좀 더 광범위한 국경을 가로지르는 디아스포라를 통해 친척에게 도달된다. 디아스포라의 초국가적 연락 채널은 무선통신 송신기taar, 전화, 친척이 사는 지역으로 여행하는 사람을 통해 메시지와 물품 보내기, 그리고 송금과 서신 보내기를 가능하게 하는 비공식적인 가치전달체계xawilaad가 포함된다. 요컨대, 호르스트는 캠프의 소말리아 난민을 국가 경계를 가로질러 다른 지역의 소말리아인과 국제기구나 기관과 연결된 초국가적 공동체로 분석하기 위해 자신의 연구 대상으로 채택했다. 이러한 맥락에서 그녀는 '디아스포라 정신'(Horst, 2006: 34)에 관해 서술한다. 디아스포라 정신은 난민캠프의 소말리아인에게 혜택을 주고 확장적인 초국가적 친척 네트워크를 형성한다.

이동 민족지학은 사람들의 이동성과 연구자의 방법 간 상응이 가장 중심에 놓이는 좀 더 최근의 방법이다. 이 방법은 송금 보내기나 협회를 조직하는 것 등과 관련된 사회적 관행을 직접 관찰하여 초국가적 사회 공간에서 사람들의 공간적 이동을 직접적으로 다룬다. 이동 민족지학의 출발점은 집단이 아니라 이동성과 지리적 인구 이동의 패턴에서 시작하며, 오로지 이주자를 종족 집단이나 국민 집단으로만 초점을 맞추던 것에서 탈피함으로써 위에서 설명한 본질주의를 피할 수 있다. 이동 민족지학은 다중현장 민족지학에서 영감을 받아 '구분을 만들어내는 체현되고, 이동하고, 물질적인 다수의 관행, 관계들, 그리고 장소들로 들어가는' 통찰력을 제공한다(Buscher et al., 2010: 105). 다중현장 민족지학보다 이동 민족지학은 공간 이동성의 사회적 관행에 중점을 둔다. 이 전략은 '사람들의 이동성을 관찰하고', '함께 걷고', '사람들 주위를 따라다니면서' 데이터를 수집하는 것을 권장하며 연구자가 지리적·가상적 이동성을 경험적 장으로 정의할 수 있도록 한다.

초국가적 연구를 위한 가장 광범위한 방법 중 하나인 다중현장 민족지학만의 특유한 가치는 다른 방법과 비교할 때 드러난다. 다른 연구 방법도 현장들이 어떻게 서로 연결되는지를 찾아내는 시도를 한다. 말하자면, 지구적 민족지학은 인류학에서 발달되었고 사회학자들에 의해 수정·확장된 사례 방법 위에 구축된 것이다(Burawoy et al., 2000). 이 두 가지 접근 방식은 세 가지 점에서 주요한 차이가 있다.

첫째, 다중현장 민족지학은 다양한 국가의 현장에 초점을 맞춘다. 반면 지구적 민족지학의 관심은 분석의 규모에 있다. 다시 말해 지구적 민족지학은 어떻게 지역적 수준과 지구적 수준이 상호작용하는가에 관심이 있다. 예를 들어, 지구적 민족지학의 핵심적 관심은 어떻게 인권에 관한 지구적 담론이 지역적 사회운동에 의해 채택되고 수정되는가에 있다.

둘째, 두 접근 방식은 맥락을 이해하는 방식에서 차이가 있다. 다중현장 민족지학에서 맥락은 연구자가 자신의 현장을 발견하고 세세히 기술하는 과정에서 진화된다. 지구적 민족지학에서 전체 맥락은 기존 이론에서 중요한 개념들에 의해 대부분 사전에 정의된다. 예를 들어, 세계 체제 이론에서 맥락은 자본주의가 될 것이며 관련된 행위자의 선택을 구조화한다. 다른 예를 들자면, 시민권 이론은 하나의 정치체나 다수의 정치체의 온전한 구성원으로서 시민들이 역할을 할 수 있게 하는 민주화의 기제를 강조할 것이다(제6장 참조).

셋째, 연구 설계의 구성에서 이론의 역할은 큰 차이가 있다. 다중현장 민족지학에서 이론적 구성은 유보되지만 지구적 민족지학에서는 이론이 결정적인 역할을 한다. 다시 말해, 지구적 민족지학은 기존 이론의 수정에 기여하려는 보다 강한 포부가 있다.

다중현장 대응표본

다중현장 연구가 가장 체계적으로 확장된 방법 중 하나는 대응표본 방법으로, 동시적 대응표본 방법으로 불린다(Mazzucato, 2008). 이것은 초국가적 접근 방식의 핵심적인 아이디어 중의 하나인 동시성의 가능성, 말하자면 하나 이상의 현장인데 이 경우에는 한 국가 이상의 다중현장에 닿을 수 있는 하나 이상의 국가에 존재하는 중첩되고 다중적인 유대에 기반을 둔다. 따라서 이 방법은 여러 지역에서 발생하는 개인이나 집단의 초국가적 관행의 동시성을 고려한다. 의사소통과 상품 이동, 그리고 이주한 사람들과 남은 사람들 간의 네트워크 등을 포함하는 거래에 중점을 둔다.

　마주카토V. Mazzucato와 동료들은 가나에서 온 암스테르담 이주자들의 비대표적 눈덩이 샘플링을 사용하여 출신국의 수도 아크라와 북쪽에 위치한 쿠마시주변의 농촌 마을이 넘는 이주자들을 연구하면서 연구팀은 29개의 네트워크를 찾아냈다. 연구팀은 2003년에서 2004년에 걸쳐 1년 동안 여덟 개 영역(주택, 사업, 장례식, 교회, 건강관리, 교육, 의사소통과 지역사회 개발 프로젝트)에서 발생된 모든 거래를 월 단위로 기록했다. 각각의 연구자들은 네덜란드와 가나의 다중현장에서 연구하면서 각 현장을 잇는 연계에 대해 준-동시적으로 의사소통했다. 이러한 방식으로 다중현장 방법의 한계로 지적되는 개인 연구자가 일반적으로 거래의 동시성을 포착할 수 없다는 문제를 극복하는 것을 목표로 했다.

　여기서 가장 중요한 것은 이 방식이 다중현장 사이의 양방향 흐름의 추적을 가능하게 한다는 사실이다. 예를 들어, 불법 이주자의 합법화를 위해 가나에서 네덜란드로 보내는 '역송금reverse remittances', 결혼 상대자를 찾기 위해 암스테르담에서 쿠마시나 아크라로 보내는 재정적 송금을 추적할 수 있다. 특히 정착국과 모국 공동체의 두 경제를 형성하는 규칙, 가치 및 규범을 통해 이주자의 연계가 모국의 제도에 미치는 영향에 초점을 맞추었다. 예를 들어, 장례식에 관한 초국가적 관행은 제도적 변화를 가져왔다. 이주자들이 모국 공동체에 계속 관여하고 송금하는 주된 이유 중 하나가 장례식이라는 것을 연구팀은 발견했다. 장례식에 대한 투자는 지리적 거리에도 불구하고 이주자들이 주는 도움, 그리고 가족과 모국 공동체 내에서 재확립되고 정당화되는 이주자들의 지위를 모두 보여주는 예다. 이주자들은 장례식의 주요 자금원이었다(종종 네덜란드에 있는 네트워크 회원들로부터 돈을 빌려야 했다). 결과적으로 이러한 관행은 모국 공동체에 긍정적인 경제적 효과를 가져왔다. 예를 들면 마을 사람들은 장례식 손님을 맞이하고 식사를 대접했다(Mazzucato, 2006).

가상 네트워크들

키사우K. Kissau와 헝거U. Hunger는 이주자의 정치적 온라인 활동에 대한 조직적 구조와 지향성을 밝히기 위해 인터넷을 연구 현장으로 선택했다(Kissau and Hunger, 2010). 인터넷은 콘텐츠, 웹페이지 및 사용자 프로필이 매일 바뀔 수 있는 역동적인 구조이기 때문에 연구의 어려움이 매우 크다. 그럼에도 인터넷은 국가의 경계들을 가로지르며 분산된 집단 구성원 간의 통신을 가능하게 하기 때문에 웹사이트 분석은 소통 네트워크에 대한 귀중한 통찰력을 제공할 수 있다. 연구자들은 검색 엔진과 눈덩이 표집snowballing 방법을 사용한 구조화된 웹사이트 검색으로 분석 대상인 독일에 거주하는 세 종족 집단(터키인, 쿠르드인, 러시아인)에 관한 약 800개의 웹사이트를 찾아냈다.

이 움직이는 목표를 포착하기 위해 다양한 연구 방법을 사용했고 그중에서 세 가지 방법이 가장 중요하게 나타났다. 첫째, 연구자들은 가상 네트워크를 발견하기 위해 하이퍼링크 분석을 사용하여 웹사이트 구조 분석을 했다. 둘째, 웹사이트의 사용자와 운영자에 대한 설문 조사를 실시하여 웹사이트가 표방하는 집단적 표현 이외에 개인들의 관심사와 활동들을 찾아냈다. 셋째, 정치적 활동을 하기 위해 약 30개의 웹사이트를 선택하여 이주자가 만들고 사용하는 웹페이지의 구체적인 내용 분석을 했다. 여기서 주제의 지향성, 자기 기술, 그리고 집단 경계와 같은 특성들을 살펴보았다. 가상 네트워크 방법론은 인터넷 커뮤니티의 유형을 분류하고 각각의 온라인 공동체에서 이주자들 사이의 내부적인 상호작용에 대한 통찰력을 확보하고 이주자 집단과 정치적 환경 간의 소통 전략을 살펴보는 데 도움이 되었다. 연구자들의 방법론적 제안은 진지하게 고려할 필요가 있다. 이들은 온라인 분석이 현지 조사를 대체하는 것은 아니라고 덧붙였다. 온라인 세계와 오프라인 세계는 상호작용하며 서로 독립적인 것은 아니다.

초국가성 조사하기

지금까지 우리는 주로 정성적 방법qualitative methods을 검토했다. 이들 방법은 초국가적 사회 공간에서 국경을 가로지르는 유대와 관행에 관한 현상을 확인하는 역할을 한다. 또한 정성적 방법은 관행과 공간을 (재)생산하는 데 관련되는 기제에 대한 이해를 증진시키는 데 있어 도구적이다. 이제부터는 정량적 방법quantitative methods을 살펴보며 초국가적 유대, 관행 및 공간의 정도와 빈번한 정도를 밝히기 위해 그것들의 출현에 관련된 주요 요인을 확인할 것이다.

정성적 방법에 기반한 연구에서는 종종 준거 집단을 포함하지 않은 채 국경을 가로지르는 유대 관계를 가진 이주자들 사이의 초국가성을 조사한다는 점에서 한계가 있다. 이러한 단점은 초국가주의 연구에 대해 가해지는 일반적인 비판에 상응한다. '정성적 방법은 현상 자체에 관한 사례를 연구하기 때문에 현상의 정도와 증가 여부에 대해 어떤 것도 알려주기 어렵다'(Portes, 2001:

182~183). 정성적 연구에는 일반적으로 이주하지 않은 사람이나 이주수용국에서 모국으로 귀환한 사람들에 대한 비교 집단이 존재하지 않는다. 이것이 포르테스가 언급했던 '종속 변수에 대한 표본sampling on the dependent variable'의 결과이다. 다시 말해 초국가적 유대 관계를 가진 이주자들은 적절한 비교 집단, 즉 국경 간 유대가 없는 사람들과 비교되지 않는다. 따라서 정성적 연구는 초국가적 현상의 존재를 기록할 수는 있지만 수치로 표현되는 빈번함에 대한 지식은 알려주는 바가 거의 없다. 이것은 대부분의 기존 연구에서 다루지 않은 또 다른 중요한 측면이다. 또한 역사적 관점에서 개인과 가족의 생애 주기를 가로지르는 시간적 차원에 관한 경험적 증거도 거의 제공해 주지 못한다(제3장과 제5장 참조).

이주자의 초국가적 관행에 대한 가장 광범위한 조사 중 하나는 이민자 기업가 비교 프로젝트CIEP이다(Portes, 2003; 제2장과 제5장 참조). 이 프로젝트는 정성적 방법으로 보완된 정량적 조사를 통해 주로 초국가적 관행의 범위를 설정하는 데 중점을 두었다. 현지 조사는 미국에 거주하는 콜롬비아 출신, 도미니카 공화국 출신, 살바도르 출신 이민자 집단을 중심으로 1996년에서 1998년 사이에 수행되었으며, 이 집단들은 당시 라틴아메리카 출신 이민자의 5분의 1 이상을 대표했다. 이들 이민자 집단의 떠남과 수용의 맥락은 매우 뚜렷했다. CIEP의 조사는 두 단계로 진행되었다. 첫 번째 단계는 여섯 개 이민자 집단이 집중적으로 거주하는 미국의 여섯 지역과 출신국의 수도를 포함한 해외의 여섯 개 도시에 거주하는 선택된 집단에서 각 두 명씩, 주요 정보제공자 총 353명에 대한 인터뷰를 진행했다.

두 번째 단계는 세 집단의 이민자가 집중적으로 거주하는 미국의 주요 지역에서 설문 조사를 기획하고 2단계로 진행되었다. 1단계는 도시의 구역을 기본 단위로 하는 다단계 무작위 표본과 각 도시 구역에서 선택된 국적을 보유한 가구주에 대한 체계적인 무작위 표본을 정했다. 2단계는 1단계 정보제공자로부터 수집한 자료를 기반으로 소개를 받아 표본을 정하고, 여러 개의 눈덩이 연결을 이용하여 일반적인 기업가 활동을 하는 이민자와 초국가적 활동을 하는 이민자를 구분하는 것을 목표로 했다. 눈덩이 표집 절차는 정량 분석을 위해 충분한 수의 초국가적 기업가를 확보해야 하지만 표집의 방향성이 연구 방향에 따라 의도적으로 편향된다는 점에 주의해야 한다.

이 연구 설계로 포르테스와 동료들은 경제, 정치 및 사회 문화 분야에서 초국가적 활동의 확산과 범위를 정량적으로 측정할 수 있었다. 각 집단 이민자들의 초국가적 비율은 세 가지 활동 영역에서 해당 집단의 5분의 1 이상을 넘지 않았다. 그럼에도 초국가적 관행은 특정 범주의 사람들, 예를 들어 자영업자나 정치적으로 활발한 이민자에게는 상당히 실질적인 활동이었다. 따라서 국경을 가로질러 밀집되고, 지속적인 유대 관계를 가진 사람들로 정의되는 초국가적으로 활발한 이민자들은 소수에 불과했지만, 초국가적 현상은 활동성과 확실성으로 확립될 수 있었다. 이런 종류의 설문 조사는 민족지학 연구에 대한 교정 역할을 한다. 예를 들어 민족지학 연구는 때때로 오늘날의 이민자들 사이에서 마치 초국가적 기업가 활동이 경제적인 적응의 주요한 형태가 된 것처럼 보이게 만든다.

CIEP는 특정 시점의 데이터를 사용한 횡단 연구의 예이다. 그러나 종단 연구만이 관찰된 현상의 역사적 궤적을 확립하는 결과를 얻을 수 있도록 한다. 대규모 조사와 인류학의 심층 연구를 결합한 멕시코 이민 프로젝트Mexican Migration Project: MMP(이하 MMP)에서 사용된 종족 조사 방법론은 시간에 따른 멕시코와 미국 사이의 이주 패턴을 추적한다(Massey, 1987). 원래의 아이디어는 출신국에 남아 있는 사람들과 이주수용국에 정착한 사람들을 대응시키지 않았지만 이것은 초국가적 방법론에 결정적인 중요성을 갖는다. MMP는 초국가성에 중점을 두도록 설계되지 않았지만 MMP의 요소들이 초국가적 방법론을 한층 발전시키는 데 유용하다. 더글라스 매시, 호르헤 두랑드와 동료들은 '미등록 이주 측정과 관련한 심각한 부적절성을 갖는' 통상적인 이민 조사에 대한 대안적 방법론으로 종족 설문 조사ethno-survey를 발전시켰다(Durand and Massey,

2006: 324).

　종족 설문 조사는 단일 연구 내에서 민족지학과 설문 조사 방법을 동시에 적용하여 다중적 방법으로 데이터를 수집하는 기술이다. 두 가지 정성적 구성 요소인 선택된 공동체에서 실시하는 민족지학적 사례연구와 심층 면접은 비확률 무작위 샘플링과 확률 샘플링을 결합한 정량적 조사와의 결합에 기반을 둔다. 질적 연구와 양적 연구의 결합은 최근에 혼합 방법 설계라고 부르는 것에 해당하며 다음과 같이 진행된다. 먼저, 연구자들은 연구를 수행할 현장을 선택하고 참여관찰, 구조화되지 않은 심층 면접, 그리고 보존 기록물을 포함한 전통적인 민족지학의 현지 조사에서 시작한다. 그다음, 초기 단계에서 얻은 민족지학 자료는 설문 도구의 설계에서 사용할 수 있다. 설문 조사는 신중하게 설계된 계획에 따라 선택된 응답자의 확률 표본으로 실시된다(Durand and Massey, 2006: 제13장). 정성적 방법의 현지 조사는 설문 조사 기간 동안 계속되거나 완료 후에도 다시 시작된다. 이상적으로는 초기 민족지학으로부터 얻은 통찰이 이후의 통계적 연구를 안내하는 것처럼, 민족지학 연구자가 현장을 떠나기 전에 설문 조사에서 얻은 예비 정량 자료를 사용할 수 있도록 분석의 흐름이 조직되어 정량적 분석에서 나오는 패턴을 통해 질적 현지조사를 구체화할 수 있다.

　원래 연구자들은 멕시코에 있는 공동체 네 개를 조사했다. 수집된 자료에는 모든 가구주와 배우자의 이주, 직장 그리고 출입국에 대한 전체 이력이 포함된다. 이주 경험이 있는 모든 가구 구성원의 첫 번째 여행과 가장 최근의 미국 여행에 대한 기본 정보와 가구주의 가장 최근의 해외여행 경험에 대한 자세한 정보가 포함된다. 지금까지 MMP는 멕시코와 미국에 있는 81개 공동체를 대상으로 설문 조사를 실시했으며 과거부터 현재까지 미국으로 이주한 1만 8000명에 달하는 사람들의 자료를 산출했다. 비록 데이터는 일반화의 가능성이 제한적이고 멕시코와 멕시코 이민자를 대표하지는 않지만 집계된 추세를 묘사하고 분석하는 데 유용하다.

앞서 논의한 두 가지 설문 조사, 독일-터키 패널 연구(Faist et al., 2011)와 같이 진행 중인 연구는 적어도 세 가지 점에서 중요한 발전을 이루었다. 첫째, 우리는 일반적으로 국가 경계를 가로지르는 사회적 유대와 관행에 대한 국가 수준의 자료만 가지고 있다. 여기에는 앞서 언급한 보다 깊은 인식론적 문제가 있다. 설문 조사의 진화는 국민국가들의 발전과 그에 따른 필요에 밀접하게 연결되어 있다. 둘째, 많은 기존 연구는 연구되는 인구 집단의 정주적 속성을 가정하는 경향이 있다. 따라서 유럽 노동력 조사European Labour Force Surveys: ELFS(이하 ELFS)와 같은 대부분의 국가 간 비교 연구의 표본은 특정 범주의 활동을 과소 표집하는 것으로 알려져 있다. 예를 들어, ELFS는 계절 이주자나 미등록 이주자(예를 들면, 가사나 돌봄 서비스)와 같은 유동적 범주의 개인을 연구 대상에 포함하지 않는다. 왜냐하면 이주수용국 데이터에 포함되지 않은 사람들이 이주 송출국 데이터에 반드시 포함된다고 볼 수 없기 때문이다. 셋째, CIEP와 종족 설문 조사는 방법적 논리는 비록 정량적이지만 정성적 연구의 요소를 포함한다. 따라서 혼합적 방법 설계를 도입할 수 있다. 정성적 방법이 중요한 이유는 다양한 표집 전략의 효과와 연구 대상의 범위에서 오류에 대한 이유를 결정하는 데 필수불가결하기 때문이다. 게다가 두 설문 조사 모두에서 인터뷰는 단지 표준화된 설문지의 도움을 받아 실시되는 것만이 아니라, 표준 설문지에서 빠뜨릴 수 있는 정보들(예를 들어, 가구 구성원의 이동 패턴)을 수집하기 위해 인터뷰 대상자와 나누는 집중적인 대화를 포함한다. 본질적으로 국가와 지역 사이에서 이주자의 지속적인 다중적·방향적 이동성을 포착할 방법과 복수-지역적 공간적 틀 안에서 이주를 맥락화할 접근을 필요로 한다.

동시성 포착하기

국경을 가로지르는 분석에 대한 방법론은 비교 연구와는 구별되어야 할 필요가 있다. 비교 연구는 배타적이고 경계 지어진 분석 단위인 국민국가와 같은 실체에 중점을 둔다. 가장 전망 있는 해결 방안 가운데 하나는 다중현장 민족지학이다. 즉, 행위자의 활동이 펼쳐지는 여러 국가의 현장들에서 연구를 수행하는 것이다. 다양한 표현을 찾는 다중현장 연구는 사회, 국민, 문화, 종족 등을 균질화시키는 관념들을 놓아버리는 아이디어 위에서 구축된다. 앞서 살펴본 것 같이, 다른 다중현장 연구 방법들을 통해 동시성을 포착하는 도전은 엄청나게 크지만 감당할 수 있다. 앞의 논의는 온라인 분석이나 설문 조사의 혼합적 방법의 적용과 같이 초국가적으로 안내된 방법론에 적합한 추가적인 방법들을 제시했다. 다양한 형태의 다중현장 연구를 체계적으로 발전시키기 위해 더 많은 연구가 필요한 것은 당연하다. 그러나 모든 방법에 공통적인 것은 국경을 가로지르는 사회 현상에 대한 행위성과 과정 지향적인 관점이다.

다중현장 연구를 기반으로 한 다양한 방법, 확장된 사례 방법, 혼합적 방법은 단순히 이동성의 패턴을 발굴하는 것 이상의 더 많은 목표를 제공한다. 이러한 방법들은 또한 비이동성을 생성하고, 예를 들어 벽, 수용소, 구치소에서 그 표현을 찾는 국경과 경계를 만들어내는 과정을 반영하고 해부하기 위해 의도되기도 한다. 마찬가지로 동등하게 중요한 것은 이러한 방법이 우리의 관심을 초국가적 사회 공간에 맞추게 한다는 것이다. 초국가적 사회 공간은 상대적으로 이동성이 있는 행위자와 상대적으로 이동성이 없는 행위자 모두가 거주하는 곳이다.

초국가적 방법론을 향한 미래의 작업은 초국가적 관점과 다른 관점 – 세계시민주의적cosmopolitan 관점 – 을 구별함으로써 이익을 얻을 수 있다. 일반적으로 초국가적 접근은 사회 공간에 대한 구성주의적 관점을 강조한다. 초국가적 관행이 초국가적 사회 공간, 즉 초국가적 순환과 초국가적 공동체를 구성하고 재생산하는 방법에 초점을 둔다(제3장). 대조적으로, 지구적 세계시민적 접근(Beck and Sznaider, 2006)은 '지구적 세계시민주의 조건global cosmopolitan condition'으로 묘사된 국민국가에 의해 주로 조직되고 초국가적 네트워크에 의해 끊임

없이 교차되어 행위자와 연구자에 의해 지구적 지평선에서 관찰되는 지구적 사회 공간의 존재를 선험적으로 전제한다. 또한 세계시민주의 접근은 이미 지구적인 전망을 긍정적인 현상으로 인식하면서 경험적 추세와 규범적인 바람직함을 충분히 구별하지 못한다. 이러한 주요한 차이에도 불구하고 중요한 유사성도 있다. 초국가적 접근과 세계시민주의 접근의 방법론적 결과는 초국가적·지구적·국가적·지역적, 그리고 다중적 규모에서 맞춰지는 행위자 전략과 같은 관찰 방식의 다중적 차원 사이의 구분에 있다.

Chapter 08

초국가화되는 시민사회

시민사회civil society는 사회질서의 다른 원칙들 — 주로 가족, 국가, 시장 — 을 보완하기 때문에 사회적 과정을 이해하는 데 핵심적이다. 또한 시민사회는 다양한 형태의 초국가적 사회 공간 속으로 연결되는 국경을 가로지르는 거래에서 중심적이기도 하다. 우리는 초국가적 구조에서 국경을 가로지르는 관행과 그 연속성을 분석하는 것이 중요하다고 여기기 때문에 보다 일반적인 수준에서 사회질서를 위한 초국가성과 초국가적 사회 공간의 유의미성을 체계적으로 평가하는 것 또한 마찬가지로 중요하다. 시민사회는 뚜렷이 구분되는 사회질서의 원리이면서도 방금 위에서 언급한 세 가지 다른 원칙들 — 가족, 국가, 시장 — 을 교차한다는 점에서 특히 유용하다(그림 8.1 참조).

　구체적으로 시민사회는 공공 영역에서 비국가, 비시장, 비가족 행위자의 관행을 종종 지칭하며, 개인과 집단은 자유롭게 모여 공공의 관심 사안을 확인하고 논의하면서 그에 따른 정치적 생활을 형성한다. 시민사회에 잠재적인 행위자들의 중요성은 이 책의 여러 부분에서 다루었다. 예를 들어, 경제 개발의 행위자로서 재외 향우회의 적절성(제4장), 이주자 통합 과정에서의 행위자의 역

<그림 8.1> 국가, 시장, 가족 사이에 존재하는 시민사회

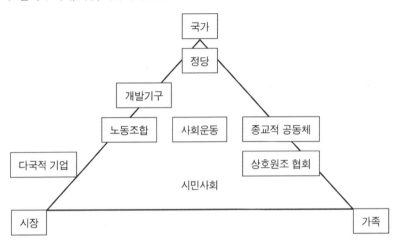

할(제5장), 정착국과 출신국 정치에서의 이주자 참여(제6장)를 살펴보았다.

이제 사회질서의 원칙으로서 보다 체계적으로 시민사회를 논의하며 시민사회의 변화하는 역동성에 대한 초국가적 사회 공간에서 국경을 가로지르는 유대와 관행의 관련성에 관한 질문을 추구한다. 이를 통해 개발, 인권, 민주화, 사회정의와 같은 공적인 이슈를 둘러싼 논쟁에서 초국가적 관행이 갖는 시사점을 이해하는 데 도움이 될 것이다. 전반적으로 시민사회를 – 이것이 이 장의 주요 명제이다 – 초국가화되는 시민사회로서 생각하는 것은 생산적이다. 이 논제는 국경을 가로지르는 관행을 추적함으로써 공적인 이슈에 대한 사회적 형성의 결과를 이해하기 시작할 수 있다는 아이디어를 지칭한다. 둘째, 먼저 시민사회와 초국가적 사회 공간의 관계를 살펴보고 앞 장에서 시민사회를 다루거나 시민사회와 관련이 있는 이슈들을 개괄한다. 셋째, 사회질서의 다른 원칙, 즉 시장, 국가, 가족에 대한 시민사회의 침투를 체계적으로 분석한다. 넷째, 초국가적 사회 공간이 어떻게 초국가화되는 시민사회에 기여할 수 있는지, 그리고 이주자들이 시민사회를 형성할 수 있는 가능성에 관한 질문들을 제기한다. 다섯째, 시민사회에 대한 초국가적 관점이 어떻게 좀 더 일반적으로 이동성과 불평등에 대한 사회과학적 사고에 영향을 미치는지 논의한다.

시민사회와 초국가적 사회 공간들

시민사회에 대해 일반적으로 받아들여진 정의는 없다. 시민사회는 모호하고 종종 일관성 없이 사용되는 개념이다. 무엇보다 시민사회는 규범적인 개념으로 주의 깊게 다뤄져야 할 개념이다. 단순히 자본주의적 세계 체제를 개혁하고 무정부 상태의 국가 체제를 개선하고 가부장적 가족을 폐지하는 엔진으로서 지구적 또는 초국가적 시민사회에 관한 숭고한 신화를 진전시키는 것을 피할 수 있도록 조심스럽게 다뤄져야 한다. 그 대신에 이 개념과 관련된 모순적인 과정들에 주목하면서 시작하는 것이 필요하다.

시민사회는 권위의 독점(국가), 수요와 공급의 가격 결정 메커니즘(시장)이나 소규모 연대와 상호 호혜성의 체계(가족)가 아니다. 시민사회에 대한 대부분의 현대적 정의는 '시장, 국가, 가족 외부에 있는 공통의 이익을 증진하기 위해 사람들이 결집하는 무대'(세계시민단체연합Civicus)라는 아이디어와 같이 매우 일반적이다. 간단히 말해, 시민사회는 정부 정책을 변화시키기 위해 로비에 참여하고 실업이나 질병과 같은 생애 위험에 대한 사회적 보호를 제공하거나 교육 기관에 기여하는 협회나 조직과 같은 사회생활의 다양한 참여적 기관을 지칭한다.

매우 종종 시민사회는 사회 변화의 잠재력을 말할 때 예를 들어 공유된 이익, 목적, 가치를 둘러싼 자유로운 집합적 행동의 무대를 일컫는 설명들에서 언급된 시민사회에서 가장 흔히 거론되는 행위자는 등록된 자선단체, 신탁기관, 노동조합, 시민 시위 단체, 비영리 단체, 비정부 단체, 공동체 집단, 여성 단체, 신앙 기반 단체, 전문직 협회, 자조 집단, 사회운동 단체, 비즈니스 협회, 중소기업과 대기업, 정부에 독립적인 미디어, 옹호 집단 등이다. 희망은 종종 민주화, 인권, 젠더 평등의 씨앗이며 확산 기제로서 시민사회에 부착될 것이다.

시민사회에 대한 규범으로 가득 채워진 이해에 반대하는 다양한 목소리는 민주적 시민사회가 실제로 어떤 것인지를 질문한다. 일부 목소리는 지구적으로 운영되는 인권이나 환경 단체와 같은 많은 시민사회의 행위자들이 직접적으로 선출되거나 임명되지 않았지만 엄청난 정치적 권력을 획득했다는 점에 주목한다. 그러나 이 같은 단체들은 자신이 목소리를 낸다고 주장하는 것들에 대해 책임을 지지 않으므로 공식적인 정당성이 결여되어 있다. 더 나아가 비판가들은 시민사회가 북반부에 편향되어 있고 북반구의 시민사회 단체가 시민사회 영역을 지배하고 있다고 주장한다. 또 다른 사람들에게는 시민사회가 여전히 지구적 엘리트들이 이익을 추구하는 신新식민지 프로젝트이다(Chatterjee, 2004). 그리고 시민사회의 행위자는 비폭력의 옹호자로서 행동하지 않을 수 있고 오히려 그 반대일 수도 있다.

앞 장의 분석에서 일부 디아스포라 집단이 국가 건설을 위해 민족주의 운동을 형성하고 기여한다는 것을 배웠다(제6장). 다른 말로 표현하자면, 디아스포라는 모호한 집단이다. 이들은 규범적으로 바람직한 사회적 송금의 전달자이기도 하지만, 장기간 이어지는 유혈 폭력의 기여자이기도 하다. 그러므로 시민사회에 대한 개념이 단지 협력, 공감, 공적 신뢰만을 강조하는 것을 넘어서야 한다. 시민사회의 야누스 같은 두 얼굴에도 관심을 가져야 한다. 규범적으로 바람직한 것에서 유해한 것까지 광범위한 범위의 결과물을 포함하는 영역으로 시민사회에 대한 이해를 개방함으로써 보다 엄격하게 초국가성과 연관된 주요한 질문들을 추구할 수 있다.

초국가화에 관한 문헌은 이주자의 초국가적 관행을 본질적으로 풀뿌리 현상의 표현으로 보는 경향이 있어왔다(Portes, 1996). 이러한 맥락에서 초국가적 관행은 다국적 기업과 같은 강력한 행위자들을 통해 위로부터 생성된 초국가적 관계와는 상반되게 주로 아래로부터 발생하는 것으로 분류된다. 이러한 견해에서 초국가적 관행은 국경을 가로지르는 시민사회의 일부이자 핵심적인 부분이 될 것이다. 그러나 지금까지 국경을 가로지르는 거래의 혜택에서 배제된 집단에게 권한을 부여해 주는 '아래로부터의 초국가주의'라는 방정식은 국경을 가로지르는 소규모의 집단에서도 착취와 억압의 사례가 있기 때문에 그에 따른 비판을 받았다.

여기에 잘 들어맞는 사례는 젠더화된 선을 따라 특정한 가족 의사 결정 과정에서 나타나는 가부장제에 기반한 배제이다(Mahler, 1598). 그럼에도 배제는 때때로 도전받지 않고 투쟁은 공공의 영역으로 옮겨진다. 따라서 시민사회는 무엇보다 '투쟁의 무대이고, 분열되고 논쟁적인 지역an arena of struggle, a fragmented and contested area'이다(Keck and Sikkink, 1998: 33). 시민사회에서 불평등과 부정의와 밀접하게 연관된 계급, 인종, 젠더 및 기타 표식들로 점철된 이질성은 인권의 옹호부터 새로운 국민국가를 건설하기 위해 먼 거리에서 투쟁하는 사람들에 이르기까지 사회운동의 활동가와 지도자들에 의해 도전받는다.

이러한 불평등은 수평적 연대에 기여할 수도 있지만 반대로 부정적인 경우에는 남성/여성, 흑인/백인, 동화/비동화 등의 오래된 이분법을 강화시키는 데 기여하고, 단순노동 이주자/고숙련 전문직 이주자 사이에서 새로운 이분법을 구축시키거나 이슬람교/기독교와 같이 오래된 이분법을 다시 유행시키는 데 기여한다. 그러므로 초국가적 관점에서 시민사회가 신뢰, 공감, 인권, 비폭력, 사회적 불평등에 대항하는 투쟁으로 특징지어지는 영역으로서 지나치게 낙관적인 개념만을 의미하지는 않는다. 예를 들어 동료 이주자를 착취하는 데 관여하는 시민사회의 행위자도 존재한다(Tilly, 2005: 제10장). 이러한 부정적인 경우에 대한 고려는 국민국가를 넘어서는 지구적 가버넌스 문제와 국가의 사회악에 대한 일종의 '수리점repair shop'(Alexander, 2006)으로서의 시민사회 역할에 의문을 제기한다.

실질적으로 시민사회는 여기서는 발견적 도구로서 어떻게 국민국가나 도시와 같은 사회적 실체가 계속적으로 증가하는 다원성, 또는 국경 가로지르기를 경험하는지 탐구하기 위해 사용된다. 이주는 세계관이나 삶의 방식, 사용되는 언어의 수, 그 속에 살고 있는 사람들의 국적, 거주자의 법적 지위의 범위와 관련하여 국민국가와 같은 사회적 형성이 좀 더 이질화되는 방식들 중 하나다. 국경을 가로지르는 시민사회를 형성하는 요소들은 이주자, 계절노동자, 해외 거주자, 파견 노동자들의 사회적 활동, 국가의 정기적인 활동과 국경을 가로질러 팽창하는 시장을 통해 등장한다.

그러나 이 책 전체의 초국가적 사회 공간은 초국가화되는 시민사회와 동의어가 아니다. 오히려 그것들은 시민사회의 잠재적인 요소다. 우리는 초국가적 관점이 시민사회에 대해 의미하는 바를 구체적으로 명시해야 한다. 이 장에는 우리가 추구하는 두 가지 연구 질문이 있다.

첫 번째 연구 질문은 초국가적 시민사회의 고유한sui generis 기본적인 형태의 기원에 관한 것이다. 이 질문은 초국가적 또는 지구적 시민사회에 관한 기존 문헌에서 추구되는 주요한 질문이다. 이 접근법은 광범위한 의미에서 진화적이며, 시민사회의 연속적인 지리적 확장과 함께 도시국가에서 국가, 궁극적으로 세계, '지구적 시민사회global civil society'로의 이동(Keane, 2003)으로서 추적될 수 있다.

두 번째 질문은 첫 번째 질문을 보완하며 초국가적 관행과 기존 사회의 초국가화에 중점을 둔다. 두 번째 질문은 단체와 협회의 국경을 가로지르는 관행에 관한 것이다. 이러한 관점에서는 시민사회를 이해하기 위한 기초로서 내부와 외부, 내부의 경계와 외부의 경계 같은 이분법도 없고, 시민사회가 도시 국가에서 국민국가로, 더 나아가 세계로 점진적으로 진화했다는 아이디어도 존재하지 않는다. 사실상 어느 정도까지는 모든 수준 – 지역적·국가적·국제적 그리고 지구적 수준 – 에서 단지 초국가적 시민사회로 생각할 수 있다(제7장).

여기서는 시민사회의 두 번째 의미에 중점을 둔다. 그러므로 시민사회를 단일하거나 또는 복수 구현체로 완전히 발달한 초국가적 시민사회의 이념형적 구성물로 이야기하는 것이 아니다. 그러나 디아스포라와 망명자 공동체는 초기 초국가적 시민사회의 요소들에 대한 그림을 제공하는데, 이런 요소들은 난민 인권이나 멕시코 인디언의 자율성, 환경보호와 같은 이슈에 관여하는 사회운동에 의해 배양된 것들이다.

시민사회에 대한 개발, 사회통합, 시민권의 적절성

앞 장들의 논의는 개발, 통합, 구성원권 그리고 정치에 관한 실질적인 문제를 다루면서 시민사회에 대한 폭넓은 이해를 위해 초국가성이 어떻게 구성적인지에 대한 아이디어를 제공했다. 제4장은 이주자 집단과 단체의 긍정적인 기능이라고 주장되는 것 중 하나인 출신국의 지역개발을 지원하는 것에 대해 고찰했다. 몇 년 동안 국제기구와 일부 국민국가는 이주자들이 (과거) 모국이었던 국가의 경제와 정치 개발을 지원하기 위한 이상적인 행위자로 선전해 왔다. 여기서 논의되는 국제기구는 개발 기구를 일컫는데 영국의 옥스팜Oxfam과 독일의 미세레올Misereor과 같은 특정 국가에 기반을 둔 개발 기구와 국제연합 개발 프로그램UNDP이나 세계은행과 같이 국제적 기반의 개발 기구를 포함한다.

개발 논쟁은 매우 중요한데, 그 이유는 1970년대 이후로 개발 사고, 정책과 관행은 '개발 국가developmental state'라는 관념을 버리고 개발의 중심으로서 시장 작동 기제와 시민사회의 행위자에 더욱 많은 희망을 두고 있기 때문이다. 이러한 개념적이고 정책적인 변화는 빈곤, 불평등, 농업 개혁 또는 산업화 문제를 다루는 데 있어 우선순위의 변화를 동반했다. 따라서 개발과 관련된 커다란 전환이 있었다. 중앙정부 주도의 개발 국가에서 지방정부, 국제기구 그리고 (국제적) 비정부기구로, 국가 주도의 시장경제에서 주요 시민사회 단체에 의한 개입으로, 개발 NGO에서 이주자 협회로 전환되었다.

우리는 개발을 위한 '풀뿌리grassroots' 행위자로서 시민사회에 중추적인 역할로 간주되는 행위자의 수와 유형에서 잠재적 확장을 보고 있다. 개발 논의에 참여하는 이주자 협회가 시민사회의 일부인지 또는 중앙정부와 지방정부에 의해 선출되기 때문에 국가의 일부인지를 질문하는 것은 타당하다. 프랑스나 말리의 맥락을 예로 들면, 상당수의 이주자 협회는 인프라 개발을 위한 적절한 기능을 충족한다. 때때로 이러한 협회는 이들 국가에서 국가적으로나 지역적으로나 권력을 행사하는 실권자들과 가까워 시민사회를 독립적인 실체로서 구분하는 것도 쉽지는 않다.

제5장에서 보고된 바와 같이, 이민자 통합 문제를 다루는 연구의 대부분은 이주자 협회가 정착국에서 일차적으로 이주자의 적응 과정을 용이하게 하는 역할을 한다는 가정을 했고 이 가정은 전혀 놀랍지 않다. 물론 이것은 유익한 가정이긴 하지만 국경을 초월하는 이주자 협회의 다중 초점적 특성은 종종 무시되어 왔다. 동화와 종족적 다원주의와 같은 통합 이론과 유사한 집단과 단체(협회)의 통합에 대한 이론이나 개념화는 없다. 그럼에도 개인 이주자 수준의 경우와 마찬가지로 협회 수준의 적응과 초국가화가 제로섬 지향적이 아니라는 것을 발견했다. 한편에서는 정착국에서 적응하는 문제에 전적으로 헌신적인 이주자 협회가 있고 다른 한편에서는 모국에 초점을 맞추는 이주자 협회가 있고, 또한 양쪽 국가에 참여하는 이주자 협회도 있으며, 시간이 지남에 따라 이주자 협회들의 전환과 변화의 정도도 다양하다. 그리고 국경을 가로지르는 단체에서 적극적으로 활동하는 이주자들은 하나의 장소에 확고하게 뿌리를 두는데, 이것은 종종 사회운동에 관한 연구에서 초국가적 행동주의의 전제 조건으로 관찰되어 왔다(Tarrow, 2005).

제6장에서 살펴본 바와 같이 시민사회와 국가의 토대 간 관계에 관한 생산적인 연구 영역이 시민권이다. 시민권은 국가가 보장하는 시민의 권리와 의무에 관한 것뿐 아니라 신뢰와 상호 호혜성에 기반을 둔 민주주의와 집합적 소속의 원칙에 관한 것이다. 시민사회에 대한 관심의 중심에는 민주적 공공 영역으로서 이주자 협회가 갖는 중요성에 관한 문제가 있다. 서유럽에서 국경을 가로지르는 접촉을 하는 이슬람 단체를 예로 들면, 이들이 민주적으로 '적합한지'에

대한 활발한 논쟁이 있다.

이 논쟁은 알렉시스 드 토크빌Alexis de Tocqueville의 『미국 민주주의Democracy in America』에서 잘 묘사된 것 같이[Tocqueville, (1835), 1988], 19세기 전반기에 가톨릭교회에 대한 불충성의 대가로 미국에서 장기간 지속된 이민 문제를 지칭한다. 오늘날의 충성은 종종 민주적 전망과 자유주의 가치에 설득력 있게 연결되어 있지만, 내부적으로 민주주의 원칙에 따라 구조화되어 있지 않은 단체들은 특히 비판받기 쉽다. 이러한 측면에서 시민사회에서 유익한 단체로 간주되기 위해 단체가 내부적으로 민주적이어야 하는지에 대한 오래된 질문으로 귀결된다.

다른 쟁점은 이주자 협회의 효과성에 관한 것이다. 예를 들어, 시민권 원칙에 대한 주도적인 변화는 모국과 정착국에서 어느 정도로 전개되는가? 그러나 이주자 협회의 정치적 역할은 국가적 차원에서만 상주하지 않을 수 있다. 왜냐하면 이들의 활동은 종종 지역적 차원에서 더욱 활동적이고(Moya, 2005) 국가의 경계를 넘는 지역-초월적인 방식이기 때문이다. 지역 초월적인 협회의 예로 재외 향우회를 들 수 있다. 이러한 방식으로 이주자 협회는 실질적으로 시민정신에 기여하고 시민사회는 국경을 가로지르는 지역적 수준에서 기여할 수 있다.

앞 장에서 제기된 시민사회에 대한 여러 질문과 연구 결과에 대한 간략한 검토를 통해 시민사회의 경계가 흐릿하다는 것은 풍부한 사례에서 명확하다. 적대적인 디아스포라조차 때때로 시민사회의 일부로 간주된다는 모순적인 개념에서 증명되는 것처럼 말이다. 마찬가지로 시민사회는 두 가지 측면에서 개념화되어야 하는데, 한편으로는 공통의 이익에 근거하고 불평등을 다루는 것에 기반을 둔 자유로운 공적인 행동을 포함하고, 다른 한편으로는 불평등을 발생시키는 관행을 포함해야 한다.

이러한 모든 이유로 인해 사회질서의 네 가지 원칙을 별개의 것들로 간주하지 않고 상호 연관되는 개념으로 간주할 수 있다(〈그림 8.1〉 참조). 이 삼각형의 개념화를 고수한다면 시민사회는 세 가지 다른 원칙들의 사이사이에서 시각화될 수 있으며, 다음과 같은 주요한 관계들의 가닥 – 시민사회와 시장, 시민사회와 국가, 시민사회와 가족 – 이 결과적으로 만들어진다.

역사적으로 보면 사회질서의 네 가지 원칙 사이의 구별은 지난 세기를 지나면서 점진적으로 발전해 왔다. 네 가지 원칙의 구분은 여러 학자 중에서도 독일 철학자 조지 빌헬름 프리드리히 헤겔Georg Wilhelm Friedrich Hegel과 정치 분석가인 토크빌로 거슬러 올라간다. 첫째, 헤겔(Hegel, (1882), 1991)은 시민사회를 시장 사회market society의 형태로, 그가 개인의 이익과 사유재산의 충족을 상징하는 정치적 사회 또는 국가라고 일컬었던 영역과 분리된 영역으로 개념화했다. 그는 특정 시기의 자본주의 시대에 출현한 시민사회가 후자의 이익, 즉 개인의 권리와 사유재산에 기여했다고 주장했다. 자본주의에서 개인은 가족을 떠나 경제적 경쟁의 영역으로 들어간다. 둘째, 헤겔은 자본가가 이익의 영역을 구축하면 시민사회는 갈등과 불평등으로 취약해진다고 보았다. 그는 정치적 국가만이 시민사회의 결점을 바로잡을 수 있는 역량과 권한을 가지고 있다고 주장했다. 이와 같은 헤겔의 아이디어는 오늘날의 시민사회 개념과 완전히 반대되는 개념으로, 오늘날에는 시민사회가 사회와 국가 전반에 대한 일종의 수리 상점으로 받아들여진다. 토크빌은 전제주의 프랑스와 민주주의 미국을 비교한 후, 국가의 중앙 집권화와 자유주의적 개인주의 간의 균형을 잡아주기 위해 민간 제도와 정치적 협회를 증진시키면서 헤겔과 논쟁했다(Tocqueville, (1835), 1988).

그럼에도 두 학자 모두 시민사회를 국가, 가족, 시장과 결합하여 분석하는 것이 중요하다고 보았다. 암묵적으로 시민사회와 시장을 국경 없는 원칙으로 개념화하고 국가를 국민국가의 역사적 형태로 간주했던 최초의 사람은 카를 마르크스Karl Marx였다. 이것은 마르크스가 시장과 시민사회를 국민국가적 형태로부터 해방된 원칙으로 생각했다는 것을 의미하며, 이 아이디어는 초국가적 현상 분석에서 적절한 것으로 입증된다.

시민사회와 국가

안토니오 그람시|Antonio Gramsci는 시민사회를 위한 국가의 역할에 대한 이 논쟁과 그 역의 논쟁을 받아들이고 시민사회가 국가의 사회경제적 기반과 일치한다고 간주하지 않았다. 오히려 그는 자본주의의 생존에 필수적인 문화적·이념적 자원의 기여자로서 시민사회의 중요한 역할을 강조면서도 '대항 헤게모니counter-hegemony'라고 불리는 혁명의 출현을 위한 기회를 제공하는 장소로서도 시민사회를 강조했다. 초기 마르크스주의 개념 같이 그람시는 시민사회를 하나의 문제로 두기보다는 문제 해결을 위해 대항하는 헤게모니의 장소로 보았다(Gramsci, 1971). 그람시에 따르면 시민사회와 국가 사이를 연결하는 것은 관료주의와 법률 체계이다. 그람시의 사상을 지지하면서 1960년대와 1970년대의 신좌익은 국가와 시장에 대항하여 사람들을 방어하고, 국가에 대해 영향력을 행사하는 민주적 의지를 확고히 하는 중요한 역할을 시민사회에 부여했다. 1980년대로 접어들면서 반대로 사상가들은 시민사회를 공산주의와 권위주의 체제를 전복하고 민주주의를 향한 투쟁의 장소로 간주해 왔다.

시민사회와 국가를 구분하는 사회 이론과 정치적 행동에서 강조하듯이 상호적으로 구성되는 관계에 수반되는 특정한 전제 조건이 있다. 첫째, 국가 권한의 일부는 구성원에 대한 인권, 민권, 정치권 그리고 사회권을 보장해야 한다. 둘째, 시민사회의 행위자와 그들이 조직한 협회는 국가로부터 일정 정도의 자율성이 필요하다. 셋째, 다원적인 정치 생활을 위한 일정한 사회적 공간이 필요하다. 우리는 시민사회를 위한 이 전제 조건들을 하나씩 차례로 살펴볼 것이다. 전제 조건들은 국가에 대한 시민사회의 규범적 프로젝트에 대해 이야기하기 위해 필요하지만 프로젝트의 최종 성과가 반드시 민주화나 시민사회의 모든 구성원의 평등, 그리고 다원적인 정치 생활이 될 것이라는 것은 결코 확실하지 않다는 것을 다시 강조한다.

인권, 민권, 정치권, 사회권

일부 인권과 민권에 대해서는 여러 국제 협약에 명문화되어 있다. 그러나 전 세계적으로 이들 권리를 효과적으로 시행할 수 있는 포괄적인 국제적 구조도 없고 지구적 정부나 지구적 시민사회도 존재하지 않는다. 특정한 유형의 국민 국가는 다음의 권리들을 보장한다. 자유 민주주의 국민국가는 인권, 민권과 사회권을 부여한다. 국민국가들은 국제적 수준에서 제네바 난민 협약Geneva Convention for Refugees(1951)을 비준함으로써 어느 정도까지 인권 체제를 준수한 다. 기본적인 민권과 사회권은 국민-국가 차원에서 상대적으로 시민권과는 독 립적으로 주어지며 사실상 자유민주주의 정치체에 거주하는 모든 합법적 이주 자에게 부여된다. 불법 이민자들의 경우에도 비상 상황에서는 기본적인 인권 과 지원을 제공받을 수 있다. 비록 이런 권리에 접근함으로써 결과적으로 추방 을 당하게 되지만 말이다. 그럼에도 외국인, 영주권자 그리고 시민권자 사이에 각자가 주장할 수 있는 권리의 범위에는 단계적 차이가 있는 것은 사실이다.

권리의 실효성을 위해서는 형식적인 권리가 실질적인 권리로 전환되어야 한다. 지역사회나 국가적 수준에서 이차적 결사체들은 공식적인 권리를 실질 적인 현실로 전환하는 데 도움을 줄 수 있기 때문에 국가-시민 간 유대 관계를 형성하는 역할을 한다. 초국가적 사회 공간은 이 변형을 위해 요구되는 제도적 인 구조가 부족하다. 오늘날 이주와 관련하여 국경을 가로지르는 과정은 정치 체제의 발달 정도가 다른 국가들 사이에서 그리고 인권, 민권, 정치권 그리고 사회권이 실현되는 정도가 다른 전 세계의 지역들 사이에서 발생하는 긴장을 잘 보여준다. 인권 활동에 참여하는 국제사면위원회Amnesty International와 난민 단체 같은 비정부기구는 인권과 민권을 얻기 위해 국경을 가로지르는 의미 있 는 노력을 반영한다. 모국 공동체에서 개발 프로젝트에 관여하는 이주자 협회 는 실질적인 사회적 시민권을 요청하기도 한다.

국가로부터의 협회 자율성

시민사회를 의미 있게 이야기하기 위해서는 자발적 협회와 같은 단체의 자율성 수준은 다른 영역 – 국가, 시장, 가족이나 친족 집단 – 의 자율성의 수준과 구별되어야 한다. 이들 협회의 자율성은 자유도에 의해, 즉 국가, 시장 및 가족의 세 끝 지점으로부터의 거리에 의해 개념화될 수 있다. 이러한 관점에서 교회와 사회운동은 시민사회에서 가장 독립적인 행위자 중 하나이다. 그러나 국경을 가로질러 활동하는 협회가 반드시 기본권과 자유 민주적 다원주의를 증진시키는 데 관심이 있다는 뜻에서 자율성의 의미를 갖는 것은 아니다. 가톨릭교회와 같은 일부 이주자 협회는 기존에 존재해 온 국경을 가로지르는 구조에서 진화되었다. 이런 경우에는 이주자 집단이 자체적으로 조직적 연계를 위한 토대를 제공하지 못하지만 초국가적 유대를 유지하고 재생산하기 위해 교회 제도를 이용한다(Schmitter Heisler, 1985). 다시 말해, 이들은 좀 더 광범위한 초국가적 조직 구조를 활용한다. 이것은 라틴아메리카에서 미국으로, 또는 이탈리아로에서 독일로의 이주와 같이 종교적 친화성이 있는 경우에 가능했다. 게다가 이슬람 단체는 이슬람 공동체umma라는 이름으로 모든 이민자 협회를 결집시킬 수 있지만 이민자 협회가 반드시 시민사회의 요소를 구성하는 것은 아니다. 그러나 이민자 협회가 국가로부터 일정 정도의 자율성을 누리고 있다면 시민사회를 구성할 수도 있다. 초국가적으로 활발한 단체가 모국 지향성이 높을수록 이주수용국의 정부는 통제를 위한 노력을 강화할 가능성이 높다. 이들 단체가 반체제 활동에 참여하는 경우, 모국 정부는 해외 이민자와 난민의 정치적 활동을 줄이기 위해 이주수용국 정부에 압력을 가하는 경우가 많다. 이런 방식으로 초국가적으로 활동하는 단체의 자율성은 항상 위협을 받는다.

다원적 자유민주주의

제대로 기능하는 시민사회는 다원적 민주주의에서 번성하며 그 구성원들이 집합적이고 개인적인 관심 사안을 공개적으로 표현하고 추구할 수 있도록 허용한다. 다양한 집단 사이에는 정치적 경쟁, 파벌과 갈등은 기본적 요소이다. 시민사회는 다원적 사회를 의미하며 그 속에서 때때로 구성원, 집단, 공동체의 정부 기관과 법에 대한 다양한 의무가 인식된다. 이러한 요구 사항이 충족되는 현대의 초국가적 구조에 대해서는 말할 필요도 없을 것이다.

전반적으로 시민사회와 국가의 관계는 본질적으로 모호하다. 한편, 라틴아메리카의 많은 가톨릭교회의 경우와 마찬가지로 시민사회는 종종 국가를 지지한다. 해외에서의 정치 활동은 때때로 지역과 국가의 정치적 권력관계 유지에 기여하기도 한다(제6장). 다른 한편으로, 사회운동이 반복적으로 행해짐에 따라 시민사회의 행위자는 시민사회 자체를 위해 국가에 반대할 수도 있다. 국가의 권력 관행에 도전하는 인권 단체가 바로 그 예이다. 물론 정적인 그림에 빠지지 않도록 주의해야 한다. 때때로, 사회운동, 시위 활동, 반대하는 디아스포라가 정부 당국에 의해 선출될 수도 있다.

시민사회와 시장

최근 들어 시민사회는 이주자가 주도하는 활동의 형태로서 국제 개발 기구의 의제에 등장했다. 우리는 제4장에서 남반구의 모국 지역개발 프로젝트에 참여하는 북반구의 디아스포라에 대해 논의했다. 이것은 사회 변동을 해석하는 시민사회의 정치적·경제적 중요성을 나타내는 하나의 예일 뿐이다. 잘 알려진 대로 칼 폴라니Karl Polanyi는 19세기 시장 근본주의와 이에 대한 1940년대 초까지 시민사회와 국가의 대응을 분석했다(Polanyi , (1944), 2001). 그의 관점에 의하면 시장 근본주의에 대한 반응은 권위주의 운동의 부상으로 파시즘과 스탈린 주의, 그리고 제2차 세계대전으로 절정에 달했다. 서구 세계에서 제2차 세계대 전 이후 자유주의 정치 질서의 구성은 '배태된 자유주의embeded liberalism'의 전 제하에, 제3세계 지역에서는 '개발 국가'라는 전제하에 발생했다. 1970년대 후 반 이래, 북반구의 복지국가 관념과 남반구의 국가 주도 개발에 관한 관념은 격렬한 공격을 받아왔다.

이러한 경향은 미국의 로널드 레이건Ronald Reagan 대통령과 영국의 마거릿 대처Margaret Thatcher 수상 집권하에서 복지국가에 대한 신보수주의적이고 신자 유주의적 구조 조정으로 그리고 국제통화기금International Monetary Fund: IMF의 구 조조정 프로그램을 통한 정부 주도적 개발에서 출발했다. 이러한 결정적인 정 치-경제적 변화의 여파로 1990년대 워싱턴 컨센서스는 세계은행과 IMF로부터 조건부 대출을 받은 국가를 포함하여 부채가 많은 개발도상국에 이르기까지 공공 부문을 축소하라는 압력을 가했다. 이는 결과적으로 이론적 논쟁에 영향 을 미친 시민사회에 대한 실질적인 변화로 이어졌다. 처음에는 새로운 IMF의 융자 조건이 국가에 의해 제공되던 서비스와 사회복지를 대체하기 위해 시민 사회의 역할을 만병통치약panacea 또는 마법의 총알magic bullet로 더욱 강조되도 록 이끌었다.

이 관점에 의하면 가격 책정 기제를 통해 자원이 배분되는 시장 원칙은 국 가에 의한 권위적인 자원 배분보다 우수하다고 생각되었다. 1990년대 후반과 2000년대 초 이후로 시장 원칙은 국제기구들이 이주자를 노동 이주자나 난민 뿐 아니라 경제적 기업활동가로 묘사하도록 논의를 진전시켰다. 개발의 행위 자로서 이주자 네트워크와 협회의 중요한 역할에 대해 세계은행과 같은 국제 기구와 OECD 국가의 새로운 열망은 시민사회 – 종종 상호 교환적으로 사용되는 공동체 – 가 시장이나 국가와 같은 사회질서의 원칙들을 교체하거나 적어도 보 완하는 개발의 원칙으로 삼아왔다는 사실을 반영한다.

시민사회와 가족

오늘날 국경을 가로지르는 이주로 인해 초국가적 가족이라고 불리는 현상이 널리 만연되고 증가하는 추세이다. 초국가적 가족은 가족 구성원 중 일부가 다른 국가에 살고 있는 가족을 지칭한다. 이러한 가족에 대한 연구는 이동성의 젠더화된 속성, 특히 '이주의 여성화'에 대한 이해를 통해 박차를 가해왔다. '이주의 여성화feminization of migration'는 이주하는 남편을 따라 여성이 함께 이주하거나 분리된 채 남겨지는 현상뿐 아니라, 독립적으로 이주하는 여성 비율이 증가하고 있다는 사실을 의미한다. 흥미로운 점은 이주의 새로운 유형이나 패턴의 결과로서든 제한적인 이민법 때문이든 간에 점점 많은 초국가적 가족이 공간적으로 분리되어 있다는 것이다(제2장). 그러나 동시에 이전에는 이용할 수 없었던 인터넷과 새로운 형태의 통신이 발달되고 항공 여행이 저렴해지면서 이주자가 사랑하는 사람들과 더욱 쉽게 연락을 유지할 수 있다는 것을 알 수 있다. 여전히 우리는 초국가적 가족이 실제로 얼마나 널리 퍼져 있는 현상인지 알지 못한다. 또 다른 중요한 측면은 초국가성이 ― 다시 말해 가족과 개인이 국경을 가로지르는 거래에 참여하는 정도가 ― 생애 과정에 달려 있으며 그에 따라 변화한다는 점이다. 예를 들어, 초국가성은 20대부터 40대까지의 연령대에서 가장 높을 수 있고, 이 시기에 가족이 형성되고 지리적인 이동성과 노동시장의 참여가 중첩되는 경향을 보인다. 그러므로 초국가적 가족과 관련되어 제기되는 이슈는 ― 초국가적 부성과 모성, 아들과 딸의 역할, 그리고 초국가적 사회운동에서 가족의 참여가 ― 가족의 생애 과정의 배경으로 볼 필요가 있다.

초국가적 가족을 시민사회에 연결할 때 두 가지 이슈가 발생한다. 첫 번째 이슈는 초국가적 모성transnational motherhood이다. 초국가적 모성은 대중매체를 통해 공적 영역에서 도덕적인 문제로 등장했다. 두 번째 이슈는 초국가적 가족은 이주자들이 보다 큰 공동체에 참여하는 새로운 질문들을 제기한다.

첫째, 초국가적 가족에 관해 알려진 지식이 별로 없지만 이주자 송출 지역인 동유럽에서는 이에 대한 공적인 정책 논쟁이 활발하다. 동유럽에서는 초국 가적 모성이 가족과 어린이, 그리고 시민사회와 지방정부의 역할에 미치는 영향에 대한 활발한 토론이 진행되고 있다. 공적 토론에 참여하는 주요 행위자로 대중매체를 들 수 있다. 대중매체는 시민사회의 핵심적인 요소를 구성한다. 예를 들어 동유럽 국가의 주요 뉴스 잡지는 이주자가 남기고 떠난 자녀들을 '유럽 고아Euro orphans'라고 묘사한다. 그리고 이들의 '나쁜' 엄마들은 취약해진 자녀에게 미치는 부정적인 영향을 고려하지 않고 새로운 경제적 기회의 활용을 통해 개인적 성취를 추구하기 위해 서쪽으로 떠나기로 결정했다고 묘사해 왔다(Lutz and Palenga-Möllenbeck, 2012).

여성이 서유럽 국가로 이주한 이후 남겨진 노인들과 아이들이 스스로의 삶을 꾸려가는 것에 초점을 둔 설명들은 일반적으로 변화된 노동 조건에 대해서는 언급하지 않는다. 확실히 실제 모습은 대중매체가 묘사한 것보다 훨씬 더 복잡하다. 전 세계 여러 다른 지역에서 수행된 민족지학적 증거에 따르면 이주자 여성은 엄마를 대체할 수 있는 사람들의 손, 주로 남편이나 확대 가족의 보살핌을 받을 수 있게 하고 떠난다(Parreñas, 2001b). 그러나 루마니아, 우크라이나 및 폴란드에서 보살핌이 어떻게 다루어지고 있는지 알지 못한다. 이주자가 정착한 국가에서 보살핌이 어떻게 재조직되는지, 그리고 모국 지역의 보살핌 유출care drain과 정착국 지역에 미치는 결과를 보다 큰 지구적 차원의 보살핌 연쇄global care chain의 부분으로 이해할 필요가 있다. 지구적 보살핌 연쇄는 상품 연쇄의 아이디어에서 영감을 받은 개념이다(Yeates, 2009).

초국가적 가족의 많은 어린이가 주 양육자와 헤어질 때 경험해야 할 잠재적 상실감을 축소시켜서는 안 되지만 정주하는 어머니 역할이나 부모 역할을 이주의 맥락에 그대로 적용하는 것에 주의하는 것도 마찬가지로 중요하다. 국경을 가로지르는 모성의 실천과 그것이 자녀에게 미치는 실질적인 영향에 대한 좀 더 나은 이해에 도달하는 것이 유용할 것이다. 정책 논쟁의 한 예는 이탈리아로 이주한 우크라이나 여성의 보살핌 노동의 맥락에서 찾아볼 수 있다. 우크라이나 여성은 비정규직 일자리를 찾는 어려움에 직면할 뿐 아니라 개인 가정에서 양육 일거리를 찾는 데도 어려움을 느낀다. 동시에 여성 이주자는 장거리에서 부모 역할에 참여해야 한다. 흥미롭게도 우크라이나에는 관련된 정책 논쟁이 있는데, 지역적 수준에서 어떻게 노인을 보살펴야 하는지와 학교에서 규율 문제를 어떻게 대처해야 하는가에 관한 것이다(Piperno, 2007).

둘째, 가족생활과 사생활이 보다 넓은 사회적 영역으로부터 단절되지 않으며 가족이 공적 생활에서 역할을 수행한다는 사실을 상기한다면, 단지 배우자 간이나 부모 자녀 간의 관계뿐 아니라 모든 친척 관계나 동료 관계도 초국가적 생애 주기에 의해 재구성된다. 명백한 예는 이주자 협회나 종교적 예배 모임을 들 수 있는데 이러한 단체의 회원은 가족들로 구성된다. 예를 들어, 독일에 있는 아프리카 이주자를 위한 종교 협회는 다양한 영적인 기능과 함께 사회적 지지 기능을 충족시킨다. 어떤 경우에는 여성이 무대 뒤에서 공동체 서비스를 위한 지원을 제공하는 데 있어 매우 적극적이다. 가족 내부의 변화하는 젠더 관계는 다른 방식들로 시민사회 활동에 반영된다. 여성들이 길거리로 나간 경우도 있다. 멕시코 여성 농장 노동자 단체인 리더레스 캄펜시나스Lideres Campensinas는 가정 폭력 반대 시위를 위해 캘리포니아의 여러 도시에서 거리 행진을 했다(Hodagneu-Sotelo, 2000 참조).

시민사회를 위한 이주자의 초국가적 사회 공간의 역할과 기능

시민사회의 사회 조직적 원칙들과 국가, 시장, 가족의 사회 조직적 원칙들 사이의 유동적 경계들을 검토해 보면 이주자의 초국가적 사회 공간이 어떻게 시민사회와 연결되는지 자세히 살펴볼 수 있다. 분석적 관점에서 초국가적 접근은 초국가적 맥락에서 국경을 가로지르는 관행과 '오래된' 제도적 구조가 어떻게 지역 차원과 국가 차원에서 변화하는가에 초점을 맞추고 있다. 정치 영역에서 초국가적 접근은 어느 한 가지 개념에만 치우치지 않은 채, 국경-초월적 민족주의와 국민-초월적 정치적 공동체 두 가지 개념을 모두 설명해야 한다. 경제적 영역과 관련하여 초국가적 접근은 소규모 기업가들이 활용할 수 있는 국경을 가로지르는 기회뿐 아니라 가까운 친족의 착취도 모두 다루어야만 한다. 사회-문화적 영역과 관련된 초국가적 접근은 국가적 가족이 어떻게 소득을 확보하는 기회를 확대하는지 뿐만 아니라 억압적인 관계 유형을 식별하고 억압적 관계가 어떻게 유지되는지도 주목해야 한다.

초국가화되는 시민사회의 형성에 이주자와 이들에게 유의미한 타인들이 어떻게 참여하는지 이해하는 데 도움이 되는 출발점은 조너선 폭스Jonathan Fox의 '이주자 시민사회migrant civil society' 개념이다(Fox, 2007). 이 용어를 통해 그는 '이주자 주도의 회원 단체와 공공 기관'을 이해한다. 이주자 시민사회는 모국과 정착국의 사람, 단체, 장소들의 틈새에 놓여 있다. '이주자 시민사회'라는 용어에서와 같이, 이주자와 같은 하나의 범주의 행위자로 구성된 시민사회는 말할 것도 없고, 우리의 용어에서도 초국가적 시민사회나 지구적 시민사회를 이야기하는 것은 너무 이르다. 이것은 개념을 너무 멀리까지 확장하는 것이다. 그러나 초국가적 사회 공간이 시민사회에 기여하는 요소와 초국가적 사회 공간이 어떻게 시민사회에 의해 형성되는지를 살펴보는 것은 가치가 있다.

국경을 가로지르는 유대망이 상당히 밀집된 대표적인 두 가지 예는 미국과 멕시코 사이와 터키와 독일 사이의 유대망이다(Goldring and Krishnamurti, 2007; Faist and Özvereri, 2004). 우리는 그러한 국경을 가로지르는 공간의 어떤 요소가 적절한지 확립할 필요가 있다. 협회 활동은 이주자 주도적이거나 이주자 참여라는 강한 요소가 있을 수 있다. 국경을 가로지르는 사회 공간으로부터 발생하는 시민사회가 초국가화되는 결정적인 요소는 ①이주자 회원 단체, ②이주자 주도 NGO, ③이주자 운영의 미디어 매체, ④이주자 주도의 자율적인 공적 공간, ⑤국경을 가로지르는 거래의 중요성에 대한 의식이다.

첫째, 이주자 회원 단체는 출신국 지역의 이주자와 비이주자의 요구를 전적으로 수용하는 클럽과 협회이다. 재외 향우회가 그 예이다.

둘째, 이주자 주도 NGO들은 기존의 비영리 협회의 형태를 띨 수 있다. 회원뿐 아니라 다른 이주자 집단 구성원에게도 봉사하고 이주자가 이끄는 단체이다. 이주자 회원 협회와 NGO는 다양한 이질성을 중심으로 결집할 수 있다. 몇 가지 언급하자면, 종족-민족 단체(원주민 단체 포함), 종교 협회, 다종족 단체 및 차별반대 운동이 있을 수 있다. 지금까지 논의된 두 가지 요소는 이주자 출신 배경이 있거나 실질적인 이주자 참여가 있는 것이다. 이주자가 주도하는 협회는 다양한 범위의 활동을 실현하기 위해 스스로 협회를 설립한다. 이주자들은 이미 존재하는 기존 협회에 참여할 수도 있다. 노동자 단체가 그 예가 될 것이다. 이주 노동자들이 같은 노동의 맥락에서 다른 노동자들과 자신을 동일시하기 때문에 이주 노동자들은 노동자 단체와 손을 잡는다. 여기에 알맞은 사례는 유나이트 히어!UNITE HERE!라는 노동조합이다. 미국의 호텔, 게임, 식품 서비스, 제조, 섬유, 유통, 세탁 및 공항 산업의 단체이다. 최근 수십 년 동안 멕시코 노동자와 미국 노동조합에 대한 멕시코 노동자 단체의 중요성은 증가했다. 노동조합이 역동적이고 새로운 회원을 모집하는 지역과 부문에 정확히 멕시코 이주 노동자 단체가 존재하기 때문이다(Hatis, 2002).

셋째, 이주자 운영의 미디어 매체는 표현의 방식을 지칭한다. 예를 들어, 모국과 정착국의 웹페이지, 신문, 잡지나 라디오 프로그램 등이 있다. 미디어는 지역이나 양 국가의 신문, 라디오 프로그램, 독립적인 인터넷 토론 포럼을 포괄한다(Madianou and Miller, 2012 참조).

넷째, 이주자 주도의 자율적인 공적 공간의 개념은 이주자가 자신들의 주장을 전시하는 것을 지칭한다. 예를 들어, 집회나 대규모 모임, 시위 등이 있다. 가장 가시적인 사례는 2006년의 이민 없는 날Great American Boycott(스페인어로는 El Gran paro Estadounidense)이다. 미국의 불법 이민자는 대부분 라틴아메리카 출신이고, 이들은 하루 동안 학교와 비즈니스의 불매운동에 참여했다. 이러한 시위는 국경을 가로지르는 거래와 밀접하게 연결되어 있다. 예를 들어, 멕시코 정부는 법적 거주 자격과 노동 자격이 없는 멕시코 이주자에게 신분증을 발급해 주었다. 이 신분증은 미국의 일부 주에서 운전면허 취득과 같은 법률상 거래에서 유효한 문서로 인식된다.

다섯째, 국경 간 거래의 중요성에 대한 의식이다. 시민사회를 초국가화하는 중요한 지점은 공공 영역과 대중매체에서 회원단체와 NGO 활동을 통해서만 국민국가의 경계를 넘는 거래가 이루어지는 것이 아니라는 점이다. 행위자는 국경을 가로지르는 연결을 구축하는 중요성을 알고 있어야 한다. 이주자가 구축하는 유대는 모국의 고향이나, 가족, 출신 국가에 대한 충성심에서 나온 것일 수도 있고, 아니면 인권과 같이 특정한 사안의 국경을 가로지르는 파급 효과의 실현을 위한 것일 수도 있다. 국경을 가로지르는 거래와 사회적 관행에 대한 의식은 활동적인 사람들과 밀접한 관련이 있고 이들에게 직접적으로 영향을 미친다. 이러한 다섯 가지 요소들이 반드시 초국가적 시민사회를 구성하는 것은 아니지만 시민사회의 일부이고 핵심이며, 이주자의 국경을 가로지르는 관행이 어떻게 시민사회를 형성하는지를 보여준다. 이주자들은 초국가적 유대를 활용하고 국제기구에 관심을 돌려 이주자의 이해를 진전시키고 목표를 진척시킬 수 있다. 첫째, 정착국에 설립된 이주자 단체가 있고 모국의 공공 사안을 증진하거나 네트워크를 구축하는 데 관여한다. 주목할 만한 예는 유럽의 터키 단체인 알레비Alevi이다. 알레비는 유럽의 많은 국가에서 결성되었다. 이 단체는 전적으로 정착국의 사회민주당 지지자들에 의해 출발했지만 결국 알레비의 종교적 신앙체계에 의해 정의되는 협회로 발전되었고 터키로 돌아가서 확대되었다(Bak Jørgerisen, 2008: 8장). 다른 예로는 해외에 있는 멕시코 이주자 단체를 들 수 있는데, 이들은 정부가 후원하는 지원 프로그램인 '쓰리포원'의 도움을 받지 않고 모국 지역사회의 공공사업과 사회 사업에 자금을 지원한다. 이 상황의 반대편에는 모국에서 설립된 이주자 단체가 있고, 이들은 국경을 가로지르는 거래에 참여한다. 예를 들면, 터키에서 시작되었지만 독일과 네덜란드 같은 유럽 국가로 확장된 이슬람 단체인 밀리 괴뤼쉬Millî Görüş를 들 수 있다

(Carkoglu, 2009). 둘째, 이주자 단체는 정착국에 초점을 두면서 모국에도 관여할 수 있다. 2003년의 '이주 노동자의 자유를 위한 여행Immigrant Worker Freedom Ride'에서 캘리포니아에 있는 이주자 기반의 오악사카 연맹Oaxacan Federation과 미국에 기반을 둔 노동조합 간의 협력을 들 수 있다. 자유 여행은 1960년대 초 미국의 남부에서 아프리카계 미국인이 민권운동으로 벌인 자유 여행을 본뜬 것이다. 노동조합과 이주자 단체의 활동가들은 공동으로 직장에서의 권리와 법제화에 대한 요구를 내세우며 워싱턴DC로 가는 버스 여행에 동참했다.

방금 언급한 행위자들은 멕시코 시민사회에 반대하는 미국인의 일부인가? 아니면 터키 시민사회에 반대하는 독일인의 일부인가? 이 질문에 대한 답은 우리의 본래 제안으로 되돌아가게 한다. 우리는 초국가화되는 시민사회를 이야기하는 것이 단지 각 국가의 시민사회를 병치하는 것보다 생산적이라고 주장했다. 오늘날의 시민사회는 국민-국가의 오래된 기관들이 어떻게 변화하고, 국민국가의 국경을 초월하는 새로운 기관들이 어떻게 등장하는지에 모두 살펴봄으로써 이해될 수 있다. 대답은 그들이 초국가화되는 시민사회에 속한다는 것이다. 이것은 이 책 전반에 걸쳐 분석한 국경을 가로지르는 관행에 의해 구성되는 것으로써 이해될 수 있다는 뜻이다.

이러한 반영은 또한 서론에서 정의한 초국가적이라는 용어와의 차별화를 증명한다. 초국가화는 사회 공간의 국경을 가로지르는 확장의 과정을 설명하는 유용한 개념으로 입증되었다. 따라서 이 용어는 이 책에서 연구된 이주 분야를 넘어서 사회과학과 시민사회에서도 주요 용어로 적용될 수 있다. 초국가적 활동, 이주자의 초국가성을 반영하는 초국가적 활동은 초국가적 사회 공간이라고 불리는 보다 큰 사회적 구조의 부분이다. 앞서 살펴본 것처럼 그러한 초국가적 사회 공간은 시민사회와 일치하는 것이 아니다. 그럼에도 초국가적 사회 공간은 어떻게 국경을 가로지르는 다양한 현장이 이주자와 비이주자에 의해 그리고 단체와 기관에 의해 상호 연결되는지에 대한 좀 더 나은 이해에 도달할 수 있도록 고려되어야 한다. 초국가적 사회 공간에서 국경을 가로지르는 관행은 시민사회의 초국가화에 기여할 수 있다.

이 책의 개별 장에서 제안한 것처럼 이주자와 이주자에게 유의미하고 상대적으로 이동성이 적은 타인은 시민사회의 활발한 참여자가 될 수 있다. 주목해야 하는 중요한 점은 국경을 가로지르는 활발한 행위자들은 초국가적 유대의 강도, 정도, 또는 지속성의 측면에서 단일하지는 않다는 점이다. 그러므로 초국가성의 각기 다른 수준을 고려할 필요가 있다. 이것은 국경을 가로지르는 거래가 단순히 그 자체에 기초하는 것이 아니라 장소들을 연결한다는 것을 항상 기억해야 한다는 것을 뜻한다.

사회과학을 위한 초국가적 접근의 유의미성

영화 〈천국의 가장자리〉를 논의하면서 이 책의 시작 부분에서 언급한 바와 같이, 이민자의 사회통합과 전 세계의 여러 사람들과 연결된 개인 이주자의 사회통합의 속성을 명확히 구분하는 것은 가능하지 않다. 단일 지역에서의 활동과 구성원권에 대한 선형적인 이야기들이 있지만 그것들이 한 마을의 유일한 게임은 아니다. 초국가적 접근 방식은 마치 유럽과 북미의 정치적·경제적·문화적 개발 모델이 선형적인 방식으로 전 세계적으로 퍼져 있는 것과 같이, 다수 국가에서의 구성원권이나 관행, 국경을 가로지르는 활동을 근대성을 지구화하는 필수적인 결과로서 바라보는 것은 아니다. 이러한 견해는 단순히 또 다른 컨테이너를 상정하는 것이 된다. 이번에는 국민국가 수준의 컨테이너가 아닌 지구적 수준의 컨테이너가 될 것이다. 유럽적인 방식의 기능적 분화 과정으로 보는 관점을 대신하여, 초국가적 렌즈는 국민국가의 경계를 가로지르고 지구를 가로질러 어떻게 다양한 사회적 형성과 관행이 거래를 통해 상호 연결되는가를 본다. 요점은 지구화 이론에서와 같은 추상적인 연계에 있지 않으며 초국가화의 과정, 초국가성, 그리고 초국가적 공간의 사회적 구조를 이질성으로,

행위자의 표식으로서 분석함으로써 초국가적 관행을 설명하는 데 있다. 국경을 가로지르는 세계는 초국가적 관행에 의해 구성되고, 이것은 초국가적 관행을 추적하는 연구 의제를 의미한다.

연구자의 관행도 고려해야 할 관행에 포함해야만 한다. 연구자 세계의 안과 밖에 상존하는 권력의 비대칭성을 반영하려면 훨씬 더 많은 주의를 기울여야 한다. 이주 분야에서 대다수의 연구는 이주수용국의 관점에서 이동성과 불평등을 바라보고 이주와 개발 같은 문제에 대해 이야기할 때만 이주송출국의 측면을 바라본다. 초국가적 관점은 이러한 배제를 바로잡기 위해 모색한다. 대부분의 연구는 이주수용국의 연구 기관과 연구자에 의해 수행되거나 적어도 재정 지원을 받는다. 따라서 연구가 주로 이주수용국의 관점에 관련되어 있더라도 – 이 책의 경우처럼 – 위치성이 반영되어야 한다. 권력의 차이에 대한 관심은 불평등과 같은 전 세계적인 문제에 대해 생각할 수 있는 중요한 단서를 제공한다. 이주의 근원은 전 세계 지역 간의 불평등뿐 아니라 빈곤을 극복하거나 누군가의 생애 기회를 개선하기 위한 전략이기도 하다. 그러나 세계 다른 지역에 거주하는 사람들 사이의 불평등은 전 세계의 불균등한 생애 기회를 반영한다.

방법론적 민족주의와 본질주의(제7장)에 대한 논의를 감안할 때 초국가적 접근이 국경을 가로지르는 거래뿐 아니라 모든 종류의 경계를 가로지르는 현상을 포함하도록 확장될 수 있는지 질문할 수 있다. 이러한 확장론적 견해에 따르면, 초국가적 접근은 이제 집단 간 관계와 동일하게 이주수용국과 이주송출국 두 국가에서 이주자 집단과 집단 사이의 집단 경계와 같은 문제에 적용할 수 있다고 가정할 수도 있다. 국가의 경계도 특정한 유형의 경계를 의미한다는 점에서 초국가적 접근은 일반적인 경계 연구와 유사성이 있는 것은 확실히 맞다. 그러나 극단적으로 초국가적 접근을 경계 연구 속으로 용해시킨다면 전자의 의미를 지나치게 확장하는 것이 된다. 국가의 경계는 다른 경계들 – 예를 들어 집단 간 경계 – 과 공유되지 않는 특성을 갖고 있으며 특정한 경계와 관련성이 있다.

국가의 경계는 구성원권과 관련된 특정한 경계를 뜻하며 광범위한 결과(시민권)를 가져오고 정치적 참여(민주주의)를 위한 동등한 자유의 방식들에 대한 확장된 주장을 의미한다. 이러한 원칙들은 다른 사회적 구성과 동일한 정도로 제도화되어 있지 않다. 국경이라는 은유에 의해 공통성을 갖는다는 점을 들어 초국가적 접근을 경계 연구의 형태가 없는 무더기 속으로 용해시키는 것은 넓은 의미로 이해한다면, 초국가적 접근을 정의하는 속성으로서의 국가의 경계를 포기하는 것이다. 새로운 용어로 부풀리기보다 훨씬 더 중요한 것은 초국가적 관행과 관련된 사회적 기제를 규정하고 중범위 이론에 기여하는 것이다. 예를 들어 고정관념, 상호 호혜성과 연대, 배제나 포함, 기회 사재기와 계층화가 국경을 가로지르는 생활 세계와 사회 공간을 어떻게 구조화하는지 기제를 이해해야 한다. 이러한 평범한 이론들은 사회과학의 좀 더 넓은 의제 속에 초국가적 접근을 연결시킨다.

이러한 배경에서 보아온 것 같이 초국가적 사회 공간과 시민사회의 초국가화는 이주자들과 이들의 가족, 친구와 같은 유의미한 타인에게 현실일 뿐 아니라 해외여행을 하거나 우편물을 교환하거나 무역을 하는 비이주자에게도 현실이다. 이주자 이외의 범주에 속하는 사람들의 초국가적 유대에 관한 연구는 이제 막 시작되었고 이주자, 해외 거주자, 사업가, 사회운동 활동가에 관한 연구를 통합하는 것은 상당한 도전이다.

마지막으로, 그러나 마찬가지로 중요한 것은 이주 연구가 국경을 가로지르는 거래를 다루는 다른 영역, 예를 들어 사회운동, 옹호 네트워크나 종교적 공동체에 개념적으로 통합될 수 있다는 것이다. 초국가성은 이주자와 이주자 가족의 이질성의 잠재적 속성일 뿐 아니라 초국가적 공유와 사회화 과정의 맥락에서 다른 범주의 개인과 집단에도 영향을 미친다.

주

1 2008년 말 기준으로 총 1515만 400명의 난민 중 대략 188만 800명(12.4%)이 최빈국에 머물러 있다(UN, 2009).

2 남-남 이주에서의 초국가적 연계에 관한 문헌들은 정보에 기반한 판단의 기초가 되기에는 아직은 너무 부족하다. 이것은 미래 연구를 위한 중요한 작업이다(예: Leichtmann, 2005 참조).

3 TRANS-NET 프로젝트는 2008년부터 2011년까지 수행되었으며, 에스토니아/핀란드, 인도/영국, 모로코/프랑스, 터키/독일의 네 쌍으로 분류된 8개국의 파트너가 참여했다. 이들 국가적 맥락의 초국가화 과정은 정치적·경제적·사회-문화적·교육적 영역 등에서 분석되었다(Pitkanen et al., 2012). 독일에서 실시된 설문 조사 표본에는 터키 시민과 (이전의) 터키 시민이었던 독일 시민을 대상으로 한 질적 인터뷰 73개가 포함되었다. 인터뷰 응답자들은 전직 '초청 이주 노동자', 망명 신청자, 결혼 이주자, 가족 재결합 이주자, 독일 태생 터키 이주자 자녀, 외국인 유학생, 고숙련 노동 이주자 등으로 구성되었다. 인터뷰는 독일어로 진행되었으며 여기에 인용된 사례들은 영어로 번역하여 수록했다. TRANS-NET 조사 결과는 Gerdes et al.(2012), Gerdes and Reisenauer(2012), Fauser and Reisenauer(2012)를 참조.

4 미국에 거주하는 콜롬비아, 도미니카, 살바도르 출신 이민자들 사이의 초국가적 사회-문화적·경제적 그리고 정치적 활동에 대한 자세한 분석은 CIEP의 다른 논문을 참조(Portes, 2001, 2003). 특히 사회-문화적 활동에 대해서는 Itzigsohn and Saucedo(2002), 경제적 활동에 대해서는 Landolt(2001), Portes et al.(2002), Guarnizo(2003), 정치적 활동에 대해서는 Guarnizo et al.(2003)를 참조하고, CIEP에 대해서는 이 책의 제 5장과 제 7장을 참조.

5 독일 빌레펠트 대학교에서 2011년부터 2015년까지 진행된 종단 연구는 '이질성에서 사회적 불평등으로(From Heterogeneities to Social Inequalitiesi)' 협력연구센터에서 수행했던 하위 프로젝트 "초국가성과 불평등: 패널 연구를 위한 시범 프로젝트(Transnationality and Inequality: The Pilot Project for the Panel Study)"를 참조할 것. Faist et al.(2011)과 웹페이지(www. sfb882.uni-bielefeld.de/)를 참조.

6 NELM 접근 방식을 사용하는 많은 연구는 국내 이주에 관한 것이며, 농촌에서 도시로의 이동에 초점을 맞추고 특히 아프리카를 주로 다룬다. 그러나 이 접근법도 동일한 이론적 개념에 기반하여 국제 이주로 확장되고 있다.

참고문헌

Abadan-Unat, N. (2011). *Turks in Europe: From Guest Worker to Transnational Citizen.* Oxford: Berghahn.

Al-Ali, N. (2002). "Loss of status or new opportunities? Gender relations and transnational ties among Bosnian refugees." in D. Bryceson and U. Vuorela(eds). *The Transnational Family: New European Frontiers and Global Networks.* Oxford and New York: Berg, pp.83~102.

Alba, R., and Nee, V. (2003). *Remaking the American Mainstream: Assimilation and Contemporary Immigration.* Cambridge, MA: Harvard University Press.

Albrow, M. (1996). *The Global Age: State and Society Beyond Modernity.* Cambridge: Polity.

Alexander, J. (2006). *The Civic Sphere.* New Haven, CT: Yale University Press.

Amelina, A. (2011). "An intersectional approach to the complexity of social support within German-Ukrainian transnational space." in E. N.-L. Chow, M. T. Segal and L. Tan(eds). *Analyzing Gender, Intersectionality, and Multiple Inequalities: Global, Transnational and Local Contexts.* Bingley: Emerald, pp.211~234.

Amelina, A., Nergiz, D., Faist, T., and Glick Schiller, N.(eds). (2012). *Beyond Methodological Nationalism: Research Methodologies for Cross-Border Studies.* London: Routledge.

Amelina, A., and Faist, T. (2012). "De-naturalizing the national in research methodologies: key concepts of transnational studies in migration." *Ethnic and Racial Studies,* 35(10): 1707~1724.

Aristotle (1962). *The Politics.* London: Penguin.

Bak Jørgensen, M. (2008). "National and transnational identities: Turkish organising processes and identity construction in Denmark, Sweden and Germany." PhD dissertation, Aalborg University.

Bakewell, O. (2009). *South-South Migration and Human Development: Reflections on African Experiences.* UNDP Human Development Research Paper 2009/07. http://hdr.undp.org/en/reports/global/hdr2009/papers/HDRP_2009_07.pdf (accessed 10 July 2012).

Barth, F. (1969). *Ethnic Groups and Boundaries: The Social Organization of Cultural Difference.* Oslo: Universitetsforlaget.

Basch, L., Szanton Blanc, C., and Glick Schiller, N. (1994). *Nations Unbound: Transnational Projects, Postcolonial Predicaments and Deterritorialized Nation-States.* New York: Gordon & Breach/Routledge.

Bauböck, R. (1994). *Transnational Citizenship: Membership and Rights in International Migration.* Cheltenham: Edward Elgar.

Bauböck, R. (2003). "Towards a political theory of migrant transnationalism." *International Migration Review*, 37(3): 700~723.

Beck, U. (1999). *What is Globalization?* Oxford: Blackwell.

Beck, U., and Sznaider, N. (2006). "Unpacking cosmopolitanism for the social sciences: a research agenda." *British Journal of Sociology*, 57(1): 1~23.

Beck-Gernsheim, E. (2006). "Transnationale Heiratsmuster und transnationale Heiratsstrategien: Ein Erklärungsansatz zur Partnerwahl von Migranten." *Soziale Welt*, 57(2): 111~129.

Bhagat, R. B. (2009). "Internal migration in India: are the underclass more mobile?" paper presented at the IUSSP General Population Conference, Marrakech, Morocco. http://iussp2009.princeton.edu/download.aspx?submissionId=90927 (accessed 10 July 2012).

Bodnar, J. (1985). *The Transplanted: A History of Immigrants in Urban America.* Bloomington: Indiana University Press.

Bonifazi, C., Okólski, M., Schoorl, J., and Simon, P.(eds). (2008). *International Migration in Europe: New Trends and New Methods of Analysis.* Amsterdam: Amsterdam University Press.

Boyarin, J. (1994). *Remapping Memory: The Politics of Timespace.* Minneapolis: University of Minnesota Press.

Breton, R. (1964). "Institutional completeness of ethnic communities and the personal relations of immigrants." *American Journal of Sociology*, 70(2): 193~205.

Brubaker, R. (2004). *Ethnicity without Groups. Cambridge.* MA: Harvard University Press.

Brubaker, R. (2005). "The 'diaspora' diaspora." *Ethnic and Racial Studies*, 28(1): 1~19.

Bryceson, D. (2002). "Europe's transnational families and migration: past and present." in D. Bryceson and U. Vuorela(eds). *The Transnational Family: New European Frontiers and Global Networks.* Oxford and New York: Berg, pp.31~59.

Bryceson, D., and Vuorela, U. (2002). "Transnational families in the twenty-first *century.*" in D. Bryceson and U. Vuorela(eds). *The Transnational Family: New European Frontiers and Global Networks.* Oxford and New York: Berg, pp.3~30.

Bühlmeier, D., Goetzke, J., and Di Salvo, A. (2011). *Business on the move, business on the run*. in T. Faist and N. Sieveking(eds). Unravelling Migrants as *Transnational Agents of Development: Social Spaces in between Ghana and Germany*. Münster: Lit, pp.29~68.

Burawoy, M., Blau, J. A., George, S., Gille, Z., Thayer, M., Gowan, T., Haney, L., Klawiter, M., Lopez, S. H., and Riain, S. (2000). *Global Ethnography: Forces, Connections and Imaginations in a Post-Modern World*. Berkeley: University of California Press.

Büscher, M., Urry, J., and Witchger, K. (2010). *Mobile Methods*. London: Routledge.

Çağlar, A. S. (2006). "Hometown associations, the rescaling of state spatiality and migrant grassroots transnationalism." *Global Networks*, 6(1): 1~22.

Carkoğlu, A. (2009). *Religion and Politics in Turkey*. London: Routledge.

Castells, M. (1996). *The Information Age: Economy, Society and Culture*. Vol.1: *The Rise of the Network Society*. Oxford: Blackwell.

Chan, K. B. (1997). "A family affair: migration, dispersal, and the emergent identity of the Chinese cosmopolitan, Diaspora." *A Journal of Transnational Studies*, 6(2): 195~213.

Chatterjee, P. (2004). *The Politics of the Governed: Reflections on Popular Politics in Most of the World*. New York: Columbia University Press.

Christiansen, C. C. (2008). "Hometown associations and solidarities in Kurdish trans-national villages: the migration-development nexus in a European context." *European Journal of Development Research*, 20(1): 88~103.

Civicus(n.d.). *Civil Society Index: Summary of Conceptual Framework and Research Methodology*. www.civicus.org/new/media/CSI_Methodology_and_conceptual_framework. pdf (accessed 10 July 2012).

Coffey, A. (1996). "The power of accounts: authority and authorship in ethnography." *International Journal of Qualitative Studies in Education*, 9(1): 61~74.

Cohen, R. (1997). *Global Diasporas: An Introduction*. London: UCL Press.

Collier P., and Hoeffler, A. (2000). *Greed and Grievance in Civil War, Policy Research Working Paper*. Washington, DC: World Bank.

Collier, P., and Hoeffler, A. (2002). *Greed and Grievance in Civil War*. Working Paper Series 2002-01. Oxford: Centre for the Study of African Economies.

Connell, R. A. (2009). *Southern Theory: The Global Dynamics of Knowledge in Social Science*. Cambridge: Polity.

Cordero-Guzmán, H. (2005). "Community-based organisations and migration in New York City." *Journal of Ethnic and Migration Studies*, 31(5): 889~910.

Dannecker, P. (2005). "Transnational migration and the transformation of gender relations: the case of Bangladeshi labour migrants." *Current Sociology*, 53(4): 655~674.

De Haas, H. (2008). *Migration and Development: A Theoretical Perspective*, Working Paper 9/2008. Oxford: International Migration Institute.

Della Porta, D., and Tarrow, S.(eds). (2005). *Transnational Protest and Global Activism*. Lanham, MD: Rowman & Littlefield.

Dişbudak, C. (2004). "Transnational and local entrepreneurship." in T. Faist and E. Özveren(eds). *Transnational Social Spaces: Agents, Networks and Institutions*. Aldershot: Ashgate, pp.143~162.

Donato, K. M., Hiskey, J., Durand, J., and Massey, D. S. (2010). "Migration in the Americas: Mexico and Latin America in comparative context." *Annals of the American Academy of Political and Social Science*, 630(1): 6~17.

Dufoix, S. (2008). *Diasporas*. Berkeley: University of California Press.

Durand, J., and Massey, D.(eds). (2006). *Crossing the Border: Research from the Mexican Migration Project*. New York: Russell Sage Foundation.

Durand, J., Parrado, E. A., and Massey, D. S. (1996). "Migradollars and development: a reconsideration of the Mexican case." *International Migration Review*, 30(2): 423~444.

Ezli, Ö.(ed.). (2010). *Kultur als Ereignis: Fatih Akins Film 'Auf der anderen Seite' als transkulturelle Narration*. Bielefeld: transcript.

Faist, T. (1997). "Migration in contemporary Europe: European integration, economic liberalization, and protection." in J. Klausen and L. Tilly(eds). *European Integration in Social and Historical Perspective 1850 to the Present*. Boulder, CO: Rowman & Littlefield, pp.223~248.

Faist, T. (1998). "Transnational social spaces out of international migration: evolution, significance and future prospects." *Archives Européennes de Sociologie*, 39(2): 213~247.

Faist, T. (2000a). *The Volume and Dynamics of International Migration and Transnational Social Spaces*. Oxford: Oxford University Press.

Faist, T. (2000b). *Transstaatliche Räume: Politik, Wirtschaft und Kultur in und zwischen Deutschland und der Türkei*. Bielefeld: Transcript.

Faist, T. (2001). "Social citizenship in the European Union: nested membership." *Journal of Common Market Studies*, 39(1): 39~60.

Faist, T. (2004a). "The border-crossing expansion of social space: concepts, questions and topics." in T. Faist and E. Özveren(eds). *Transnational Social Spaces: Agents, Networks and Institutions*. Aldershot: Ashgate, pp.1~36.

Faist, T. (2004b). "Towards a political sociology of transnationalism." *European Journal of Sociology*, 45(3): 331~366.

Faist, T. (2007). *Dual Citizenship in Europe: From Nationhood to Societal Integration.* Aldershot: Ashgate.

Faist, T. (2008). "Migrants as transnational development agents: an inquiry into the newest round of the migration-development nexus." *Population, Space and Place*, 14(1): 21~42.

Faist, T. (2009). "Making and remaking the transnational: of boundaries, social spaces and social mechanisms." *Spectrum: Journal of Global Studies*, 1(2): 66~88.

Faist, T. (2010a). "Towards transnational studies: world theories, transnationalization and changing institutions." *Journal of Ethnic and Migration Studies*, 36(10): 1665~1687.

Faist, T. (2010b). "Transnationalization and development: towards an alternative agenda." in N. G. Schiller and T. Faist(eds). *Migration, Development, and Transnationalization: A Critical Stance.* New York: Berghahn, pp.63~99.

Faist, T. (2011). "Academic knowledge, policy, and the public role of social scientists." in T. Faist, M. Fauser and P. Kivisto(eds). *The MigrationDevelopment Nexus: Transnational Perspectives.* Basingstoke: Palgrave Macmillan, pp.185~203.

Faist, T., and Ette, A. (2007). *Between Autonomy and the European Union: The Europeanization of National Immigration Policies.* Basingstoke: Palgrave Macmillan.

Faist, T., and Fauser, M. (2011). "The migration-development nexus: toward a transnational perspective." in T. Faist, M. Fauser and P. Kivisto(eds). *The Migration-Development Nexus: Transnational Perspectives.* Basingstokea Palgrave Macmillan, pp.1~26.

Faist, T., and Nergiz, D. (2012). "Concluding remarks: considering contexts and units of analysis." in A. Amelina, D. Nergiz, T. Faist and N. Glick Schiller(eds). *Beyond Methodological Nationalism: Research Methodologies for Cross Border Studies.* London: Routledge, pp.239~244.

Faist, T., and Özveren, E.(eds). (2004). *Transnational Social Spaces: Agents, Networks and Institutions.* Aldershot: Ashgate.

Faist, T., and Ulbricht, C. (2013). "Constituting national identity through transnationality: categorizations of inequality in German integration debates." in N. Foner and P. Simon(eds). *Fear and Anxiety over National Identity: Contrasting North American and European Experiences and Public Debates on Immigrant and Second Generation Integration.* New York: Russell Sage Foundation.

Faist, T., Fauser, M., and Reisenauer, E. (2011). "Perspektiven der Migrationsforschung: Vom Transnationalismus zur Transnationalität." *Soziale Welt*, 62(2): 203~220.

Falzon, M.-A. (2009). *Multi-Sited Ethnography: Theory, Praxis and Locality in Contemporary Research.* Aldershot: Ashgate.

Fauser, M. (2011). "How receiving cities contribute to simultaneous engagements for incorporation and development." in T. Faist, M. Fauser and P. Kivisto(eds). *The Migration-Development Nexus: Transnational Perspectives.* Basingstoke: Palgrave Macmillan, pp.134~158.

Fauser, M. (2012). *Migrants and Cities: The Accommodation of Migrant Organizations in Europe.* Aldershot: Ashgate.

Fauser, M., and Reisenauer, E. (2012). "Diversität und Dynamik transnationaler persö nlicher Beziehungen türkischer MigrantInnen in Deutschland." in B. Pusch(ed.). *Transnationale Migration am Beispiel Deutschland und Türkei.* Wiesbaden: VS Verlag für Sozialwissenschaften, pp.171~185.

Fenton, S. (2004). "Beyond ethnicity: the global comparative analysis of ethnic conflict." *International Journal of Comparative Sociology,* 45(3-4): 179~194.

Findlay, A. (1995). "Skilled transients: the invisible phenomenon?" in R. Cohen(ed.). *The Cambridge Survey of World Migration.* Cambridge: Cambridge University Press, pp. 515~522.

Fix, M., Papademetriou, D. G., Batalova, J., Terrazas, A., Yi-Ying Lin, S., and Mittelstadt, M. (2009). *Migration and the Global Recession.* Washington, DC: Migration Policy Institute.

Foner, N. (2001). "Transnationalism then and now: New York immigrants today and at the turn of the twentieth century." in H. R. Cordero-Guzmán, R. C. Smith and R. Grosfoguel(eds). *Migration, Transnationalization, and Race in a Changing New York.* Philadelphia: Temple University Press, pp.35~57.

Fouron, G. E., and Glick Schiller, N. (2001). "The generation of identity: redefining the second generation within a transnational social field." in H. R. Cordero-Guzmán, R. C. Smith and R. Grosfoguel(eds). *Migration, Transnationalization, and Race in a Changing New York.* Philadelphia: Temple University Press, pp.58~86.

Fox, J. (2005). "Unpacking 'transnational citizenship'." *Annual Review of Political Sciences,* 8: 171~201.

Fox, J. (2007). *Accountability Politics: Power and Voice in Rural Mexico.* New York: Oxford University Press, pp.287~332.

Frank, A. G. (1978). *Dependent Accumulation and Underdevelopment.* London: Macmillan.

Freeman, G. P., and Ögelman, N. (1998). "Homeland citizenship policies and the status of third country nationals in the European Union." *Journal of Ethnic and Migration Studies,* 24(4): 769~788.

Gamlen, A. (2008). "The emigration state and the modern geopolitical imagination."

Political Geography. 27(8): 840~856.

Gans, H. J. (1979). "Symbolic ethnicity: the future of ethnic groups and cultures in America." in H. J. Gans(ed.). *On the Making of Americans.* University of Pennsylvania Press, Philadelphia, pp.193~220.

Gans, H. J. (1992). "Comment: ethnic invention and acculturation, a bumpy-line approach." *Journal of American Ethnic History*, 12(1): 42~52.

Gerdes, J., and Reisenauer, E. (2012). "From return-oriented to integration-related trans-nationalisation: Turkish migrants in Germany." *Revue Européenne des Migrations Internationales*, 28(1): 107~128.

Gerdes, J., Reisenauer, E., and Sert, D. (2012). "Varying transnational and multicultural activities in the Turkish-German migration context." in P. Pitkänen, A. Içduygu and D. Sert(eds). *Migration and Transformation: Multi-Level Analysis of Migrant Transnationalism.* New York and London: Springer, pp.103~157.

Giddens, A. (1990). *The Consequences of Modernity.* Stanford, CA: Stanford University Press.

Glazer, N., and Moynihan, D. P. (1963). *Beyond the Melting Pot: The Negroes, Puerto Ricans, Jews, Italians and Irish of New York City.* Cambridge, MA: Harvard University Press.

Glick Schiller, N., and Fouron, G. (1999). "Terrains of blood and nation: Haitian trans-national social fields." *Ethnic and Racial Studies*, 22(2): 340~366.

Glick Schiller, N., Basch, L., and Blanc-Szanton, C. (1992a). "Towards a definition of transnationalism: introductory remarks and research questions." in N. Glick Schiller, L. Basch and C. Blanc-Szanton(eds). *Towards a Transnational Perspective on Migration: Race, Class, Ethnicity, and Nationalism Reconsidered.* New York: New York Academy of Sciences, pp.ix-xiv.

Glick Schiller, N., Basch, L., and Blanc-Szanton, C. (1992b). "Transnationalism: a new analytical framework for understanding migration." in N. Glick Schiller, L. Basch and C. Blanc-Szanton(eds). *Towards a Transnational Perspective on Migration: Race, Class, Ethnicity, and Nationalism Reconsidered.* New York: New York Academy of Sciences, pp.1~24.

Glick Schiller, N., Basch, L., and Blanc-Szanton, C. (1994). *Nations Unbound: Transnational Projects, Postcolonial Predicaments, and Deterritorialized Nation-States.* Amsterdam: Gordon and Breach.

Glick Schiller, N., Çağlar, A., and Gulbrandsen, T. C. (2006). "Beyond the ethnic lens: locality, globality and born-again incorporation." *American Ethnologist*, 33(4): 612~633.

Glick Schiller, N., Nieswand, B., Darieva, T., Yalcin-Heckmann, L., and Fostó, L. (2005). "Pathways of migrant incorporation in Germany." *Transit*, 1(1), http://repositories. cdlib.org/ucbgerman/transit/vol1/iss1/art50911 (accessed 5 January 2012).

Gold, S. J. (2002). *The Israeli Diaspora*. Seattle: University of Washington Press.

Goldring, L. (2004). "Family and collective remittances to Mexico: a multidimensional typology of remittances." *Development and Change*, 35(4): 799~840.

Goldring, L., and Krishnamurti, G.(eds). (2007). *Organizing the Transnational: Labour, Politics, and Social Change*. Vancouver: University of British Columbia *Press*.

Gordon, M. M. (1964). *Assimilation in American Life: The Role of Race, Religion, and National Origin*. New York: Oxford University Press.

Gramsci, A. (1971). *Selections from the Prison Notebooks*. London: Lawrence & Wishart.

Grillo, R., and Riccio, B. (2004). "Translocal development: Italy-Senegal." *Population, Space and Place*, 10(2): 99~111.

Guarnizo, L. E. (2003). "The economics of transnational living." *International Migration Review*, 37(3): 666~699.

Guarnizo, L. E., Portes, A., and Haller, W. (2003). "Assimilation and transnationalism: determinants of transnational political action among contemporary migrants." *American Journal of Sociology*, 108(6): 1211~1248.

Guarnizo, L. E., and Díaz, L. M. (1999). "Transnational migration: a view from Colombia." *Ethnic and Racial Studies*, 22(2): 397~421.

Ha, W., Yi, J., and Zhang, J. (2009). *Inequality and Internal Migration in China*. UNDP Human Development Research Paper 2009/27. http://hdr.undp.org/en/reports/global/ hdr2009/papers/HDRP_2009_27.pdf (accessed 10 July 2012).

Hamilton, K., and Yau, J. (2004). "The global tug-of-war for health care workers." *Migration Information Source: Fresh Thought, Autoritative Data, Global Reach*. www. migrationinformation.org/feature/display.cfm?ID=271 (accessed 31 July 2012).

Handlin, O. ([1951] 1973). *The Uprooted: The Epic Story of the Great Migrations that Made the American People*. 2nd edn. Boston: Little, Brown.

Harvey, D. (1990). *The Condition of Postmodernity: An Enquiry into the Origins of Cultural Change*. Oxford: Blackwell.

Haus, L. (2002). *Unions, Immigration and Internationalization: New Challenges and Changing Coalitions in the United States and France*. New York: Palgrave Macmillan.

Hegel, G. W. F. ([1822] 1991). *Elements of the Philosophy of Right*. Cambridge: Cambridge University Press.

Held, D., McGrew, A., Goldblatt, D., and Perraton, J. (1999). *Global Transformations:*

Politics, Economics and Culture. Stanford, CA: Stanford University Press.

Hockenos, P. (2003). *Homeland Calling: Exile, Patriotism and the Balkan Wars.* Ithaca, NY: Cornell University Press.

Holst, E., Schäfer, A., and Schrooten, M. (2012). "Gender and remittances: evidence from Germany." *Feminist Economics*, 18(2): 201~229.

Hondagneu-Sotelo, P. (2000). "Feminism and migration." *Annals of the American Academy of Political and Social Science*, 571(1): 107~120.

Hondagneu-Sotelo, P., and Avila, E. (1997). "'I'm here, but I'm there': the meanings of Latina transnational motherhood." *Gender and Society*, 11(5): 548~571.

Horst, C. (2006). *Transnational Nomads: How Somalis Cope with Refugee Life in the Dadaab Camps of Kenya.* Oxford: Berghahn.

Hunger, U. (2003). "Brain Drain oder Brain Gain Migration und Entwicklung." in D. Thrä nhardt and U. Hunger(eds). *Migration im Spannungsfeld von Globalisierung und Nationalstaat.* Wiesbaden: Westdeutscher Verlag, pp.58~75.

Huntington, S. (2003). *Who Are We? The Challenges to America's National Identity.* New York: Simon & Schuster.

IOM(International Organization for Migration). (2005). *World Migration: Costs and Benefits of International Migration.* Geneva: IOM.

IOM(International Organization for Migration). (2009). "Summary World Migration Report 2010." http://publications.iom.int/bookstore/free/WMR2010_summary.pdf (accessed 10 July 2012).

Itzigsohn, J., and Saucedo, S. G. (2002). "Immigrant incorporation and sociocultural transnationalism." *International Migration Review*, 36(3): 766~798.

Itzigsohn, J., and Saucedo, S. G. (2005). "Incorporation, transnationalism, and gender: immigrant incorporation and transnational participation as gendered processes." *International Migration Review*, 39(4): 895~920.

Itzigsohn, J., and Villacrés, D. (2008). "Migrant political transnationalism and the practice of democracy: Dominican external voting rights and Salvadoran hometown associations." *Ethnic and Racial Studies*, 31(4): 664~686.

Itzigsohn, J., Dore Cabral, C., Hernandez Medina, E., and Vazquez, O. (1999). "Mapping Dominican transnationalism: narrow and broad transnational practices." *Ethnic and Racial Studies*, 22(2): 316~339.

Jenkins, S.(ed.). (1988). *Ethnic Associations and the Welfare State: Services to Immigrants in Five Countries.* New York: Columbia University Press.

Jones, R. C. (1998). "Remittances and inequality: a question of migration stage and geographic scale." *Economic Geography*, 74(1): 8~25.

Jones-Correa, M. (2002). "The study of transnationalism among the children of immigrants: where we are and where we should be headed." in P. Levitt and M. C. Waters(eds). *The Changing Face of Home: The Transnational Lives of the Second Generation.* New York: Russell Sage Foundation, pp.221~241.

Kallen, H. (1996). "Democracy versus the melting pot: a study of American nationality." in W. Sollors(ed.). *Theories of Ethnicity: A Classical Reader.* Basingstoke: Palgrave Macmillan, pp.67~92.

Kapur D. (2004). *Remittances: The New Development Mantra?* G-24 Discussion Paper Series, no.29. Washington, DC: World Bank.

Kapur, D. (2010). *Diaspora, Development, and Democracy: The Domestic Impact of International Migration from India.* Princeton, NJ: Princeton University Press.

Keane, J. (2003). *Global Civil Society.* Cambridge: Cambridge University Press.

Keck, M. E., and Sikkink, K. (1998). *Activists Beyond Borders: Advocacy Networks in International Politics.* Ithaca, NY: Cornell University Press.

Keohane, R. O., and Nye, J. S. (1977). *Power and Interdependence: World Politics in Transition.* Boston: Little, Brown.

Khadria, B. (2002). *Skilled Labour Migration from Developing Countries: Study on India.* International Migration Papers 49. Geneva: International Labour Office.

Khadria, B. (2009). "Adversary analysis and the quest for global development: optimizing the dynamic conflict of interests in the transnational divide of migration." *Social Analysis*, 53(3): 106~122.

Khagram, S., and Levitt, P. (2008). "Constructing transnational studies." in S. Khagram and P. Levitt(eds). *The Transnational Studies Reader: Intersections and Innovations.* London: Routledge, pp.1~18.

King, R., and Christou, A. (2010a). "Cultural geographies of counter-diasporic migration: perspectives from the study of second-generation 'returnees' to Greece." *Population, Space and Place*, 16(2): 103~119.

King, R., and Christou, A. (2010b). "Diaspora, migration and transnational ism: insights from the study of second-generation 'returnees'." in R. Bauböck and T. Faist(eds). *Diaspora and Transnationalism: Concepts, Theories and Methods.* Amsterdam: Amsterdam University Press, pp.167~183.

Kissau, K., and Hunger, U. (2010). "The internet as a means of studying transnationalism and diaspora." in R. Bauböck and T. Faist(eds). *Diaspora and Transnationalism: Concepts, Theories and Methodology.* Amsterdam: Amsterdam University Press, pp.

245~266.

Kivisto, P. (2001). "Theorizing transnational immigration: a critical review of current efforts." *Ethnic and Racial Studies*, 24(4): 549~577.

Kivisto, P. (2003). "Social spaces, transnational immigrant communities, and the politics of incorporation." *Ethnicities*, 3(1): 5~28.

Kivisto, P. (2005). "The revival of assimilation in historical perspective." in P. Kivisto(ed.). *Incorporating Diversity: Rethinking Assimilation in a Multicultural Age*. Boulder, CO: Paradigm, pp.3~29.

Kivisto, P., and Faist, T. (2010). *Beyond a Border: The Causes and Consequences of Contemporary Immigration*. Thousand Oaks, CA: Pine Forge Press.

Koinova, M. (2010). "Diasporas and international politics: utilising the universalistic creed of liberalism for particularistic and nationalist purposes." in R. Bauböck and T. Faist(eds). *Diaspora and Transnationalism: Concepts, Theories and Methods*. Amsterdam: Amsterdam University Press, pp.149~166.

Koser, L.(ed.). (2003). *New African Diasporas*. London: Routledge.

Kymlicka, W. (1995). *Multicultural Citizenship: A Liberal Theory of Minority Rights*. Oxford: Oxford University Press.

Lacroix, T. (2005). *Les Réseaux marocains du développement: géographie du transnational et politiques du territorial*. Paris: Presses de la Fondation nation ale des sciences politiques.

Lafleur, J. M. (2011). "Why do states enfranchise citizens abroad? Comparative insights from Mexico, Italy and Belgium." *Global Networks*, 11(4): 1~21.

Laguerre, M. (1998). *Diasporic Citizenship: Haitian Americans in Transnational America*. Basingstoke: Macmillan.

Landolt, P., and Da, W. W. (2005). "The spatially ruptured practices of migrant families: a comparison of immigrants from El Salvador and the People's Republic of China." *Current Sociology*, 53(4): 625~653.

Landolt, P. (2001). "Salvadoran economic transnationalism: embedded strategies for household maintenance, immigrant incorporation, and entrepreneurial expansion." *Global Networks*, 1(3): 217~241.

Layton-Henry, Z. (1990). "Immigrant associations." in Z. Layton-Henry(ed.). *The Political Rights of Migrant Workers in Western Europe*. London: Sage, pp.94~112.

Leichtmann, M. (2005). "The legacy of transnational lives: beyond the first generation of Lebanese in Senegal." *Ethnic and Racial Studies*, 28(4): 663~686.

Levitt, P. (1997). "Transnationalizing community development: the case of migration between Boston and the Dominican Republic." *Nonprofit and Voluntary Sector Quarterly*, 26(4): 509~526.

Levitt, P. (1998). "Social remittances: migration driven local-level forms of cultural diffusion." *International Migration Review*, 32(4): 926~948.

Levitt, P. (2001a). *The Transnational Villagers*. Berkeley: University of California Press.

Levitt, P. (2001b). "Transnational migration: taking stock and future directions." *Global Networks*, 1(3): 195~216.

Levitt, P. (2002). "The ties that change: relations to the ancestral home over the life cycle." in P. Levitt and M. C. Waters(eds). *The Changing Face of Home: The Transnational Lives of the Second Generation*. New York: Russell Sage Foundation, pp.123~144.

Levitt, P. (2003). "Keeping feet in both worlds: transnational practices and immigrant incorporation in the United States." in C. Joppke and E. Morawska(eds). *Toward Assimilation and Citizenship: Immigrants in Liberal Nation-States*. Basingstoke: Palgrave Macmillan, pp.177~194.

Levitt, P. (2007). *God Needs No Passport: Immigrants and the Changing American Religious Landscape*. New York: New Press.

Levitt, P. (2011). "Constructing gender across borders: a transnational approach." in E. N.-L. Chow, M. T. Segal and L. Tan(eds). *Analyzing Gender, Intersectionality, and Multiple Inequalities: Global, Transnational and Local Contexts*. Bingley: Emerald.

Levitt, P., and Glick Schiller, N. (2004). "Conceptualizing simultaneity: a transnational social field perspective on society." *International Migration Review*, 38(3): 1002~1039.

Levitt, P., and Jaworsky, B. N. (2007). "Transnational migration studies: past developments and future trends." *Annual Review of Sociology*, 33: 129~156.

Levitt, P. & Waters, M. C.(eds). (2002). *The Changing Face of Home: The Transnational Lives of the Second Generation*. New York: Russell Sage Foundation.

Levitt, P., DeWind, J., and Vertovec, S. (2003). "International perspectives on transnational migration: an introduction." *International Migration Review*, 37(3): 565~575.

Linz, J. J., and Stepan, A. (1996). *Problems of Democratic Transition and Consolidation: Southern Europe, South America, and Post-CommunistEurope*. Baltimore: John Hopkins University Press.

Lipton, M. (1980). "Migration from rural areas of poor countries: the impact on rural productivity and income distribution." *World Development*, 8(1): 1~24.

Lowell, L. B., Findlay, A., and Stewart, E. (2004). *Brain Strain: Optimising Highly skilled Migration from Developing Countries*. Asylum and Working Paper 4. London: Institute for Public Policy Research.

Lutz, H., and Palenga-Möllenbeck, E. (2012). "Care workers, care drain, and care chains: reflections on care, migration, and citizenship." *Social Politics*, 19(1): 15~37.

Madianou, M., and Miller, D. (2012). *Migration and New Media: Transnational Families and Polymedia*. London: Routledge.

Mahler, S. (1998). "Theoretical and empirical contributions toward a research agenda for transnationalism." in P. M. Smith and L. E. Guarnizo(eds). *Transnationalism from Below*. New Brunswick, NJ: Transaction Books, pp.64~102.

Marcus, G. (1995). "Ethnography in/of the world system: the emergence of multisited ethnography." *Annual Review of Anthropology*, 24(1): 95~117.

Marshall, T. H. ([1950] 1964). *Citizenship and Social Class*. Cambridge: Cambridge University Press.

Martiniello, M., and Rath, J.(eds). (2010). *Selected Studies in International Migration and Immigrant Incorporation*. Amsterdam: Amsterdam University Press.

Martins, H. (1974). "Time and theory in sociology." in J. Rex(ed.). *Approaches to Sociology: An Introduction to Major Trends in British Sociology*. London: Routledge & Kegan Paul, pp.246~294.

Marx, K., and Engels, F. ([1845] 2011). *The German Ideology*. London: Lawrence & Wishart.

Massey, D. (1987). "The ethnosurvey in theory and practice." *International Migration Review*, 21(4): 1498~522.

Massey, D. (2008). *For Space*. 2nd edn. London: Sage.

Mau, S. (2007). *Transnationale Vergesellschaftung*. Frankfurt am Main: Campus.

Mau, S. (2010). *Social Transnationalism: Lifeworlds beyond the Nation-State*. London: Routledge.

Mazzucato, V. (2006). "Migrant transnationalism: two-way flows, changing institutions and community development between Ghana and the Netherlands." *Economic Sociology: The European Electronic Newsletter*, 7(3): 8~17.

Mazzucato, V. (2008). "Simultaneity and networks in transnational migration: lessons learned from a simultaneous matched sample methodology." in J. DeWind and J. Holdaway(eds). *Migration and Development within and across Borders: Research and Policy Perspectives on Internal and International Migration*. Geneva: International Organization for Migration, pp.69~100.

Mazzucato, V., and Schans, D. (2011). "Transnational families and the well-being of children: conceptual and methodological challenges." *Journal of Marriage and Family*, 73(4): 704~712.

Mercer, C., Page, B., and Evans, M. (2009). "Unsettling connections: transnational networks, development and African home associations." *Global Networks*, 9(2): 141~161.

Meyer, J.-B. (2001). "Network Approach versus brain drain lessons from the diaspora." *International Migration*, 39(5): 91~110.

Meyer, J.-B. (2011). A sociology of diaspora knowledge networks. in T. Faist, M. Fauser and P. Kivisto(eds). *The Migration-Development Nexus: A Transnational Perspective*. Basingstoke: Palgrave Macmillan, pp.159~184.

Meyer, J.-B., Charum, J., Bernal, D., Gaillard, J., Granés, J., Leon, J., Montenegro, A., Morales, A., Murcia, C., Narvaez-Berthelemot, N., Parrado, L. S., and Schlemmer, B. (1997). "Turning brain drain into brain gain: the Colombian experience of the diaspora option." *Science, Technology and Society*, 2(2): 285~315.

Morales, L., and Jorba, L. (2010). "The transnational links and practices of migrants' organisations in Spain." in R. Bauböck and T. Faist(eds). *Transnationalism and Diaspora: Concepts, Theories and Methods*. Amsterdam: Amsterdam University Press, pp.267~293.

Morawska, E. (2003). "Immigrant transnationalism and assimilation: a variety of combinations and the analytic strategy it suggests." in C. Joppke and E. Morawska (eds). *Toward Assimilation and Citizenship: Immigrants in Liberal Nation-States*. Basingstoke: Palgrave Macmillan, pp.133~176.

Moya, J. C. (2005). "Immigrants and associations: a global and historical perspective." *Journal of Ethnic and Migration Studies*, 31(5): 833~864.

Naïr, S. (1997). *Rapport de bilan et d'orientations sur la politique de codéveloppement liée aux flux migratoires*. Paris: Premier Ministre.

Newland, K., and Tanaka, H. (2010). *Mobilizing Diaspora Entrepreneurship for Development*. Washington, DC: Migration Policy Institute.

Nyberg-Sørensen, N., Van Hear, N., and Engberg-Pedersen, P. (2002). *The Migration-Development Nexus: Evidence and Policy Options*. IOM Migration Research Series 8. Geneva: International Organization for Migration.

OECD (2009). "Development aid at its highest level in 2008." *International Development Statistics online*. at: www.oecd.org (accessed 27 February 2012).

Orozco, M., and Lapointe, M. (2004). "Mexican hometown associations and development opportunities." *Journal of International Affairs*, 57(2): 31~51.

Østergaard-Nielsen, E. (2001). "Transnational political practices and the receiving state: Turks and Kurds in Germany and the Netherlands." *Global Networks*, 1(3): 261~281.

Østergaard-Nielsen, E. (2003a). "The politics of migrants' transnational political practices." *International Migration Review*, 37(3): 760~786.

Østergaard-Nielsen, E. (2003b). *Transnational Politics: Turks and Kurds in Germany*. London and New York: Routledge.

Park, R. E. (1928). "Human migration and the marginal man." *American Journal of Sociology*, 33(6): 881~893.

Parreñas, R. S. (2001a). "Mothering from a distance: emotions, gender, and intergenerational relations in Filipino transnational families." *Feminist Studies*, 27(2): 361~390.

Parreñas, R. S. (2001b). *Servants of Globalization: Women, Migration, and Domestic Work*. Stanford, CA: Stanford University Press.

Pérez-Armendáriz, C., and Crow, D. (2010). "Do migrants remit democracy? International migration, political beliefs, and behavior in Mexico." *Comparative Political Studies*, 43(1): 119~148.

Piperno, F. (2007). "From care drain to care gain: migration in Romania and Ukraine and the rise of transnational welfare." *Development*, 50: 63~68.

Pitkänen, P., and Kalekin-Fishman, D. (2007). *Multiple State Membership and Citizenship in an Era of Transnational Migration*. Rotterdam: Sense.

Pitkänen, P., Içduygu, A., and Sert, D.(eds). (2012). *Migration and Transformation: Multi-Level Analysis of Migrant Transnationalism*. New York and London: Springer.

Polanyi, K. ([1944] 2001). *The Great Transformation: The Political and Economic Origins of our Time*. 2nd edn. Boston: Beacon Press.

Portes, A. (1996). "Transnational communities: their emergence and significance in the contemporary world-system." in R. P. Korzeniewicz and W. C. Smith(eds). *Latin America in the World-Economy*. Westport, CT: Greenwood Press, pp.151~168.

Portes, A. (2001). "Introduction: the debates and significance of immigrant transnationalism." *Global Networks*, 1(3): 181~193.

Portes, A. (2003). "Conclusion: theoretical convergencies and empirical evidence in the study of immigrant transnationalism." *International Migration Review*, 37(3): 874~892.

Portes, A., and Rumbaut, R. G. (2001). *Legacies: The Story of the Immigrant Second Generation*. Berkeley: University of California Press.

Portes, A., and Zhou, M. (1993). "The new second generation: segmented assimilation and its variants." *Annals of the American Academy of Political and Social Science*, 530(1): 74~96.

Portes, A., Escobar, C., and Arana, R. (2008). "Bridging the gap: transnational and ethnic organizations in the political incorporation of immigrants in the United States." *Ethnic and Racial Studies*, 31(6): 1025~1055.

Portes, A., Escobar, C., and Walton Radford, A. (2007). "Immigrant transnational organizations and development: a comparative study." *International Migration Review*, 41(1): 242~281.

Portes, A., Guarnizo, L. E., and Haller, W. (2003). "Assimilation and transnationalism: determinants of transnational political action among contemporary migrants." *American Journal of Sociology*, 108(6): 1211~1248.

Portes, A., Guarnizo, L. E., and Landolt, P. (1999). "The study of transnational ism: pitfalls and promise of an emergent research field." *Ethnic and Racial Studies*, 22(2): 217~237.

Portes, A., Haller, W., and Guarnizo, L. E. (2002). "Transnational entrepreneurs: an alternative form of immigrant economic adaption." *American Sociological Review*, 67(2): 278~298.

Ratha, R., and Shaw, W. (2007). *South-South Migration and Remittances*. http://site resources.worldbank.org/INTPROSPECTS/Resources/South-SouthmigrationJan192006. pdf (accessed 10 July 2012).

Reichert, J. S. (1981). "The migrant syndrome: seasonal US labour migration and rural development in Central Mexico." *Human Organization*, 40(1): 56~66.

Rex, J., Joly, D., and Wilpert, C. (1987). *Immigrant Associations in Europe*. Aldershot: Gower.

Rivera-Salgado, G. (1999). "Mixtec activism in Oaxacalifornia: transborder grassroots political strategies." *American Behavioral Scientist*, 42(9): 1439~1458.

Rushdie, S. (1991). *Imaginary Homelands*. London: Granta Books.

Sassen, S. (2002). "Global cities and diasporic networks: microsites in global civil society." in M. Glasius, M. Kaldor and H. Anheier(eds). *Global Civil Society Yearbook*. Oxford and New York: Oxford University Press, pp.217~238.

Saxenian, A. (2004). "The Silicon Valley connection: transnational networks and regional development in Taiwan, China and India." in A. D'Costa and E. Sridharan(eds). *India in the Global Software Industry: Innovation, Firm Strategies and Development*. Basingstoke: Palgrave Macmillan.

Schmidt, G. (2011). "Law and identity: transnational arranged marriages and the boundaries of Danishness" *Journal of Ethnic and Migration Studies*, 37(2): 257~275.

Schmitter Heisler, B. (1985). "Sending countries and the politics of emigration and destination." *International Migration Review*, 19(3): 469~484.

Schröter, Y., and Jäger, R. (2007). "We are children of Europe: multiple citizen ship in

Germany." in P. Pitkänen and D. Kalekin-Fishman(eds). *Multiple State Membership and Citizenship in an Era of Transnational Migration.* Rotterdam: Sense, pp.67~90.

Shain, J. (1999). *Marketing the American Creed Abroad.* Cambridge: Cambridge University Press.

Shain, Y., and Barth, A. (2003). "Diasporas and international relations theory." *International Organization*, 57(3): 449~479.

Shelley, L. (1995). "Transnational organized crime: an imminent threat to the nation-state?" *Journal of International Affairs*, 48(2): 463~491.

Sieveking, N. (2011). "'We are not equal!' Methodological reflections on conducting research on migrants as development actors." in T. Faist and N. Sieveking(eds). *Unravelling Migrants as Transnational Agents of Development: Social Spaces in Between Ghana and Germany.* Münster: Lit, pp.187~218.

Sieveking, N., and Fauser, M. (2009). *Migrationsdynamiken und Entwicklung in Westafrika: Untersuchungen zur entwicklungspolitischen Bedeutung von Migration in und aus Ghana und Mali.* working paper 68/2009. Bielefeld: Centre on Migration, Citizenship and Development.

Sieveking, N., Fauser, M., and Faist, T. (2008). *Gutachten zum entwicklung spolitischen Engagement der in NRW lebenden MigrantInnen afrikanischer Herkunft.* working paper 28/2008. Bielefeld: Centre on Migration, Citizenship and Development.

Singelton, A. (1999). "Combining quantitative and qualitative research methods in the study of international migration." *International Journal of Social Research Methodology*, 2(2): 151~157.

Sklair, L. (2001). *The Transnational Capitalist Class.* Oxford: Blackwell.

Smith, L. (2011). "Business as usual? Urban actors and transnational investments in Accra, Ghana." in T. Faist, M. Fauser and P. Kivisto(eds). *The MigrationDevelopment Nexus: A Transnational Perspective.* Basingstoke: Palgrave Macmillan, pp.104~133.

Smith, M. P. (2007). "The two faces of transnational citizenship." *Ethnic and Racial Studies*, 30(6): 1096~116.

Smith, M. P., and Bakker, M. (2005). "The transnational politics of the tomato king: meaning and impact." *Global Networks*, 5(2): 129~146.

Smith, R. (2003). "Diasporic memberships in historical perspective: comparative insights from the Mexican, Italian and Polish cases." *International Migration Review*, 37(3): 724~759.

Snel, E., Engbergsen, G., and Leerkes, A. (2006). "Transnational involvement and social integration." *Global Networks*, 6(3): 285~308.

Stark, O. (1991). "Migration in LDCs: risk, remittances, and the family." *Finance and Development*, 28(4): 39~41.

Stark, O., and Lucas, R. E. B. (1988). "Migration, remittances and the family." *Economic Development and Cultural Change*, 36(3): 465~481.

Stilwell, B., Diallo, K., Zurn, P., Vujicic, M., Adams, O., and Dal Poz, M. (2004). "Migration of health-care workers from developing countries: strategic approaches to its management." *Bulletin of the World Health Organization*, 82(8): 595~600.

Strassburger, G. (2004). "Transnational ties of the second generation: marriages of Turks in Germany." in T. Faist and E. Özveren(eds). *Transnational Social Spaces: Agents, Networks and Institutions*. Aldershot: Ashgate, pp.211~231.

Tarrow, S. (2005). *The New Transnational Activism*. Cambridge: Cambridge University Press.

Tejada Guerrero, G., and Bolay, J.-C. (2005). *Enhancing Development through Knowledge Circulation: A Different View of the Migration of Highly skilled Mexicans*. Geneva: Global Commission on International Migration.

Thomas, W. I., and Znaniecki, F. (1918-1820). *The Polish Peasant in Europe and America*. 5 vols. Vols. 1-2, Chicago: University of Chicago Press; Vols. 3-5, Boston: Richard G. Badger.

Thomson, M., and Crul, M. (2007). The second generation in Europe and the United States: how is the transatlantic debate relevant for further research on the European second generation?" *Journal of Ethnic and Migration Studies*, 33(7): 1025~1041.

Tilly, C. (2005). *Identities, Boundaries and Social Ties*. Boulder, CO: Paradigm.

Tocqueville, A. de ([1835] 1988). *Democracy in America*. ed. J. P. Mayer, trans. G. Lawrence. New York: Harper & Row.

Tsuda, T. (2003). *Strangers in the Ethnic Homeland: Japanese Brazilian Return Migration in Transnational Perspective*. New York: Columbia University Press.

Turner, B. S. (2001). "The erosion of citizenship." *British Journal of Sociology*. 52(2): 189~210.

UN. (2009). "International Migration." www.un.org/esa/population/publications/2009 Migration_ Chart/ittmig_wallchart09.pdf (accessed 10 July 2012).

UNDP (2009). *Human Development Report 2009: Overcoming Barriers: Humán Mobility and Development*. Basingstoke: Palgrave Macmillan.

Van Hear, N. (2011). "Diasporas, recovery and development in conflict-ridden societies." in T. Faist, M. Fauser and P. Kivisto(eds). *The Migration-Development Nexus: A Trans-national Perspective*. Basingstoke: Palgrave Macmillan, pp.85~103.

Vertovec, S. (2004). "Migrant transnationalism and modes of transformation." *International Migration Review*, 38(3): 970~1001.

Vertovec, S. (2009). *Transnationalism.* London: Routledge.

Waldinger, R., Popkin, E., and Magana, H. A. (2008). "Conflict and contestation in the cross-border community: hometown associations reassessed." *Ethnic and Racial Studies*, 31(5): 843~870.

Wallerstein, I. (1974). *The Modern World-System.* New York: Academic Press.

Walzer, M. (1989). "Citizenship." in T. Ball, J. Farr and R. L. Hanson(eds). *Political Innovation and Conceptual Change.* Cambridge: Cambridge University Press, pp. 211~220.

Warner, W. L., and Srole, L. (1947). *The Social Systems of American Ethnic Groups.* New Haven, CT: Yale University Press.

Weber, M. ([1904] 1959). *The Protestant Ethic and the Spirit of Capitalism.* New York: Scribner's.

Webber, M. M. (1963). "Order in diversity: community without propinquity." in L. Wingo(ed.). *Cities and Space: The Future Use of Urban Land.* Baltimore: Johns Hopkins University Press, pp. 23~54.

Wimmer, A., and Glick Schiller, N. (2003). "Methodological nationalism, the social sciences, and the study of migration: an essay in historical epistemology." *International Migration Review*, 37(3): 576~610.

World Bank (2008). *Migration and Remittances Factbook 2008.* www-wds.worldbank.org/external/default/WDSContentServer/IW3P/IB/2008/03/14/000333038_20080314060040/Rendered/PDF/429130PUBOMigr101OFFICIALOUSEOONLY1.pdf (accessed 31 July 2012).

World Bank (2009). *Migration and Remittance Trends 2009.* Migration and Development Brief 11. Washington, DC: World Bank.

World Bank (2011). *Migration and Remittances Factbook 2011.* 2nd edn. Washington, DC: World Bank.

Yeates, N. (2009). *Globalizing Care Economies and Migrant Workers: Explorations in Global Care Chains.* Basingstoke: Palgrave Macmillan.

Zabin, C., and Escala, L. (2002). "From civic association to political participation: Mexican hometown associations and Mexican immigrant political empowerment in Los Angeles." *Frontera Norte*, 14(27): 1~34.

Zaiotti, R. (2011). *Cultures of Border Control: Schengen and the Evolution of European Frontiers.* Chicago: University of Chicago Press.

Zechner, M. (2008). "Care of older persons in transnational settings." *Journal of Aging*

Studies, 22(1): 32~44.

Zhou, M. (2004). "Revisiting ethnic entrepreneurship: convergencies, controversies, and conceptual advancements." *International Migration Review*, 38(3): 1040~1074.

Zolberg, A. R., and Woon, L. L. (1999). "Why Islam is like Spanish: cultural incorporation in Europe and the United States." *Politics and Society*, 27(1): 5~38.

지은이

토 마 스 파 이 스 트 Thomas Faist

· 사회학 박사
· 독일 빌레펠트 대학교Bielefeld University 사회학과 교수
· 노스라인 웨스트팔리아 과학예술 아카데미North Rhine Westphalian Academy of Sciences and the Arts 회원
· 최신 저서로는 2019년 옥스퍼드 대학교 출판부에서 출간된 『초국가화된 사회 질문: 21세기 이주와 불평등의 정치학The Transnationalized Social Question: Migration and the Politics of Inequalities in the twenty first century』이 있다.

마 깃 파 우 저 Margit Fauser

· 독일 다름슈타트 응용과학대학교University of Applied Science Darmstadt 교수
· 이주와 초국가적 문화성Transculturality, 그리고 사회복지의 국제화를 연구한다.

에 벨 린 라 이 즈 나 워 Eveline Reisenauer

· 뮌헨에 소재한 독일 청소년 연구소The German Youth Institute 연구원
· 현재 이주자 가족의 다양성과 변화를 연구한다.

옮긴이

이 윤 경 Yoon Kyong Lee

· 사회학 박사

· 고려대학교 국제대학원 연구교수, 고려대학교 문과대학 사회학과 한국사회연구소 연구
교수, 한양대학교 사회학과 겸임교수를 역임했다.

· 한국과 세계의 다양한 국가 간의 국경을 가로지르는 초국가적 이주에 매력을 느끼고 다
양한 지역에 체류하며 한국을 잇는 초국가적 이주와 이주의 결과를 연구하고 있다. 중국
과 한국을 가로지르는 초국가적 이주 연구로 박사학위논문을 집필하였고, 외교부 산하
재외동포재단으로부터 박사학위논문상을 수여받았다.

· 대만 외교부의 외국인학자 초청 프로그램에 초청받아 대만에서 현지 연구를 수행하였
고, 한중수교 이후 국교가 단절된 대만과 한국을 가로지르는 초국가적 이주에서 모국 사
회와 역할에 대한 중요한 통찰을 얻었다. 독일 튀빙겐 대학교 한국학과 교환교수로 초청
을 받아 독일에서 연구하면서 초국가적 이주가 일상의 생활에서 빈번하게 발생하는 유
럽 지역의 지역적 맥락과 특성에서 한국이 속해 있는 아시아 지역과의 유사성과 차이점
에 관해 연구하였다.

· 현재는 한국에 거주하는 외국인 집단의 초국가적 이주에 관한 연구로 관심 분야를 확장
하였고 중국, 대만, 미국, 독일 등의 지역뿐 아니라 동남아시아, 남미, 아프리카 등 개도
국과 한국을 가로지르는 초국가적 이주 연구로도 지역을 넓혀 초국가적 이주 연구를 수
행하고 있다.

한울아카데미 2289

초국가적 이주

지은이 | 토마스 파이스트·마깃 파우저·에벨린 라이즈나워
옮긴이 | 이윤경
펴낸이 | 김종수
펴낸곳 | 한울엠플러스(주)
편   집 | 조인순

초판 1쇄 인쇄 | 2021년 3월 22일
초판 1쇄 발행 | 2021년 3월 25일

주소 | 10881 경기도 파주시 광인사길 153 한울시소빌딩 3층
전화 | 031-955-0655
팩스 | 031-955-0656
홈페이지 | www.hanulmplus.kr
등록번호 | 제406-2015-000143호

Printed in Korea.
ISBN 978-89-460-7289-3 93330 (양장)
       978-89-460-8039-3 93330 (무선)